Der Hobby-Imker

Robin F. A. Moritz

Der Hobby-Imker

CIP-Titelaufnahme der Deutschen Bibliothek

Moritz, Robin F. A.:
Der Hobby-Imker / Robin F. A. Moritz.
[Zeichn.: Gerhard Scholz]. –
Niedernhausen/Ts.: Falken-Verl., 1988
　FALKEN Bücherei
　ISBN 3-8068-0978-X

ISBN 3 8068 0978 X

© 1988 by Falken-Verlag GmbH,
6272 Niedernhausen/Ts.
Titelbild: Angermayer/Pfletschinger,
Holzkirchen
Zeichnungen: Gerhard Scholz, Dornburg
Die Ratschläge in diesem Buch sind von Autor und Verlag sorgfältig erwogen und geprüft, dennoch kann eine Garantie nicht übernommen werden. Eine Haftung des Autors bzw. des Verlages und seiner Beauftragten für Personen-, Sach- und Vermögensschäden ist ausgeschlossen.
Satz: LibroSatz, Kriftel bei Frankfurt
Druck: Zumbrink Druck GmbH, Bad Salzuflen

Inhalt

Vorwort _____ 7	Der Bienenkasten _____ 51
	Die Hinterbehandlungsbeuten _____ 51
Umwelt und Biene _____ 8	Die Oberbehandlungsbeuten _____ 56
Die Biene und der Apfelbaum _____ 8	Das Magazin _____ 56
Eine Hand wäscht die andere _____ 9	
Warum Insekten schützenswert sind __ 10	**Bienenrassen** _____ 61
Die Bienen und der Pflanzenschutz ___ 12	Wirtschaftsbienen _____ 61
Die Bienen und der Naturschutz _____ 13	Afrikanisierte Bienen _____ 62

Die Biologie der Honigbiene _____ 14
  Der Bau der Biene _____ 15
  Die Entwicklung der Biene _____ 23
  Das Paarungsverhalten der Biene _____ 26
  Das Leben der Biene _____ 27
    Die Arbeitsteilung _____ 27
  Die Verständigung im Bienenstaat _____ 29
    Die Tanzsprache _____ 29
    Die chemische Verständigung _____ 31
    Der soziale Futteraustausch _____ 32
    Die Regulierung des Nestklimas _____ 33
    Das Verteidigungsverhalten _____ 33
    Der Schwarm _____ 34
  Das Bienenvolk – ein Superorganismus __ 35

Die Geschichte der Bienenhaltung _____ 37
  Die Bienenhaltung der Vorzeit _____ 37
  Ägypter, Kreter und Griechen _____ 38
  Die Zeidlerei _____ 39
  Klotzbeuten und Korbimkerei _____ 41
  Die erweiterbare Beute _____ 43
  Das bewegliche Rähmchen _____ 44
  Moderne Entwicklungen der
  Bienenhaltung _____ 46

Der erste Anfang _____ 47
  Der Standort _____ 47
  Die Kleidung _____ 48
  Das Werkzeug _____ 49
  Die ersten Bienenvölker _____ 50
  Der erste Stich _____ 50

Die Bienenpflege rund ums Jahr _____ 64
  Frühjahr _____ 64
    Der Stuhlgang _____ 64
    Tot oder lebendig _____ 64
    Die Arbeit beginnt _____ 65
    Die Ernährung der Bienen im
    zeitigen Frühjahr _____ 65
    Der Wabenbau _____ 66
  Der Schwarm _____ 66
    Die Schwarmvorbeugung _____ 67
    Wenn Vorbeugen nicht hilft _____ 68
    Das Fangen des Schwarmes _____ 70
  Sommer _____ 71
    Der Ableger _____ 71
    Der Kunstschwarm _____ 72
    Die Pflege der Jungvölker _____ 73
    Honigräuber _____ 74
  Spätsommer und Herbst _____ 75
    Das Winterfutter _____ 76
    Das Einwintern _____ 78
  Winter _____ 79
    Der nächste Sommer
    kommt bestimmt! _____ 81
    Weihnachtszeit – Wachszeit _____ 82
  Die Bienenweide _____ 83
    Frühtracht _____ 83
    Sommertracht _____ 84
    Spättracht _____ 85

Die Bienenprodukte — 86
Der Honig — 86
    Die Blüte und die Laus — 86
    Wandern ist des Imkers Muß — 88
    Die Ernte — 89
Pollen und Kittharz — 94
Gelée royale — 95
Das Wachs — 96
    Der Schutz vor Motten — 96
    Die Wachsschmelze — 97
    Die Herstellung von Mittelwänden — 100

Die Königinnenzucht — 101
Der Zuchtstoff — 102
Der Bogenschnitt — 102
Künstliche Weiselbecher — 103
Das Umlarven — 105
Das Pflegevolk — 105
Wohin mit den Königinnen? — 107
Das Begattungsvölkchen — 108
Die Belegstellen — 110
Die instrumentelle Besamung — 110
Die Zuchtauslese — 112

Krankheiten der Bienen — 116
Erkrankungen der Brut — 116
    Kalkbrut — 116
    Steinbrut — 116
    Amerikanische Faulbrut (AFB) — 118
    Europäische Faulbrut (EFB) — 121
    Sackbrut — 121
Erkrankungen der erwachsenen Bienen — 121
    Nosema — 121
    Amöbenseuche — 122
    Schwarzsucht — 122
    Ruhr — 123
    Maikrankheit — 123
    Tracheenmilbe — 123
    Varroatose — 124

Gesetze, Steuern und Finanzielles — 128
Der Standort — 128
Die Haftung — 129
Das Finanzamt — 129
Das Imkern im Nebenerwerb — 129
    Die Stockkarte — 130
    Die Rendite — 131

Anhang — 133
Glossar — 133
Kontaktadressen — 142
Register — 143

Vorwort

Honigbienen mit ihrer hochkomplizierten sozialen Lebensweise faszinieren die Menschheit schon seit alters her. Waren die Bienen für unsere Ahnen wichtige Honig- und Rohstofflieferanten, so rückt die Imkerei von heute immer weiter von der Ertragsorientierung ab. Die Imkerei wird von den meisten als Freizeitausgleich betrieben, und das finanzielle Interesse steht eher im Hintergrund. Die Honigproduktion – zweifelsfrei ein ganz wesentlicher Aspekt der Imkerei – verliert dabei immer mehr an Bedeutung. Es ist dem Freizeitimker weitgehend egal, ob er nun 18 kg oder 20 kg Honig von einem Bienenvolk erntet. Die Arbeit in der freien Natur und das Wissen, einen handfesten Beitrag zur Sicherung unserer Umwelt zu liefern, sind dem modernen Freizeitimker mehr wert als der schnöde Mammon.

Es ist in unser aller Interesse, daß möglichst viele Bienen in den Resten unserer belasteten Natur gehalten werden. Sie sind lebensnotwendig für die Revitalisierung und die nachfolgende Stabilisierung von vernichteten Biotopen. Wo Bienen fliegen, ist die Welt in Ordnung! Die Imkerei ist eine wesentliche Stütze des integrierten Umweltschutzes. Es ist das Anliegen dieses Buches, die Imkerei als Freizeitbeschäftigung und Hobby attraktiv zu machen. Es soll dem angehenden Imker Argumente liefern, mit denen er auch in einem möglicherweise Honigbienen gegenüber skeptischen sozialen Umfeld eine Imkerei rechtfertigen kann. Vorgeschlagene Betriebsweisen und Arbeitstechniken orientieren sich daher nicht primär an einem hohen Honigertrag, sondern eher an den Bedürfnissen des Freizeitimkers. Die Freude an der Imkerei steht im Vordergrund.

Wir sollten nicht vergessen, daß es die Hobby-Imker sind, die die Masse der Bienen bereitstellen. Ihr Enthusiasmus läßt die gesamte Gesellschaft profitieren. Ohne Freizeitimker hätten wir in den Ballungsräumen der Industrienationen so manche Kulturwüste mehr. Gerade in der heutigen Zeit globaler Umweltprobleme muß die Bienenhaltung attraktiv gestaltet werden. Die Imkerei ist aus all diesen Gründen als unverzichtbares Element des Naturschutzes von großer Bedeutung.

Auch wenn die Imkerei bislang aus weitgehend unverständlichen Gründen eine Domäne der Männerwelt war, so gilt: Imkerinnen sind genauso aktive Naturschützer wie ihre männlichen Kollegen! Wenn im Buchtext von »dem Imker« die Rede ist, so muß ich mich hier vorab entschuldigen. Es handelt sich hierbei um ein an sich unverzeihliches Kürzel. Gemeint ist »die Imkerin und der Imker«, und damit möchte ich ausdrücklich betonen, daß auch (und gerade) Frauen sich angesprochen fühlen sollten. Imkern ist viel zu schön, um ausschließlich Männersache zu sein. Auch wenn man bislang vorwiegend Männer auf Imkerversammlungen antrifft, so soll dies noch lange nicht heißen, daß Frauen keine Bienenhaltung betreiben sollten. Würden genauso viele Frauen wie Männer imkern, so würde unserer Natur ein schwerer Stein vom Herzen fallen, und über die Bestäubung der meisten Blütenpflanzen, die die Basis vieler Biotope darstellen, bräuchte sie sich keine Gedanken mehr zu machen. Dieses Buch soll denn auch in erster Linie als Aufruf verstanden sein:

Schützt die Bienen, denn dadurch schützen wir uns selbst!

Umwelt und Biene

Umwelt! Ein Thema, das in unserer hochindustrialisierten Gesellschaft quer durch alle politischen Parteien und Organisationen zu einem zentralen Reizwort geworden ist. Die Umwelt, in der wir leben, ist – noch weit vor dem Erdöl – die knappste und damit wichtigste Ressource. Auch diejenigen, die sich nicht durch Fisch-, Vogel-, Kröten- oder Tannensterben (die Liste ließe sich beliebig lange fortführen) betroffen fühlen, sollten erkennen, daß hier der Mensch selbst direkt betroffen ist.

Der Mensch steht am Ende der Nahrungskette, und die Nahrung, die er zu sich nimmt, ob biologisch erzeugt oder nicht, kann nicht gesünder sein als die Natur selbst. Eine Erkenntnis, die spätestens nach den schmerzhaften Erfahrungen von Tschernobyl (April 1986) eigentlich jeder gewonnen haben müßte. Zum anderen ist der streßgeplagte Mensch gerade in den Ballungsräumen auf biologisch funktionierende Naherholungsgebiete angewiesen. Mit berechtigter Trauer denkt man an die Zeiten zurück, in denen man noch bedenkenlos in Flüssen und Seen baden konnte.

Viele Zeichen deuten darauf hin, daß man in der Umweltpolitik 5 vor 12 verschlafen hat und nun ein Rettungskonzept entwickeln muß, um die Fehler der Vergangenheit soweit wie möglich zu bereinigen. Die Altlasten gilt es zu beseitigen und neue Belastungen für die Umwelt zu minimieren.

Welche Rolle spielt die Imkerei nun in diesem Konzept? Können Bienen mit ihrem Bienenfleiß irgendeinen Beitrag liefern, falschen Umweltkonzepten entgegenzuarbeiten? Sind Imker nur alternative Aussteiger, oder rekrutieren sie sich aus Rentnern, die mit ihrer Zeit nichts Besseres anzufangen wissen? Ist die Honigernte volkswirtschaftlich von Bedeutung, oder liegt die Wichtigkeit der Bienenhaltung vielleicht auf ganz anderen Gebieten?

Fragen, die sich nicht nur der frischgebackene Freizeitimker stellt, sondern die auch in der Öffentlichkeit mehr und mehr im Blickpunkt stehen. Was hat es nun auf sich mit der vielzitierten Bedeutung der Bienen für unsere Umwelt? Ein Märchen aus uralten Zeiten oder ein Faktum, das mehr Aktualität denn je in der Geschichte der Menschheit hat?

Meßbar ist der Erfolg eines Imkers natürlich am einfachsten über die Menge seiner Honigernte. Volkswirtschaftlich gesehen ist dies aber weitgehend unbedeutend. Die große Bedeutung der Bienenhaltung liegt auf einer ganz anderen Ebene, dem Umweltschutz nämlich, und hier sind die Bienen tatsächlich von einem direkten volkswirtschaftlichen Nutzen, der sich in finanziellen Dimensionen gar nicht fassen läßt.

Die Biene und der Apfelbaum

Um die Bedeutung der Honigbienen für Gesellschaft und Umwelt zu erkennen, müssen wir zunächst die biologische Funktion der Bienen in natürlichen Ökosystemen und landwirtschaftlichen Nutzflächen verstehen. Honigbienen sorgen seit etwa 30 Millionen Jahren für die Fortpflanzung einer Vielzahl von Blütenpflanzen. Blütenpflanzen und Bienen haben sich in der Stammesgeschichte »Hand in Hand« entwickelt (man spricht von einer Koevolution); sie sind direkt voneinander abhängig. Die Bienen können nicht ohne die Pflanzen, die Pflanzen aber auch nicht ohne die Bienen leben. Das Beispiel der Biene und des Apfelbaums soll dies verdeutlichen.

Um die enge Verflechtung zwischen Biene und Apfelbaum zu verstehen, müssen wir uns zunächst die Apfelblüte im Detail ansehen. In der Blüte befinden sich der männliche Pollen und der weibliche Fruchtknoten mit Stempel und Narbe. Damit sich nun ein Apfel bildet, muß Pollen von einem anderen Baum auf die

Eine Hand wäscht die andere

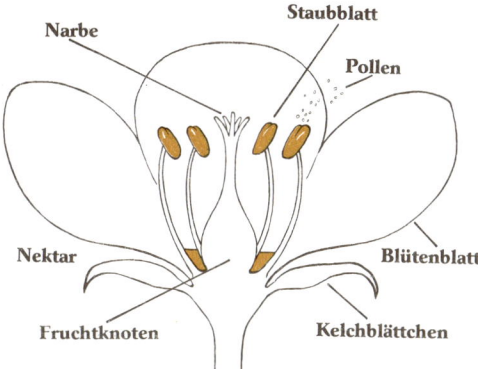

Schematische Darstellung einer Blüte. Wenn die Biene den Nektar am Blütenboden aufsaugt, streift sie mit ihrem Haarkleid die Narbe. Pollenkörner, die sich im Haarkleid verfangen haben, gelangen dabei auf die Narbe, und die Blüte wird befruchtet

In der Biologie gibt es keine Leistung ohne Gegenleistung. So machen auch hier die Bienen ein gutes Geschäft. Die Blütenpflanze macht ihre Blüte für die Bienen attraktiv, indem sie den Nektar, eine Zuckerlösung, in der Blüte ausscheidet. Dieser Nektar ist die Kohlehydratquelle der Bienen, doch vom Zucker allein können sie nicht leben. Sie benötigen Eiweißnahrung in Form von Pollen, der nahezu ausschließlich aus Eiweißen besteht. Es stellt die einzige Eiweißquelle für die Bienen dar. Der Transport des Pollens von Blüte zu Blüte ist also alles andere als eine freundliche Geste dem Apfelbaum gegenüber, sondern vielmehr ein Raubzug auf Nektar und Pollen. Daß der Baum auch davon profitiert, garantiert er durch die raffinierte Architektur seiner Blüte. Die Biene gelangt nur an den Nektar, wenn sie mit ihrem pollenbeladenen Haarkleid die Narben streift und damit die Befruchtung garantiert.

Eine wichtige Voraussetzung für die Bestäubungsfunktion der Honigbiene ist ihre Blütenstetigkeit. Die einzelne Biene sammelt nur auf einer Blütenart und garantiert dadurch, daß kein artfremder Pollen zur Bestäubung verwandt wird (z.B. Birnenpollen auf Apfelnarben).

Während andere Insekten oft sehr speziell an bestimmte Blütenpflanzen angepaßt sind, sind Honigbienen generell so ausgestattet, daß sie im Prinzip eine Vielzahl davon besuchen und bestäuben können.

Fallen spezialisierte Insekten als Bestäuber aus (z.B. durch Insektizideinsatz), so werden die entsprechenden Blüten von ihnen nicht bestäubt, und die Pflanzen würden normalerweise keinen Samen produzieren. Dank der Bienen jedoch können zwar nicht die direkten Auswirkungen von Insektiziden und anderen Schadstoffen auf Nutzinsekten vermieden werden, aber die sekundären Schäden, die durch eine mangelhafte Bestäubung auftreten, werden behoben.

Narbe des Stempels getragen werden, da die meisten Apfelsorten gegenüber ihrem eigenen Pollen steril sind. Nun hat unser Apfelbaum als pflanzlicher Organismus seinen tierischen Kollegen gegenüber ein großes Problem. Er kann sich nicht von der Stelle bewegen, um für seine Blüten einen geeigneten Geschlechtspartner zu finden. Er ist also auf jemanden angewiesen, der seinen Pollen aufnimmt und ihn auf die Narbe einer Blüte des nächsten Apfelbaums trägt. Dort kann dann der Apfel heranreifen, aus dessen Kernen dann – möglicherweise – wieder ein neuer Baum entsteht. Dies nämlich ist das biologische Hauptinteresse unseres Apfelbaums und weniger der wohlschmeckende Apfel, von dem man als Mensch zu profitieren versucht. Während der Apfelbaum etwas ratlos im Garten steht und nicht weiß, wohin und woher mit dem Pollen, kommt die Biene ins Spiel. Als würde sie die Not des Baumes erkennen, transportiert sie den Pollen des einen Baumes zum Nachbarbaum, plaziert ihn sorgfältig auf die Narben der dortigen Blüten, sammelt gleichzeitig den Pollen und befruchtet damit die Blüten des nächsten erfreuten Apfelbaums. Doch genug der Fabel.

10 Umwelt und Biene

Die Eigenschaft eines Generalisten (Besuch vieler Arten) einerseits und die Blütenstetigkeit andererseits (Bestäubung der gleichen Art) heben die Honigbienen aus der Masse der bestäubenden Insekten hervor.

Warum Insekten schützenswert sind

Die Insektenwelt, die den Tierschützern häufig als schützenswert entgeht, hat sich in den letzten Jahrzehnten erschreckend verändert. Ein trauriges Beispiel, das einem jeden sicher aufgefallen ist, sind die Maikäfer. Noch von Wilhelm Busch als Plage bezeichnet, sind sie heute zur Seltenheit geworden. Der Einsatz von Insektiziden, der nahezu flächendeckend ganze Landstriche von jeglicher Insektenfauna befreit hat, zeigt seine Wirkung. Ziel ist es, Schädlinge (z. B. Schmetterlinge oder Käfer) zu vernichten, um ertragreiche Ernten zu gewährleisten. Das Resultat der chemischen Insektenbekämpfung ist jedoch häufig unbefriedigend. Die Schädlinge entwickeln Resistenzen gegen die Insektizide, wohingegen die Nützlinge, häufig Freßfeinde des Schädlings, effizient eliminiert wer-

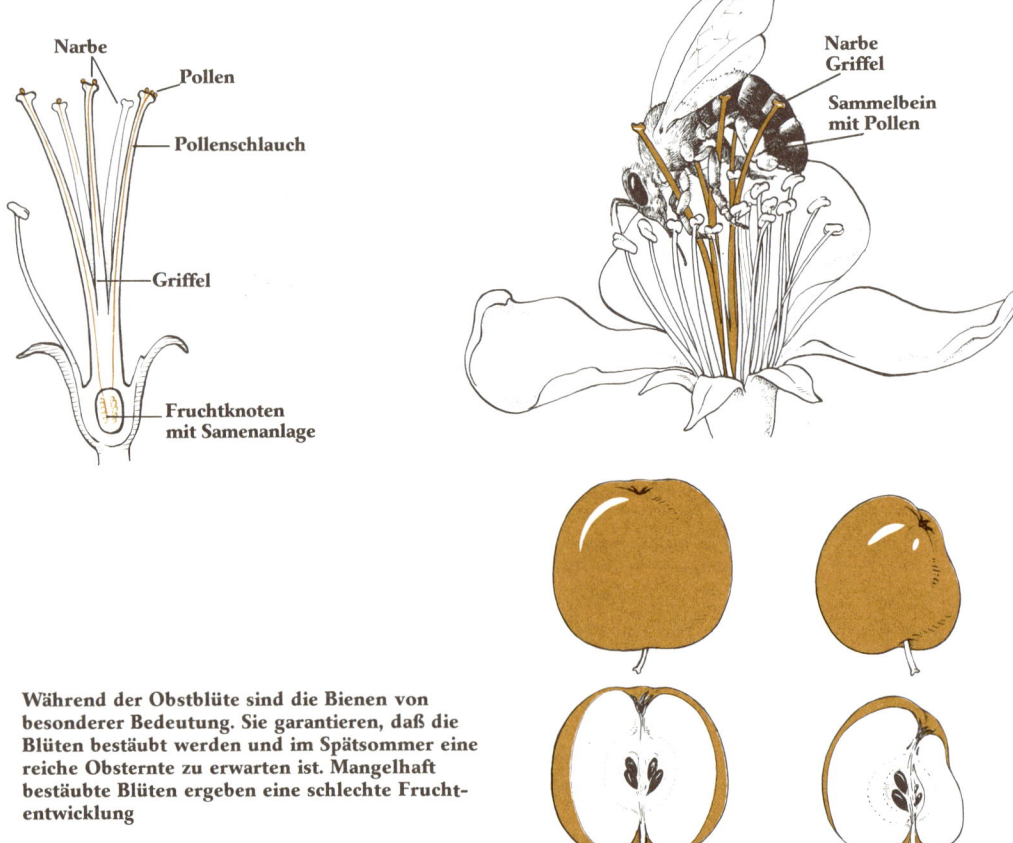

Während der Obstblüte sind die Bienen von besonderer Bedeutung. Sie garantieren, daß die Blüten bestäubt werden und im Spätsommer eine reiche Obsternte zu erwarten ist. Mangelhaft bestäubte Blüten ergeben eine schlechte Fruchtentwicklung

Ergebnis guter Befruchtung

Ergebnis schlechter Befruchtung

Honigbienen sammeln die schützende Wachsschicht der Eigelege von Schildläusen auf Zitrusbäumen. Sie packen das Wachs in die Pollenkörbchen an den Hinterbeinen. Die Eiersäcke der Läuse sind der Sonne ausgesetzt und vertrocknen. Die Zitrusbäume sind gerettet

Wachspanzer des Schildlausgeleges

gesammeltes Wachs

ausgetrocknete Eier

den. Die Folge ist ein Teufelskreis mit einer Dosis-Wirkung-Spirale, aus dem es nur schwerlich ein Entrinnen gibt.
Unabhängig vom Erfolg des Insektizideinsatzes sind auf jeden Fall alle wildlebenden Blütenpflanzen durch eine solche Strategie bei der Schädlingsbekämpfung akut bedroht. Die Insektenwelt ist umfassend vernichtet, und eine Bestäubung findet nicht mehr statt.
In dieser Situation kommt den Honigbienen ihre zentrale Rolle im sogenannten integrierten Pflanzenschutz (Kombination chemischer und biologischer Verfahren) zu. Die Honigbienen können diesen Teufelskreis durchbrechen. Zum einen garantieren sie – auch nach Insektizideinsatz – die Bestäubung nicht nur der Kulturpflanzen, sondern auch jeder anderen Blütenflora (siehe oben). Gerade in Projekten zur Revitalisierung von Ackerrandstreifen, wie sie in verschiedenen Bundesländern propagiert werden, nehmen die Honigbienen eine wichtige Stellung ein. Zum anderen gibt es Beispiele dafür, daß Honigbienen selbst aktiv Schädlinge bekämpfen.

Wie können Honigbienen nun trotz eines Insektizideinsatzes Blüten bestäuben? Sie sind natürlich genauso anfällig gegenüber Insektiziden wie alle anderen Insekten. Des Rätsels Lösung liegt in der Bienenhaltung, und hier kommt die Rolle des Imkers zum Tragen, der tatsächlich eine ganz wesentliche Schlüsselposition im integrierten Naturschutz hat. Er hält die Bienenvölker auf seinem Bienenstand weitab von der Apfelplantage, auf der die Insektizide eingesetzt werden. Wenn der Apfelbauer die Spritzung beendet hat, kann der Imker – nach einer Wartezeit oder sofort, das ist abhängig vom verwendeten Präparat – seine Bienenvölker auf die Plantage fahren. Die Bienen werden nun die Apfelblüten bestäuben und führen damit zu einem guten Fruchtansatz. Damit ist in erster Linie dem Apfelbauern gedient, der den Imker hierfür angemessen finanziell entschädigt, aber natürlich auch den vielen anderen Blumen der Region, deren bestäubende Insekten vorher vernichtet wurden. Ein Teil der Bienen wird sich nämlich nicht ausschließlich auf die Apfelblüten beschränken, sondern auch Wildblüten bestäuben. Der Imker garantiert dadurch die Vielfalt der wildlebenden Blütenflora und betreibt einen Umweltschutz, der keinen Millionenetat verschlingt, aber zugleich wesentlich effektiver ist als manche spektakuläre Aktion. In besonderen Fällen können Honigbienen auch direkt zur Schädlingsbekämpfung eingesetzt werden.

In Australien fand man heraus, daß Honigbienen in Zitrusplantagen auf der Suche nach Kittharz die Wachsschutzhäutchen von Schildläusen sammeln. Die Schädlinge trocknen danach aus und sterben. Eine Plantage konnte allein durch den Einsatz von Honigbienen – ohne Insektizidspritzung – vom Schädlingsbefall befreit werden. Honigbienen spielen in diesem Fall eine doppelte Rolle, biologische Schädlingsbekämpfung auf der einen Seite, Bestäubung auf der anderen.

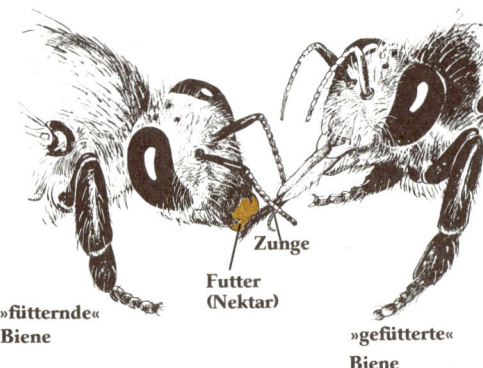

Die linke Biene bietet der rechten Biene Futter an. Durch diesen sozialen Futteraustausch wird eingetragener Nektar innerhalb weniger Stunden gleichmäßig im Bienenvolk verteilt. Das Futter wird dabei nicht nur an andere Bienen weiterverteilt, sondern auch in die Waben eingelagert

Die Bienen und der Pflanzenschutz

Leider ist der Insektizideinsatz heute längst nicht mehr auf große Plantagen von Kulturpflanzen beschränkt. Viele Klein- und Hobby-Gärtner glauben, ohne chemische Insektenvernichtung nicht arbeiten zu können. Hinzu kommt eine Vielzahl von Unkrautvernichtungsmitteln (Herbiziden), die ebenfalls alles andere als gesundheitsfördernd für Bienen sind (und nicht nur für sie!). Immer dann, wenn Insektizide während der Blütezeit eingesetzt werden, besteht auch für die Honigbienen akute Gefahr. Die Bienen nehmen das Gift während ihrer Sammelflüge auf und verenden. Besonders gefährlich sind langsam wirkende Fraßgifte, die von den Sammlerinnen aufgenommen werden, diese aber nicht sofort abtöten. Die Sammlerin trägt den vergifteten Nektar oder den Pollen in das Volk ein. Durch den sozialen Futteraustausch wird das Gift dann im gesamten Volk verteilt. Als äußerlich sichtbares Symptom einer Vergiftung findet man Hunderte toter Bienen vor dem Flugloch. In ungünstigen Fällen wird auch die Brut mit dem Gift in Kontakt kommen und absterben. Die Vergiftung wird dann nicht äußerlich durch einen erhöhten Totenfall von Bienen sichtbar. Es kann einige Wochen dauern, bis das Gift Wirkung zeigt und das Volk schließlich vernichtet.

Der Gesetzgeber hat Richtlinien erlassen, die den Einsatz von Insekten- und Unkrautvernichtungsmitteln reglementieren. Dennoch treten unerfreulicherweise immer wieder Verstöße auf, die sich durch ein entsprechendes Bienensterben darstellen. Die Verursacher sind oft nur schwer auffindbar, da die Bienen einen weiten Flugradius haben. Auf jeden Fall sollte solch unverantwortliches und kurzsichtiges Verhalten, das zu Völkerverlusten führt, vom Imker der zuständigen Behörde so schnell wie möglich angezeigt werden. Nur dann ist es möglich, den Verursacher zur Rechenschaft zu ziehen, der dann mit einem Bußgeld belegt werden kann und für den Völkerverlust aufkommen muß. Generell muß aber gesagt werden, daß gerade bei langsam wirkenden Giften, die erst nach vielen Tagen zu Vergiftungserscheinungen führen, die Nachweislage äußerst ungünstig ist. Wer selbst gezwungen ist, Fungizide (Pilzvernichtungsmittel) und/oder Herbizide einzusetzen, sollte versuchen, nur bienenungefährliche

Mittel zu spritzen. Die folgende Tabelle zeigt eine Auswahl derzeit auf dem Markt befindlicher Präparate, die als bienengefährlich eingestuft werden und vermieden werden sollten.

Fungizide	Herbizide
Afugan	AAdimitriol-SP
Aliette	AAherba-CIPC
Compo Mehltau-Spray Neu	Ätzmittel »Marktredwitz«
	Alzodef
Furesan	Aresin-Kombi
Rosenspray 119	Aretit flüssig
	Banvel CMPP
	Buctril
	Compo Total-Unkraut-Spray
	Etzel
	Fisons Totalunkrautspray
	Flüssig Herbigol
	Gabi-Antimoos S
	HORA Tryn 50
	Ingran 50
	Mais-Bentrol GL
	Phenmedipham-Stefes
	Super Herbigol
	Tolkan A
	Tolkan Super
	Unkrautvernichtungsmittel 371 M

Bienen sind Insekten; eine Tiergruppe, die biologisch den Spinnentieren und damit auch den Milben recht nahe steht. Entsprechend vorsichtig sollte man daher auch beim Einsatz von Insektiziden (Insektenvernichtungsmitteln) und Akariziden (Milbenvernichtungsmitteln) sein. Die meisten sind für die Bienen tödlich. Es gibt jedoch für viele Anwendungen auch bienenungefährliche Präparate. Das Pflanzenschutzmittelverzeichnis der Biologischen Bundesanstalt für Land- und Forstwirtschaft, Messeweg 11–12, 3300 Braunschweig, gibt über die etwa 100 in Frage kommenden Präparate Auskunft.

Die Bienen und der Naturschutz

In letzter Zeit gibt es wiederholt Stimmen, die sich gegen die Aufstellung von Bienen in Naturschutzgebieten aussprechen. Vereinzelt wurde gar von Naturschutzbehörden die Aufstellung von Bienenvölkern in Schutzgebieten untersagt. Die Begründung ist ein fiktives, am grünen Tisch entwickeltes Argument: die Bienen seien keine natürlich vorkommenden Insekten, sondern den Menschen begleitende Haustiere. Bienen würden daher den natürlichen Blütenbestäubern gegenüber als Nahrungskonkurrenten auftreten.

Unabhängig davon, daß es für diese These keinen einzigen wissenschaftlich fundierten Beleg gibt, stellen solche Argumente ein Zeichen falsch verstandenen Naturschutzes dar, gepaart mit einer gehörigen Portion Unkenntnis der Biologie der Honigbiene. Honigbienen existieren seit mehr als 25 Millionen Jahren freilebend in friedlicher Koexistenz mit anderen blütenbestäubenden Insekten. In dieser Zeit haben sich die ökologischen Nischen von Honigbienen und anderen bestäubenden Insekten etabliert. Die tatsächliche Bedrohung für Nutzinsekten geht nicht von Honigbienen aus, mit denen sie seit Jahrmillionen in einem ausgewogenen Gleichgewicht zusammenleben, sondern von einer hochindustrialisierten Gesellschaft, die jetzt erst zu erkennen beginnt, daß sie sich seit über einem Jahrhundert auf Kosten der Natur zu einem instabilen System entwickelt.

Wer Bienen aus einem Naturschutzgebiet entfernt, riskiert, daß die Bestäubung der Flora nicht hinreichend gewährleistet ist. Er schützt durch solche Maßnahmen keinesfalls die Natur. Durch die Reduktion der Vielfalt an Blütenpflanzen ist es dann in der Tat möglich, daß bestimmte blütenbestäubende Insekten nicht mehr die entsprechenden Lebensbedingungen vorfinden und aussterben. Honigbienen erhalten und revitalisieren die Biotope, die den weniger robusten Blütenbestäubern als Lebensräume dienen.

Die Biologie der Honigbiene

Honigbienen finden wir heute in nahezu allen nichtpolaren Klimazonen der Welt. Das war nicht immer so. Ursprünglich war die westliche Honigbiene *(Apis mellifera)*, wie wir sie kennen, auf Afrika, Europa und den Südwesten Asiens (bis Afghanistan) beschränkt. Bis zu den großen Auswanderungsströmen europäischer Siedler nach Australien, Süd- und Nordamerika waren Honigbienen dort völlig unbekannt. In Asien war bis vor wenigen Jahren ebenfalls nicht die bei uns bekannte Honigbiene vertreten. Dort tummeln sich nämlich vier andere Arten: die Riesenhonigbiene der Tropen *(Apis dorsata)*, die Himalaya-Riesenhonigbiene *(Apis laboriosa)*, die Zwerghonigbiene *(Apis florea)* und die östliche Honigbiene *(Apis cerana)*. Während die ersten drei in ihrer Biologie doch auffallend von unserer Honigbiene abweichen, zeigt die östliche Honigbiene erstaunliche Parallelen zu unseren Bienen. Dies geht so weit, daß sich Drohnen und Königinnen der beiden Arten paaren können. Nachkommen entstehen jedoch nicht; dies ist stets ein eindeutiges Zeichen dafür, daß hier zwei verschiedene Arten vorliegen.

Anhand von Fossilien können wir Honigbienen bis in das Miozän vor 25 Millionen Jahren zurückverfolgen. Die Funde stammen aus dem rheinischen Braunkohleabbau in der Nähe von Bonn. Vor 12 Millionen Jahren zeigten die Bienen bereits ausgeprägte Ähnlichkeiten mit der heutigen Riesenhonigbiene der Tropen Asiens. Die letzteren hausen nicht in Höhlen, sondern bauen – ungeschützt an Ästen hoher Bäume – eine einzige große Wabe (bis zu 4 m^2). Der Übergang zum Nisten in Höhlen ermöglichte es offensichtlich, auch die gemäßigten Klimazonen zu besiedeln. Dies geschah vor 1½–2 Millionen Jahren zu Beginn des Pleistozäns. Erst am Ende des Pleistozäns, vor 8000–10 000

Verbreitung der westlichen Honigbiene (Apis mellifera). Kästchenschraffur: natürliches Verbreitungsgebiet. Linienschraffur: Verbreitung durch den Menschen

Die vier Arten der Honigbiene: Apis mellifera, Apis cerana, Apis florea, Apis dorsata (von links)

Jahren, fand dann die Artbildung – einerseits zur höhlenbrütenden östlichen und andererseits zur westlichen Honigbiene – statt.

Der Bau der Biene

Wenn wir ein Bienenvolk öffnen und uns näher anschauen, so können wir drei verschiedene Typen von Lebewesen darin erkennen. Am einfachsten zu finden sind die *Arbeiterinnen*, die uns schon – meist nicht in freundlicher Absicht – entgegenkommen, bevor wir den Bienenkasten öffnen. Ein starkes Bienenvolk kann bis zu 60 000 Arbeiterinnen haben, die für uns Menschen in noch immer weitgehend unverstandener Weise ihre Tätigkeiten zum Funktionieren des gesamten Bienenvolkes koordinieren. Der prinzipielle anatomische Aufbau einer Arbeiterin und ihrer inneren Organe sind in der nebenstehenden Abbildung schematisch dargestellt. Einige Strukturen sind für die Honigbiene von besonderer Bedeutung.

Der *Honigmagen* stellt ein ganz entscheidendes Organ bei der Erzeugung des Honigs dar. Hier wird der dünnflüssige Nektar durch Entziehen von Wasser eingedickt. Der Honigmagen ist zudem der Transporttank, in dem der Nektar von der Sammelbiene in das Nest eingetragen wird. Ein Ventiltrichter verhindert dabei den

 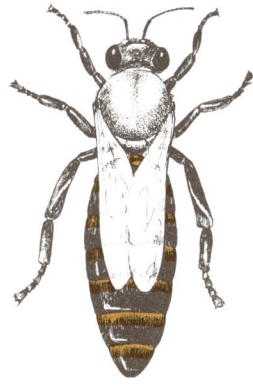 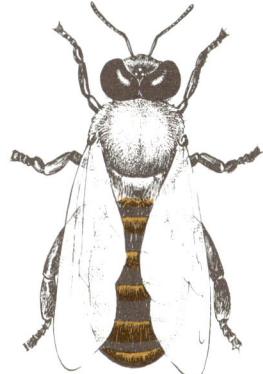

Die drei Bienenwesen: Arbeiterin, Königin, Drohn (von links)

Die Biologie der Honigbiene

Bau der Honigbiene.
Schematische Darstellung der wichtigsten inneren Organe und des äußeren Körperbaus. Typisch für die Bienen ist das Pollenkörbchen am 3. Beinpaar ▼

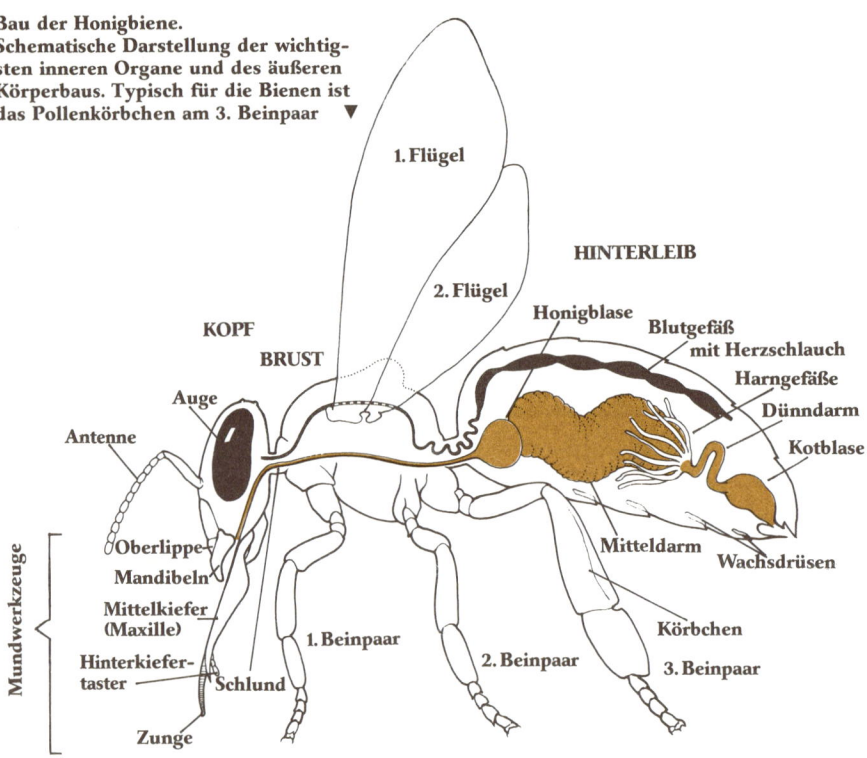

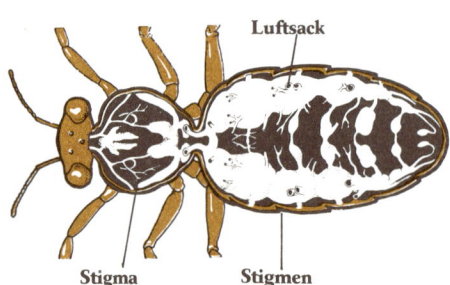

Atmungssystem der Honigbiene. ▲
Neben der Hauptatemöffnung (Stigma) in der Brust, gibt es im Hinterleib noch weitere (kleinere) Stigmen. Die Luftsäcke sind bei starker Stoffwechselaktivität von Bedeutung, wenn viel Sauerstoff benötigt wird

Schnitt durch den Kopf der Honigbiene. Die Futtersaftdrüsen im Kopf der Arbeiterin sind besonders bei Ammenbienen stark entwickelt. Sie erzeugen die Nahrung für die jungen Larven. Der Speichelkanal verbindet die Speicheldrüsen in der Brust mit der Mundhöhle ▶

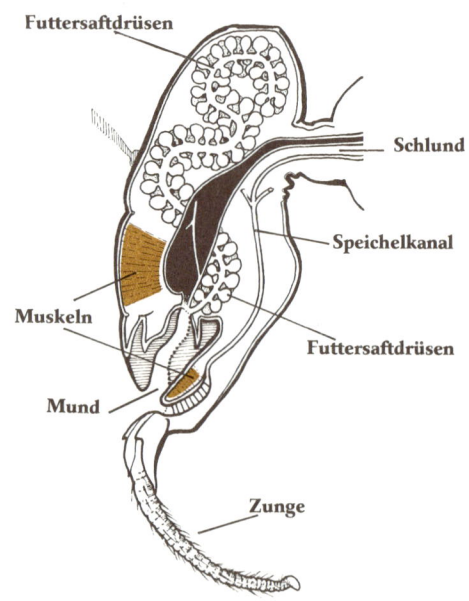

Der Bau der Biene 17

vorschnellen Eintritt des Honigs in den Darm. Die *Futtersaftdrüsen* sind besonders bei jungen Arbeiterinnen stark ausgebildet. In ihnen wird das Futter für die jungen Larven erzeugt und ausgeschieden.

Die *Wachsdrüsen,* die sich unter den Bauchschuppen befinden, produzieren das zunächst rein weiße Bienenwachs. Es ist flüssig und tritt durch kleine Poren aus, um an den sogenannten Wachsspiegeln zu erstarren. Es bilden sich die Wachsplättchen, die man häufig bei bauenden Arbeiterinnen erkennen kann. Die gelbe Farbe des Wachses entsteht erst später durch Verunreinigungen von Pollen.

Die *Duftdrüse* der Arbeitsbiene, die einen dem Menschen angenehmen und gut riechbaren Duft verbreitet, befindet sich vor dem vorletzten Segment des Hinterleibs. Der Duft erinnert an Geranien und Zitronen, und tatsächlich sind die Hauptsubstanzen des Sekrets – Geraniol und Citral – die typischen ätherischen Öle dieser

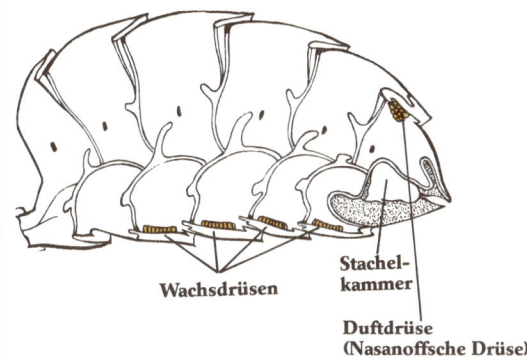

Lage der wichtigsten Drüsen im Hinterleib der Arbeiterin ▲

Sammelbein einer Arbeiterin. Mit Hilfe des zweiten Beinpaares (nicht abgebildet) und der Pollensammelvorrichtung des dritten Beinpaares kann die Arbeiterin Pollenhöschen (ganz rechts) bilden ▼

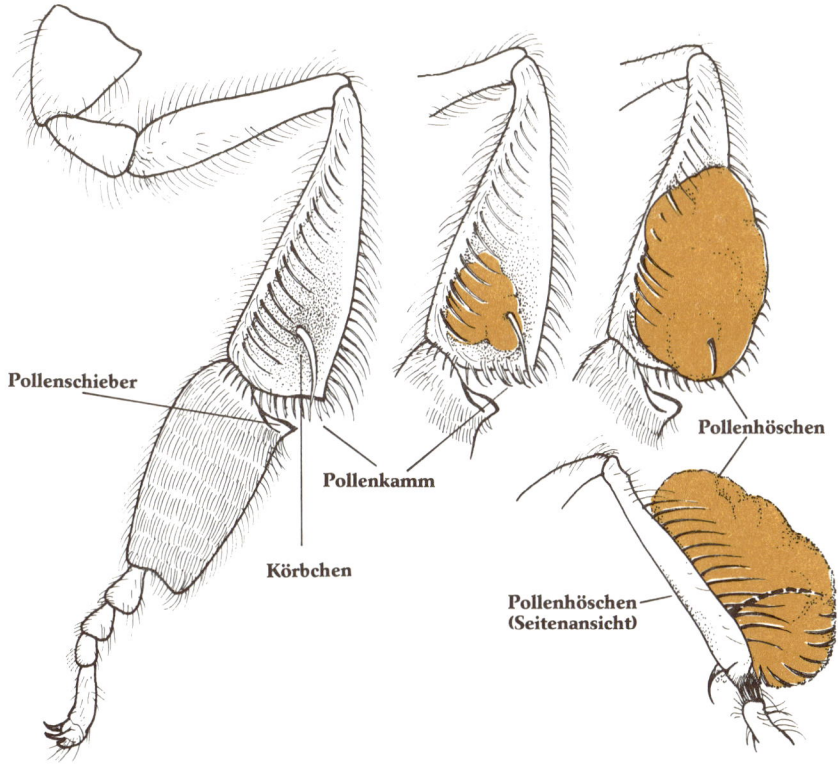

Pflanzen. Der Duft der Drüse ist für eine ganze Reihe sozialer Verhaltensweisen von großer Bedeutung.

Die *Hinterbeine* von Bienen zeigen eine im Tierreich einmalige Anpassung an das Sammeln von Blütenpollen, das sogenannte Körbchen. Es handelt sich hierbei um eine muldenförmige Vertiefung an den Oberschenkeln des letzten Beinpaars. Die Mulde ist von einem Borsten- und Haarkranz umgeben. Die Biene ist in der Lage, Pollenkörner in diesem Körbchen zu sogenannten Höschen zu sammeln. Dies sind kleine Kügelchen, die aus den einzelnen Pollenkörnern zusammengeklebt wurden. Das Körbchen (zoologisch *Corbicula*) ist typisch für alle Bienen (auch Hummeln und nichtsoziale Bienen gehören hierzu) und ein einfaches Unterscheidungsmerkmal, um sie von äußerlich ähnlichen Insekten abzugrenzen.

Der *Flugapparat* der Bienen ist ebenfalls äußerst bemerkenswert. Mit vier Flügeln haben sie ein Flugsystem, das eigentlich kaum für Hochleistungsflüge benutzt werden könnte. Ein Flugzeughersteller warb denn auch wie folgt für seine Produkte: »Unsere Flugzeugingenieure haben berechnet, daß Bienen nicht fliegen können.« Tatsächlich ist die Vierflügeligkeit aerodynamisch ein Handikap gegenüber der Zweiflügeligkeit, wie wir sie z. B. von Fliegen oder Vögeln kennen. Die Bienen haben sich allerdings etwas einfallen lassen, um diesen Nachteil zu überwinden. Durch einen raffinierten Hakenmechanismus können sie Vorder- und Hinterflügel miteinander zu einem funktionalen Flügel verbinden. Sobald die Bienen die Flügel zum Flug ausbreiten, verklinken sich die Flügel automatisch durch diese Häkchen.

Auch die Bewegung der Flügel bedarf unserer Aufmerksamkeit. Wenn wir das Bruststück einer Biene aufschneiden, so sehen wir, daß nur ganz wenige Muskeln direkt an den Flügeln ansetzen. Die meisten und stärksten Muskeln verlaufen von der Rückenplatte zur Bauchplatte. Zum Flug kontrahieren sich diese großen Muskeln ganz kurz. Der Brustkorb wird dadurch eingedrückt. Die Aufhängung der Flügel führt dazu, daß sie gehoben werden. Da der Brustkorb elastisch ist, springt er wieder in seine ursprüngliche Kugelform zurück. Die Flügel bewegen sich abwärts. Wenn die Flügelschlag-

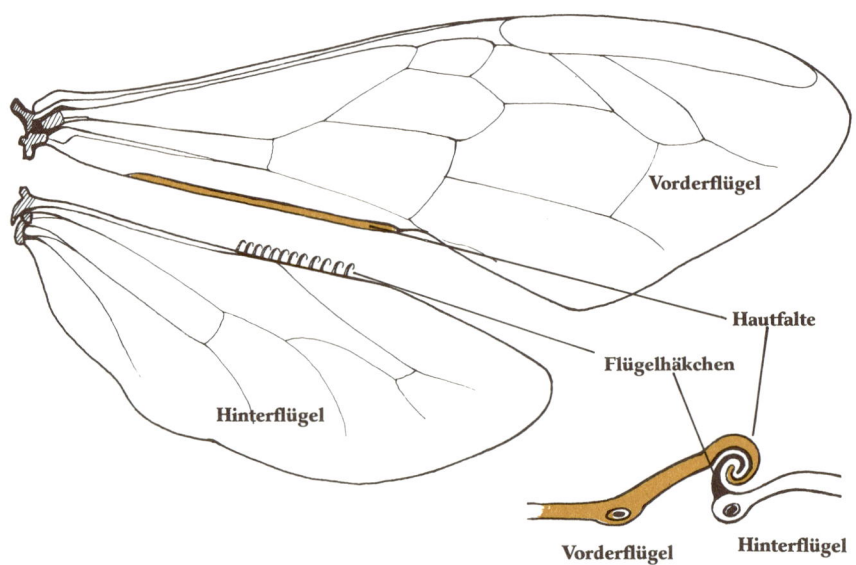

Der Verhakungsmechanismus von Vorder- und Hinterflügel. Die Häkchen des Hinterflügels greifen ähnlich wie bei einem Reißverschluß in die Hautfalte

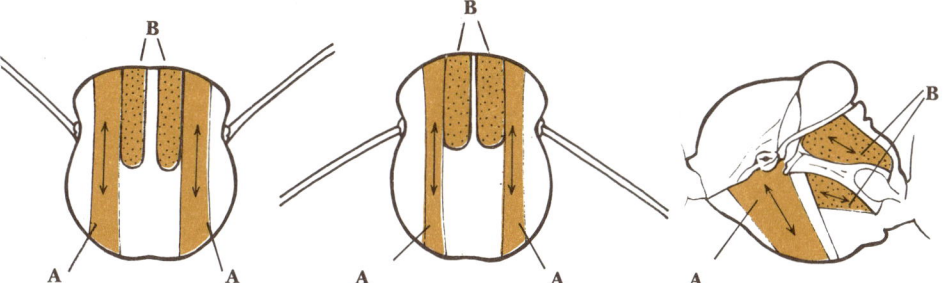

Schematische Darstellung des Flugapparates der Honigbiene. Die Muskeln A ziehen den Brustkorb zusammen, dadurch werden die Flügel gehoben. Bei Kontraktion der B-Muskeln werden die Flügel gesenkt

frequenz nun sehr nahe an der Resonanzschwingung des Brustkorbs liegt, kann der Kraftaufwand beim Fliegen deutlich reduziert werden. Durch Dreh- und Verwindungsbewegungen in der Flügellängsachse kann die Biene den Auf- und Vortrieb steuern.

Für den Menschen besonders eindrücklich sind *Giftblase und Wehrstachel*. Beides zusammen bleibt nach dem Stich einer Biene in der Haut stecken, und die Biene stirbt. In Ruhe ist der Stachel in der Stachelkammer der Honigbiene versteckt. Er selbst besteht aus drei getrennten Teilen: einer Stachelrinne und zwei Stechborsten. Beim Stich wird der Stachel mit einem kräftigen Ruck aus der Stachelkammer katapultiert. Ein komplizierter Hebelmechanismus erhöht hierbei die Geschwindigkeit. Er bohrt sich dabei in die Haut. Sobald die Stechborsten festen Widerhalt finden, arbeiten sie sich tiefer in das Gewebe hinein. Dieser Mechanismus funktioniert auch dann noch, wenn die Biene nach dem Stich weggeflogen ist und nur noch der Stachelapparat in der Haut steckenbleibt. Die Giftblase bleibt mit dem Stachel verbunden, und es wird weiterhin Gift in die Wunde gepumpt. Ein äußerst effizienter Mechanismus, wenn es darum geht, einem Angreifer große Schmerzen zu bereiten.

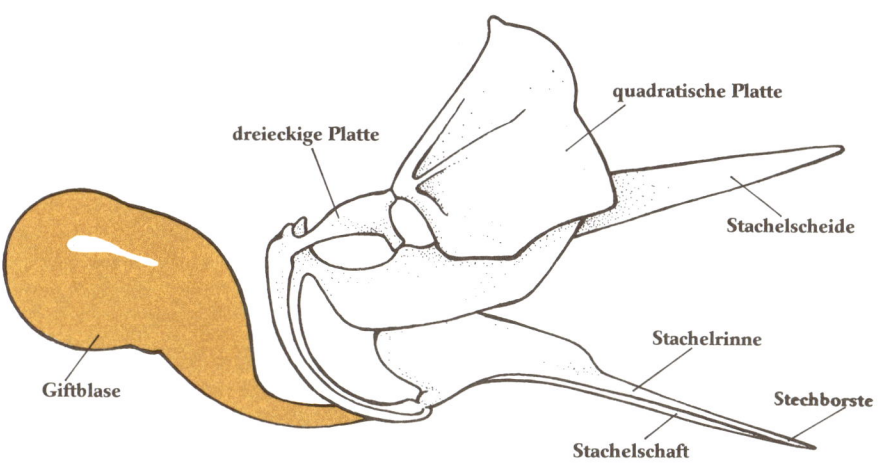

Der Stechapparat der Arbeiterin. Er besteht aus einem komplizierten Hebelapparat, der ein schnelles Ausstoßen des Stachels erlaubt

20 Die Biologie der Honigbiene

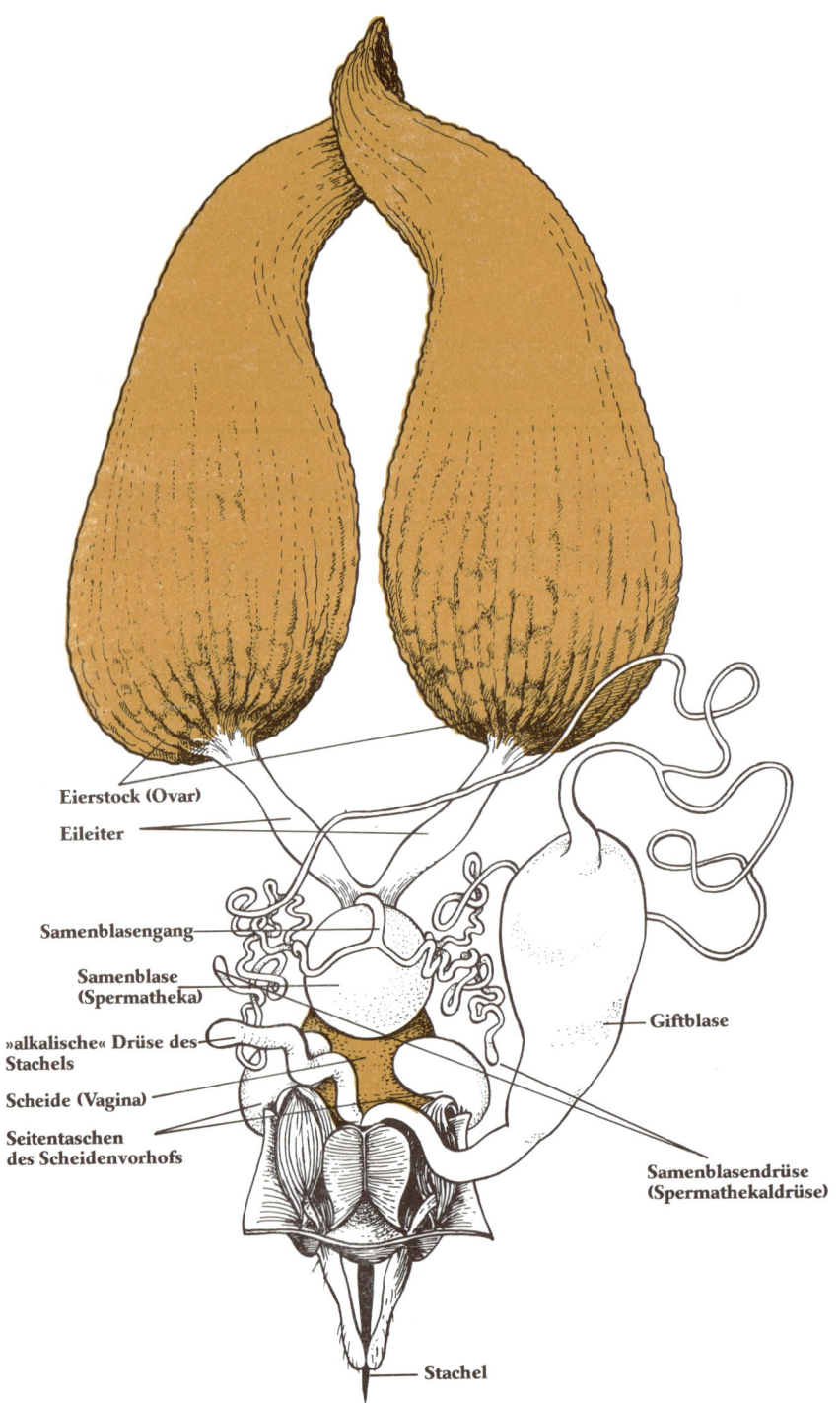

Geschlechtsapparat und Stachelapparat der Königin

Der Bau der Biene

Auch die Königin hat einen Stachel. Allerdings setzt sie ihn fast ausschließlich gegen rivalisierende Königinnen ein und benutzt ihn nur in höchster Not zur Selbstverteidigung. Im Gegensatz zur Arbeiterin kann die Königin den Stachel wieder aus der Haut herausziehen. Ihr fehlen die Widerhaken an den Stechborsten.

Die Eierstöcke sind bei den Arbeiterinnen nur kümmerlich entwickelt. Die *Königin* ist in der Regel das einzige fortpflanzungsfähige Weibchen im Bienenvolk. Sie hat gut entwickelte *Eierstöcke* mit zahlreichen Eischläuchen, in denen die Eier heranreifen. Bei der Eiablage wandern die reifen Eier durch den Eileiter am *Spermathekenkanal* vorbei. Die Spermatheka ist ein kleines Bläschen, in dem die Königin etwa 5–6 Millionen Spermien der Drohnen lagert, mit denen sie sich auf ihrem Hochzeitsflug gepaart hat. Bei jeder Eilage entscheidet die Königin, ob sie den Spermathekenkanal öffnet und einige Spermien zur Befruchtung freigibt oder ob sie ein unbefruchtetes Ei legt. Aus den befruchteten Eiern werden Weibchen (Arbeiterin oder Königin), während sich die unbefruchteten Eier zu Drohnen entwickeln. Hat eine Königin kein Sperma in ihrer Samenblase, so wird sie »drohnenbrütig«. Auch die Eier, die sie in Arbeiterinnenzellen ablegt, werden sich dann zu Drohnen entwickeln, und es entsteht sogenannte »Buckelbrut« (Drohnenbrut in Arbeiterinnenzellen). Der *Drohn* hat keinen Wehrstachel. Seine Hauptaufgabe ist die Befruchtung der Königin, und die soll er möglichst gut und schnell erledigen. Entsprechend ist sein biologischer Aufbau. Er ist von allen drei Wesen, die wir im Bienenvolk finden, mit dem besten optischen Apparat ausgestattet. Die Sehleistungen seiner riesigen *Facettenaugen* stellen die der Königin oder der Arbeiterin weit in den Schatten. Er braucht dieses gute Sehvermögen, mit dem sich insbesondere Bewegungsabläufe gut analysieren lassen, bei der Paarung. Er muß im Flug die Königin erfassen und begatten. Entsprechend gut sind auch seine Flugleistungen. Bei den inneren Organen des Drohns dominieren die *Geschlechtsorgane*. Beim jungen Drohn

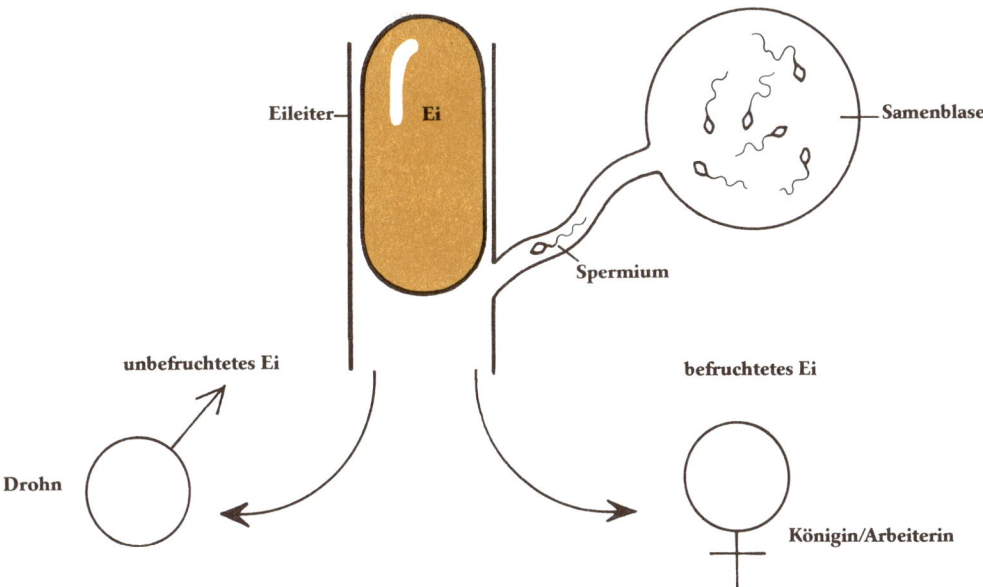

Schematische Darstellung der Befruchtung. Das Ei passiert den Ausgang des Samenblasenkanals. Die Königin kann wahlweise Spermien zur Befruchtung aus der Samenblase freisetzen. Aus unbefruchteten Eiern entstehen Drohnen, aus befruchteten Arbeiterinnen oder Königinnen

Die Biologie der Honigbiene

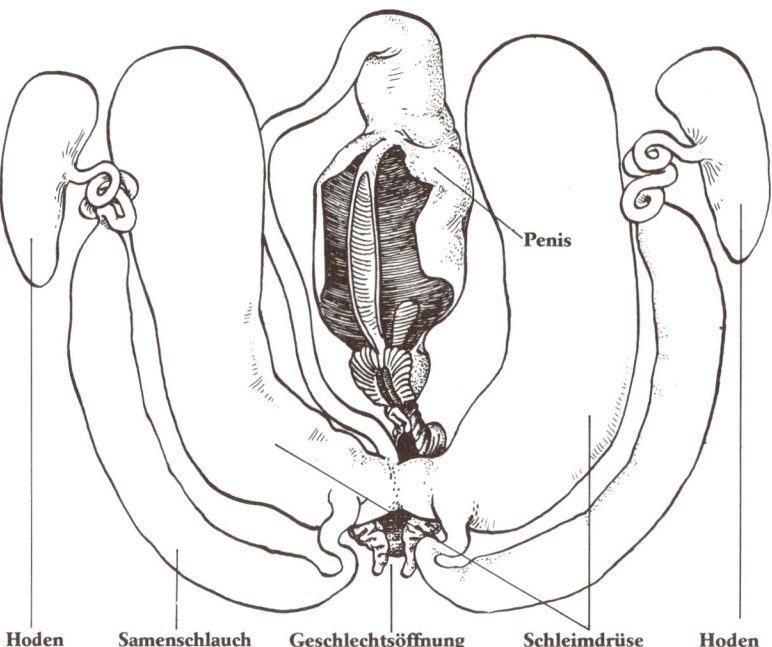

Hoden · Samenschlauch · Geschlechtsöffnung · Schleimdrüse · Hoden

Geschlechtsapparat des geschlechtsreifen Drohns. Bei unreifen Drohnen sind die Hoden stark entwickelt und die Samenschläuche kaum sichtbare Strukturen. Die reifen Spermien wandern in den Samenschlauch ein und werden bei der Paarung freigesetzt ▲

Wenn man den Hinterleib eines reifen Drohns von beiden Seiten vorsichtig drückt, wird er seinen Begattungsschlauch ausstülpen. Das Sperma befindet sich als cremiger Tropfen auf der Spitze dieser bizarren Struktur ▼

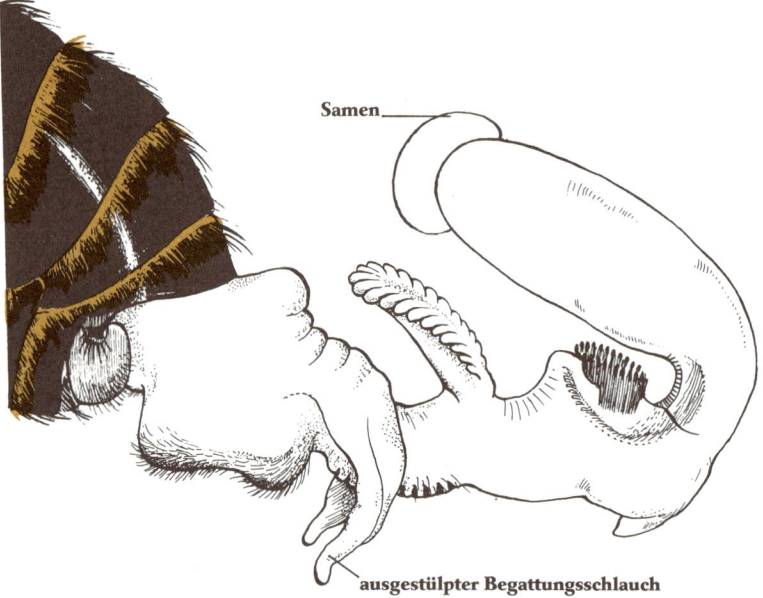

Samen

ausgestülpter Begattungsschlauch

füllen die Hoden nahezu den gesamten Hinterleib aus. Später, nach der Geschlechtsreife, lagert das Sperma in zwei Samenschläuchen (Vesicula seminalis), und die Hoden haben sich zu winzigen, schwammigen Strukturen zurückentwickelt. Bei der Paarung wird der äußerst kompliziert gebaute Begattungsschlauch *(Endophallus)* ausgestülpt und der Samen übertragen.

Die Entwicklung der Biene

Die Honigbiene gehört zu den Insekten mit einer Verpuppung und einer vollständigen Verwandlung während der Entwicklung. Wir unterscheiden prinzipiell vier Formen:
- Ei
- Larve
- Puppe
- Imago (fertig entwickeltes Individuum)

Die Larve, die dem Ei entschlüpft, ist bei diesen Insekten ein wurmähnliches Geschöpf ohne Beine (Made). Die Verwandlung zum fertigen Insekt verläuft über eine Puppenphase, in der sich die Larve in einen Seidenkokon einspinnt, in die Puppenstarre verfällt und schließlich als fertig ausgebildetes Insekt der Puppenhaut entschlüpft.

Bei der Honigbiene sieht die zeitliche Entwicklung wie folgt aus:

Die Königin, auch Weisel genannt, wird zunächst ein *Ei* in eine Zelle der Brutwabe des Nestes legen. Das frisch abgelegte Ei hat eine längliche, leicht gebogene Form mit abgerundeten Enden. Nach 3 Tagen schlüpft ein kleines 1,5 mm langes Würmchen aus, die Larve.

Die *Larve* wird nun in regelmäßigen Abständen von Ammenbienen gefüttert und gepflegt. Die Ammenbienen verabreichen den kleinen Larven ein Zucker und Eiweiß enthaltendes Sekret aus den sogenannten Futtersaftdrüsen, die sich im Kopf der Arbeiterin befinden. Wenn die Larve älter wird (etwa 6 Tage nach der Eilage), bekommt sie ein Futter, dem dann auch Honig und Pollen beigemischt sind. Die kleine Larve wächst schnell. Schon 2 Tage nach dem Schlupf aus dem Ei wird die sie umhüllende Larvenhaut zu eng, und sie häutet sich. In täglichen Abständen wird sie sich bis zur Verpuppung noch dreimal häuten. Dabei wird die Larve so groß, daß

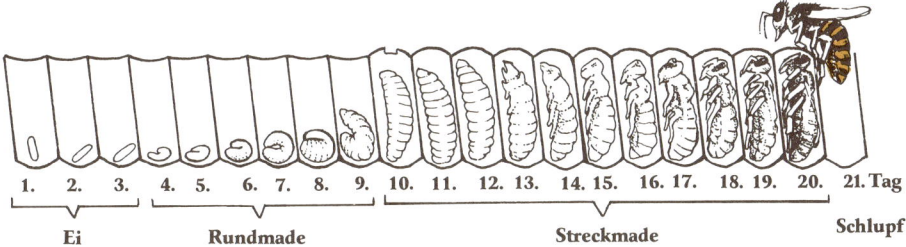

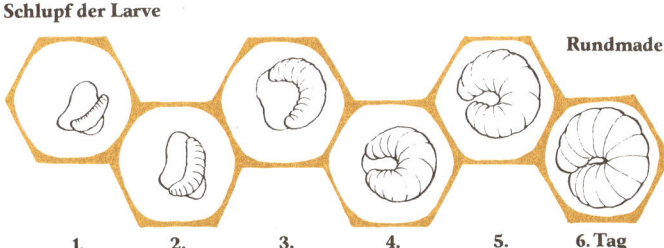

Vom Ei zum Schlupf. Ein von der Königin frisch abgelegtes Ei entwickelt sich über die Larvenstadien zur Puppe, bis schließlich eine Arbeiterin schlüpft. Unten im Bild die Larvenstadien in der Aufsicht, wie sie sich dem Imker bei der Brutkontrolle darstellen

sie nicht mehr in gestreckter Form auf dem Zellboden liegenbleiben kann. Sie muß sich krümmen und formt schließlich einen Kreis, wobei Kopf und Hinterleib zusammenstoßen. Ein Stadium, das der Imker als Rundmadenstadium bezeichnet. Letztendlich wird die Larve so groß, daß auch diese Position nicht ausreicht, um in der engen Zelle zu verbleiben. Die Larve füllt nun in ausgestreckter Form die gesamte Zelle aus *(Streckmadenstadium)*.

Die biologische Leistung, die hier vollbracht wird, ist erstaunlich. In weniger als 1 Woche nimmt das Körpergewicht der Bienenlarve um mehr als das Tausendfache zu. Die Streckmade ist so groß, daß sie mit dem Kopf aus der Zelle ragt. Sie würde herausfallen, würden die Arbeiterinnen die Zelle nicht vor Eintritt des Streckmadenstadiums mit einem luftdurchlässigen Wachsdeckel verschließen.

Wenige Tage nach der Verdeckelung beginnt die Streckmade, sich einzuspinnen. Mit dem Sekret ihrer Spinndrüsen webt sie ein feines Gespinst um sich herum. Das Stadium der Vorpuppe beginnt. In dieser Phase finden die wesentlichen Veränderungen von der madenförmigen Larve zur klar in Kopf, Brust und Hinterleib gegliederten Puppe statt. Die *Puppe* sieht der erwachsenen Arbeiterin bereits sehr ähnlich. So kann man hier schon Beine, Fühler und Flügelanlagen deutlich erkennen. Zunächst ist die Puppe rein weiß und die äußere Haut sehr weich und empfindlich. Mit zunehmendem Alter verfestigt sich jedoch die Außenhaut und wird dunkler. Zuerst aber verändert sich die Augenfarbe von weiß zu rosa, dann wird sie rotbraun und schließlich dunkelbraun.

Die ausgewachsene Biene bleibt noch 1 Tag in der Zelle, um die Außenhaut, die ihr Skelett darstellt, völlig aushärten zu lassen. Erst dann, am 21. Tag nach der Eilage, wird sie das Puppengespinst und den Wachsdeckel durchnagen und schlüpfen. Die *Imago* ist fertig.

Bei den Geschlechtstieren (Drohn und Königin) verläuft die Embryonalentwicklung im Prinzip zwar ähnlich wie bei den Arbeiterinnen, jedoch sind die Zeitverläufe, insbesondere bei der Verpuppung, stark verschieden. Besonders rasant verläuft die Entwicklung der Königin. Sie wächst als Larve noch schneller als die Arbeiterin und wiegt 9 Tage nach der Eilage als Streckmade bei der Verdeckelung fast 200 mg. Sehr schnell verläuft auch die Puppenphase der Königin. Bereits 7–8 Tage nach der Verdeckelung der Zelle schlüpft die ausgewachsene Königin und krabbelt zunächst noch etwas unbeholfen auf der Wabe umher. Diese schnelle Entwicklung ist in erster Linie auf die Futterdiät, die die Ammenbienen der königlichen Larve zuteil werden lassen, zurückzuführen. Die Larven, die von den Bienen zu Königinnen erkoren und in speziellen Zellen, den Weiselzellen, aufgezogen werden, bekommen ausschließlich ein Sekret aus den Futtersaftdrüsen, und dies in großen Mengen. Pollen und Honig werden hier offensichtlich nicht beigemischt. Die Drohnenbrut wird weniger fürsorglich behandelt und bekommt die schlichte Arbeite-

Die Entwicklung der Honigbiene

Tage	Königin	Arbeiterin	Drohn
1	Ei	Ei	Ei
2	Ei	Ei	Ei
3	Ei	Ei	Ei
4	Larve	Larve	Larve
5	Larve	Larve	Larve
6	Larve	Larve	Larve
7	Rundmade	Rundmade	Rundmade
8	Verdeckelung	Rundmade	Rundmade
9	Streckmade	Verdeckelung	Rundmade
10	Vorpuppe	Streckmade	Verdeckelung
11	Puppe	Vorpuppe	Streckmade
12	Puppe	Vorpuppe	Streckmade
13	Puppe	Puppe	Streckmade
14	Puppe	Puppe	Streckmade
15	Puppe	Puppe	Puppe
16	Schlupf	Puppe	Puppe
17		Puppe	Puppe
18		Puppe	Puppe
19		Puppe	Puppe
20		Puppe	Puppe
21		Schlupf	Puppe
22			Puppe
23			Puppe
24			Schlupf

rinnenkost. Entsprechend langsamer entwickeln sich die Drohnen. Erst am 10. Tag nach der Eilage wird die Brutzelle verdeckelt, und der Drohn benötigt noch weitere 2 Wochen, bis er schließlich seine Verpuppung und Verwandlung zum ausgewachsenen Drohn vollendet hat. Wenn das Wetter allerdings dem Bienenvolk nicht sonderlich behagt und die Arbeiterinnen beschließen, daß das Füttern von Drohnenbrut unnötiger Luxus sei, so kann die Entwicklung auch länger als 24 Tage dauern. Manchmal wird die Drohnenbrutpflege völlig aufgegeben, und die Larven werden von den Bienen (z. B. bei Eiweißmangel) aufgefressen.

Im Gegensatz zu den beiden weiblichen Kasten, Arbeiterin und Königin, entstehen die Drohnen aus unbefruchteten Eiern. Das heißt: Während die Königin ein Ei legt, wird sie aus ihrer Samenblase kein Sperma freilassen. Die Königin inspiziert daher vor jeder Eilage genau, wie die Zelle beschaffen ist, in die sie als nächstes ein Ei hineinlegen will. Sie steckt hierzu beide Vorderbeine in die Zelle und bestimmt den Zelldurchmesser. Ist er klein, so wird sie ein befruchtetes Ei hineinlegen. Handelt es sich um eine größere Drohnenzelle, so wird sie ein unbefruchtetes Ei am Zellboden plazieren, aus dem sich ein Drohn entwickeln wird. Es sind

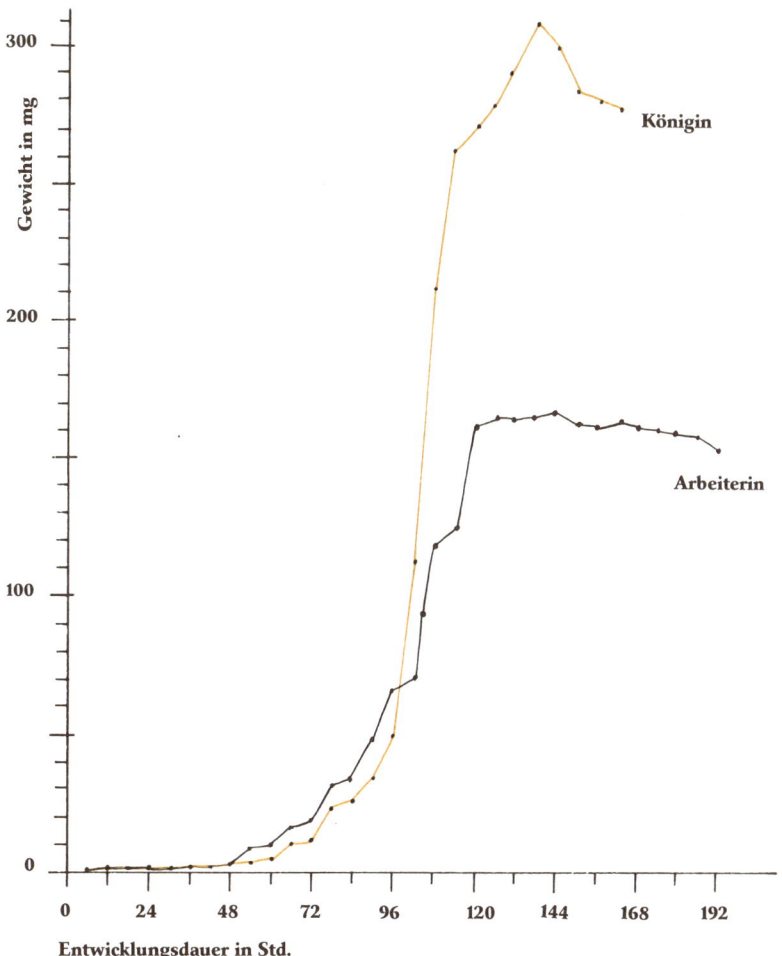

Gewichtszunahme von Königinnen und Arbeiterinnen während der Entwicklung vom Ei zum erwachsenen Insekt. Innerhalb weniger Stunden versechsfacht die Königinnenlarve ihr Körpergewicht

somit letztendlich die Arbeiterinnen, die entscheiden, wie viele Drohnen ein Bienenvolk erzeugt. Sie sind es, die die Waben bauen und die Zellgröße festlegen. Damit bestimmen sie weitgehend das Verhältnis von Arbeiterinnen und Drohnen im Bienenvolk.

Das Paarungsverhalten der Biene

Die Paarung der Bienenkönigin stellt eine biologische Besonderheit dar, die uns erst seit wenigen Jahren im Detail bekannt ist. Etwa 5 Tage nach dem Schlüpfen wird die junge unbegattete Königin das Nest für ihren Hochzeitsflug verlassen. Die Arbeiterinnen helfen hier kräftig mit und zwicken und beißen die junge Königin so lange, bis sie sich schließlich zum Flug aufrafft. Der erste dauert meist nur wenige Minuten und dient der Orientierung. Bald danach wird sie längere Flüge unternehmen und irgendwann mit dem sogenannten Begattungszeichen zurückkehren.

Bereits um 1770 erkannte Anton Janscha, der Hofimkermeister der Kaiserin Maria Theresia in Wien, die Bedeutung des Begattungszeichens. Es ist ein Teil des Begattungsschlauchs des Drohns, der bei der Paarung abreißt und in der Geschlechtsöffnung der Königin steckenbleibt. Die Königin ist nicht in der Lage, das Begattungszeichen selbst zu entfernen. Im Stock übernehmen dies die Arbeiterinnen. Man schloß aus dieser Beobachtung, daß die Königin sich nur mit einem einzigen Drohn paaren würde. Spermazählungen in der Samenblase der Königin schienen dies zu bestätigen. Etwa 5–6 Millionen Spermien lagert die Königin dort, die Hälfte der Produktion eines einzigen Drohns. Doch, wie so oft in der Wissenschaft: es war anders.

Eine direkte Beobachtung der Paarung von Drohn und Königin ist sehr schwierig, findet sie doch in einer luftigen Höhe von 20 m statt. Zudem ereignet sich die Paarung nicht in der Nähe des Nestes. Königinnen und Drohnen können bis zu 12 km weit fliegen, um sich erst dann zu treffen und zu paaren. Dabei wählen sie Areale, die über Generationen hinweg in ihrer Lage konstant bleiben, die sogenannten Drohnensammelplätze. Auf diesen Plätzen sammeln sich jahrein, jahraus zur Paarungssaison die Drohnen und Königinnen eines großen Einzugsgebietes. Wie Königinnen und Drohnen dorthinfinden, ist derzeit noch völlig ungeklärt. Durch die Drohnensammelplätze ist gewährleistet, daß sich nicht miteinander verwandte Drohnen und Königinnen paaren. Dies ist ein biologisch äußerst wichtiger Mechanismus, um Inzucht zu vermeiden. Die Vermeidung von Inzucht ist denn auch der Hauptgrund dafür, daß sich die jungfräuliche Königin nicht einfach von ihren Brüdern noch im Bienenvolk begatten läßt. Aus der Zuchterfahrung weiß man, daß Honigbienen sehr sensibel auf Inzucht reagieren. Sie führt zu einer deutlichen Verminderung der Lebensfähigkeit mit Brutausfällen und erheblichen Ertragsminderungen. Die Natur zeigt uns, welcher Aufwand von Königin und Drohn getrieben wird, um das zu vermeiden. Wie riskant diese Art der Paarung ist, wird anhand der Erfolgsraten bei der Begattung von Königinnen deutlich. Nur 70% werden bei günstigen Witterungsbedingungen erfolgreich begattet, fast ein Drittel kehrt nicht vom Hochzeitsflug zurück oder wird nicht begattet.

Die Königin geht bei der Paarung aber noch weitere Risiken ein, um den negativen Effekten der Inzucht zu entgehen. Sie paart sich nämlich nicht nur mit einem einzigen Drohn, sondern mit einer Vielzahl. Der ursprüngliche Irrglaube der Einfachpaarung konnte in einer Serie von Experimenten eindeutig korrigiert werden.

Die Abbildungen auf Seite 27 zeigen eindrucksvoll die Mehrfachpaarung der Bienenkönigin. Vor der Paarung verfolgen oft bis zu 100 Drohnen die Königin wie ein Kometenschweif. Bis zu 15 Drohnen können dabei die Königin begatten. Das Begattungszeichen in der Geschlechtsöffnung wird dabei vom nachfolgenden Drohn entfernt. Die Drohnen haben ein Borstenfeld auf ihrem Begattungsschlauch, das nur dazu da ist, das Begattungszeichen des Vorgängers aus der Geschlechtsöffnung herauszuheben. Die Paarung selbst ist in Sekunden beendet.

Das Leben der Biene

(a)   (b)   (c)

Die Paarung der Königin, gezeichnet nach einer Fotosequenz (Original G. Koeniger). Ein Drohn hat die Königin auf dem Drohnensammelplatz lokalisiert und setzt im Flug zur Paarung an (a). Er besteigt die Königin von hinten (b) und stülpt seinen Begattungsschlauch in die Königin. Dabei stirbt der Drohn, und in der (Abb. c) kann man erkennen, daß seine Flügel scharf in der Bildebene abgebildet sind: Sie bewegen sich nicht mehr. Nach dieser Paarung wird sich die Königin noch mit einem Dutzend weiterer Drohnen paaren

Der Drohn verfolgt zunächst die Königin in einem Abstand von 1–2 cm. Dann wird er sie im Flug von hinten besteigen, mit einem Knall (dies kann man am Boden hören) seinen Begattungsschlauch herausstülpen und in die Königin hineinpressen. Er pumpt dabei sein gesamtes Blut in den Begattungsschlauch, stirbt sofort und fällt zu Boden. Nur das Begattungszeichen verbleibt in der Königin und schaut als kleines weißes Fleckchen aus ihrer Stachelkammer heraus. Der nächste Drohn entfernt das Begattungszeichen und begattet dann seinerseits die Königin.

Wenn sich die Königin bei ihrem ersten Hochzeitsflug mit zu wenigen Drohnen gepaart hat, so wird sie noch weitere Paarungsflüge unternehmen, und zwar so lange, bis sie ausreichend Sperma in ihrer Samenblase gesammelt hat. Danach wird sie nie mehr zur Paarung ausfliegen. Ist die Paarung erfolgreich vollendet, so wird die Königin innerhalb weniger Tage ihre Eierstöcke zu voller Funktionsfähigkeit entwickeln und mit der Eilage beginnen.

Das Sperma der Drohnen wird zunächst in die Eileiter der Königin gepreßt. Aber nur etwa 10% des Spermas, das von den Drohnen übertragen wurde, wird auch tatsächlich genutzt und gelangt in die Samenblase der Königin. Der größte Teil (90%) wird, nachdem die Königin wieder im Volk ist, herausgepreßt und von den Arbeiterinnen entfernt. Bemerkenswert ist, daß dennoch Sperma von allen begattenden Drohnen in die Samenblase wandert und somit für eine hohe genetische Vielfalt im Bienenvolk sorgt.

Das Leben der Biene

Das Bienenvolk bestach den menschlichen Beobachter schon von jeher durch seine Fähigkeit, die Tätigkeiten der scheinbar planlos durcheinanderlaufenden Bienen zu einem sinnvollen und funktionierenden Ganzen zu koordinieren. Schon aus Aristoteles' Zeiten finden wir Berichte, daß Bienen eine Arbeitsteilung betreiben. Heute haben wir zwar konkrete Vorstellungen davon, wie diese Arbeitsteilung geregelt wird, wir sind aber nach wie vor noch weit davon entfernt, alle Vorgänge im Bienenvolk erforscht zu haben oder sie bis ins letzte Detail zu verstehen.

Die Arbeitsteilung

Das Alter der Arbeitsbienen scheint einen wesentlichen Einfluß auf die Tätigkeitsmerkmale zu haben.
Man teilt dabei grob in drei Perioden auf:

- Pflege der Brut
- Arbeit im Nest
- Außendienst

Die frisch geschlüpfte Biene wird in den ersten Stunden nach dem Schlupf erst einmal gar nichts machen, außer Futter aufzunehmen und sich in der neuen Freiheit zurechtzufinden. Mit zunehmender Geschicklichkeit wird sie zunächst mit der Reinigung und der Inspektion von Zellen beginnen. In dieser Zeit wachsen die Futtersaftdrüsen heran, und die Biene wird in zunehmendem Maß zunächst ältere, später jüngere Brut pflegen und füttern.

Am Ende dieser Periode werden die Arbeiterinnen einen ersten Orientierungsflug unternehmen, auf dem sie die nähere Umgebung des Nestes erkunden. Solche Flüge werden sie ab dem 9. oder 10. Tag in unregelmäßigen Abständen wiederholen. Oft kommt es dabei an schönen Sommertagen zum sogenannten *Vorspiel*. Alle jungen Bienen führen dann gemeinsam und zur gleichen Zeit solche Orientierungsflüge durch. Von weitem und für den unerfahrenen Imker erweckt dies leicht den Eindruck, als wolle das Volk schwärmen. Tausende von Bienen schwirren dann vor dem Flugloch. Bei näherem Hinsehen kann man dieses Phänomen jedoch klar vom Schwarmverhalten unterscheiden. Die Bienen sind beim Vorspiel mit dem Kopf zum Flugloch orientiert, um sich so Lage und Form des Nesteingangs einzuprägen. Beim Schwarm dagegen drängen die Bienen zum Nest hinaus, eine Ausrichtung der Bienen auf das Flugloch kann man nicht erkennen.

Etwa ab dem 13. Tag beginnen die Bienen mit der Arbeit am Nest. Die Futtersaftdrüsen bilden sich schnell zurück, und die Wachsdrüsen am Hinterleib beginnen mit der Produktion von Wachsplättchen. In dieser Phase übernehmen die Bienen die Stockreinigung: tote Bienen und Abfälle werden hinausbefördert. Der Pollen wird in die Zellen gestampft, der eingetragene Nektar durch Wasserentzug und Behandlung mit Fermenten zu Honig verarbeitet. In dieser Lebensphase wird sich die Biene am Wabenbau beteiligen und Ritzen und Spalten in der Nisthöhle mit Kittharz, das von den Sammlerinnen eingetragen wurde, verschließen.

Mit zunehmendem Alter verlagern sich die Tätigkeiten der Bienen mehr und mehr nach außen. Einige Arbeiterinnen werden zu Wächterbienen (etwa 18.–20. Lebenstag) und inspizieren am Flugloch jeden Ankömmling genau. Jede Biene, die in das Nest hinein will, wird mit den Fühlern betastet. »Riecht« der Ankommende so wie die anderen Nestmitglieder, wird er eingelassen. Fremde werden sofort scharf attackiert und vertrieben oder gar getötet. Diese Bienen sind es, die dem Imker den meisten Ärger bereiten. Sie haben eine hohe Verteidigungsbereitschaft und sind die schnelle Einsatztruppe des Bienenvolks, wenn es gilt, Angreifer (und Imker) abzuwehren. Droht Gefahr für das Volk, so setzen sie einen Duftstoff, das Alarmpheromon, frei und alarmieren und rekrutieren in wenigen Sekunden mehrere hundert Nestgenossinnen für die Kolonieverteidigung.

Die meisten Bienen überspringen die Wächterphase und widmen sich nach der Innendienstphase gleich vollends dem Außendienst. Im Alter über 20 Tage werden sie zu Sammlerinnen und tragen Pollen, Nektar, Wasser und Kittharz ein. Man kann dabei häufig beobachten, daß Arbeiterinnen sich spezialisieren. Es gibt Pollensammlerinnen, die man nie auf Nektarsuche sehen wird. Nektarsammlerinnen sieht man nur selten beim Eintragen von Kittharz. Eine weitere Gruppe von Außendienstarbeiterinnen nimmt offenbar eine Sonderrolle ein. Es sind die sogenannten »scouts« (Pfadfinder). Sie erkunden neue Trachtquellen und sind beim Schwärmen für die Suche nach der neuen Nestbehausung verantwortlich. Sie sind für das Bienenvolk von ganz entscheidender Bedeutung, um schnell auf geänderte Trachtverhältnisse reagieren zu können. Unabhängig von der Altersstruktur kommt es also zu einer Arbeitsteilung, deren Ursachen uns noch weitgehend unbekannt sind. In neuester Zeit gibt es Hinweise, daß möglicherweise genetische Mechanismen bei der Arbeitsteilung im Bienenvolk eine große Rolle spielen.

Die Sammlerinnen werden ihre Tätigkeit bis zu ihrem Lebensende durchführen. Hierbei ist allerdings zu bemerken, daß nicht einmal die Hälfte aller Bienen diesen Lebensabschnitt erreicht. In starken Trachtperioden, wenn der Umsatz an Arbeitsbienen hoch ist, beträgt das mittlere Lebensalter nicht mehr als 2 Wochen! Die Hälfte der jungen Bienen ist nach diesem Zeitraum bereits tot. Nur ein kleiner Teil der Arbeiterinnen wird also das Sammlerinnenalter erleben oder Wächterbiene werden. Zudem ist das Schema der Arbeitsteilung nicht starr. Wenn Not an der Biene ist, können sogar alte Sammlerinnen ihre Futtersaftdrüsen wieder entwickeln und Brutpflege übernehmen. Bei Verlust der Königin können Arbeiterinnen sogar ihre Eierstöcke entwickeln und selbst Eier legen und Nachkommen produzieren. Bei unseren europäischen Bienen erzeugen die legenden Arbeiterinnen ausschließlich Drohnenbrut, da die Eier unbefruchtet sind. Ein weiselloses Bienenvolk kann auf diese Weise noch Hunderte von Drohnen erzeugen. Auch wenn dies für den Imker meist wenig nützlich ist (er kann das Volk nicht weiterverwenden), so hat dies im biologischen Zusammenhang doch eine erhebliche Bedeutung. Die Drohnen als männliche Geschlechtstiere paaren sich mit Königinnen, und das Erbgut des weisellosen Volkes bleibt in der Population erhalten, auch wenn das Volk schließlich an überalterten Arbeiterinnen zugrunde geht.

Die Verständigung im Bienenstaat

Die Tanzsprache

Eine der größten Errungenschaften der Verhaltensforschung und einige der aufregendsten Erkenntnisse der Bienenbiologie stellen die in diesem Jahrhundert entstandenen Arbeiten des österreichischen Biologen und Nobelpreisträgers Karl von Frisch über die Tanzsprache der Honigbiene dar. Bienen haben ihre Sammelstrategien so weit verfeinert, daß sie die Möglichkeit haben, ihren Nestgenossinnen Lage und Ertrag einer Futterquelle mitzuteilen. Sie haben hierzu eine Tanzsprache entwickelt, die in der Biologie eine Einmaligkeit darstellt. Folgendes Beispiel soll diesen wirkungsvollen und faszinierenden Mechanismus verdeutlichen.

Eine Biene findet 2 km vom Standort des Bienenvolks entfernt im Südosten ein Rapsfeld mit reicher Tracht. Sie saugt ihren Honigmagen voll mit Nektar und macht sich auf den Heimweg. Sie muß sich genau merken, wie weit der Futterplatz entfernt ist und in welcher Richtung er liegt. Sie merkt sich außerdem den Kirchturm, der nur 100 m vom Rapsfeld entfernt steht und bereits vom Stock aus gut zu sehen ist. Im Stock angekommen, muß sie dies den anderen Arbeiterinnen mitteilen. Ein schwieriges Unterfangen, wenn man keine Landkarte und keinen Kompaß hat. Zudem kann man im Bienenkasten die Außenwelt nicht sehen und einfach in die Richtung des Futterplatzes zeigen. Die Waben, auf denen sich die Bienen befinden, die unsere Biene zum Futterplatz locken will, hängen vertikal. Sie muß also in einem stockfinsteren Kasten und ohne Sicht der Außenwelt auf einer im Lot hängenden Ebene die Lage des Futterplatzes vermitteln. Wir Menschen wären hoffnungslos verloren. Die Biene weiß sich jedoch zu helfen.

Sie macht einen sogenannten Schwänzeltanz auf der Wabe. In diesem Tanz durchläuft die Tänzerin eine liegende Acht. Die Strecke, an der die beiden kleinen Kreise der Acht zusammenstoßen, gibt die Richtung des Futterplatzes an. Während die Biene diese Strecke durchläuft, führt sie intensive Schwänzelbewegungen durch. Intensität und Frequenz der Schwänzelbewegungen geben Aufschluß über die Qualität des Futters und die Entfernung der Futterquelle. Acht bis zehn Arbeiterinnen folgen der Tänzerin dicht auf den Fersen und lernen so, wo sich der neue Futterplatz befindet. Die Bienen setzen dabei instinktiv die Oberkante der Wabe als Position der Sonne und entnehmen dem Winkel zwischen Tanzrichtung und Wabenlot die Richtung des Futterplatzes. Der Geruch des eingetragenen Nektars spielt zudem eine große Rolle bei der Übermittlung der Information. Die von der Tänzerin rekrutierten Bienen werden bald am Rapsfeld erscheinen. Anhand des Geruchs können sie überprüfen, ob sie an der richtigen Stelle gelandet sind und hier den

Die Biologie der Honigbiene

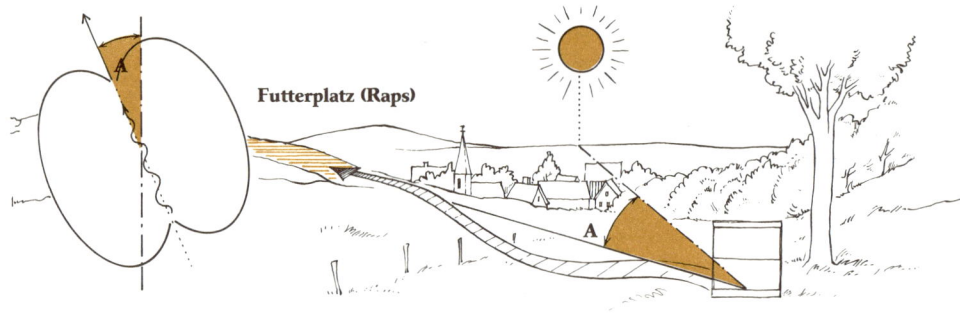

Schematische Darstellung des Schwänzeltanzes. Eine Sammlerin hat eine reiche Nektarquelle links vom abgebildeten Kirchturm gefunden. Im Stock wird sie ihren Nestgenossinnen Richtung und Entfernung vermitteln. Die Abbildung zeigt die Tanzrichtung auf der Wabe. Die Biene zeigt dabei den Winkel (A) zwischen Sonnenstand und Futterplatz an

Rapsnektar in der versprochenen Qualität und Quantität vorfinden.
Die Neuankömmlinge werden ins Volk zurückfliegen und nun ihrerseits tanzen und andere Sammlerinnen rekrutieren. Die erfahrenen Bienen werden sich jetzt nicht mehr am Sonnenstand, sondern an Landmarken (z. B. der Kirchturm) orientieren. In kürzester Zeit wird eine große Bienenschar auf dem Rapsfeld sein, um die ergiebige Trachtquelle zu nutzen. Die Tanzsprache ist nur durch den außerordentlichen Zeit- und Sehsinn der Honigbiene realisierbar. Da die Sonne im Lauf eines Tages von Osten nach Westen wandert, muß die Biene entsprechend flexibel sein; d. h., daß unser Futterplatz um 11.00 Uhr durch einen anderen Winkel angezeigt wird als später um 15.00 Uhr.
Die Tanzsprache funktioniert aber auch, wenn die Sonne durch Wolken verdeckt ist. Ein kleiner Ausschnitt blauen Himmels genügt den Bienen zur Orientierung. Sie sind mit Hilfe eines wunderbaren optischen Systems in der Lage, polarisiertes Licht zu erkennen. Der blaue Himmel zeigt abhängig vom Sonnenstand eine bestimmte Polarisation, die die Biene erkennen kann. Hieraus schließt sie dann auf den Stand der Sonne und findet mit der gewohnten Sicherheit den Futterplatz. Durch entsprechende Filter können übrigens auch dem Men-

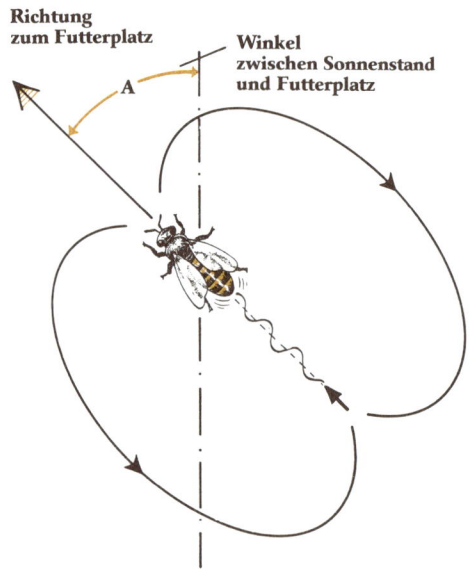

Die Position der Sonne ist der Fixpunkt für die Tanzrichtung. Im Bienenstock, in dem die Sonne natürlich nicht sichtbar ist, nimmt die Biene das Lot als Fixpunkt. Sie setzt dabei die Position der Sonne oben. Die Tanzrichtung auf der Wabe weicht nun genau um den Winkel vom Lot ab, den Futterplatz und Sonne vom Stock aus gesehen aufweisen (Winkel A)

Die Verständigung im Bienenstaat

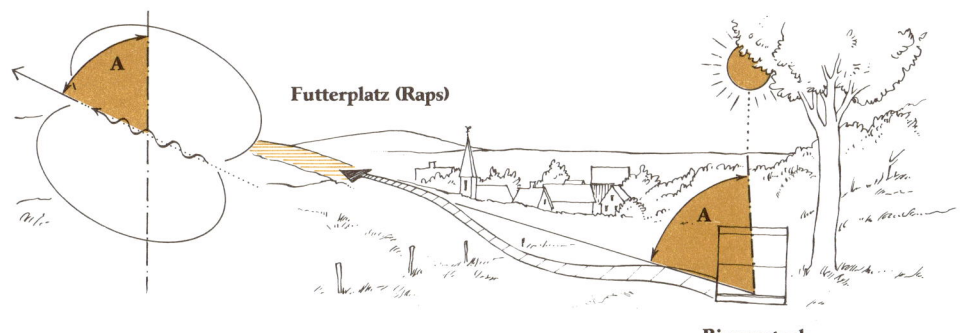

Verschiebt sich im Laufe des Tages die Position der Sonne, so ändert sich auch der Tanzwinkel

schen Muster polarisierten Lichtes sichtbar werden. Autofahrer beispielsweise, die Sonnenbrillen mit Polarisationsfiltern tragen, werden die Polarisationsmuster »ihrer« Windschutzscheibe kennen, die bei gehärtetem Glas auftreten (bei Verbundscheiben gibt es dieses Muster allerdings nicht).

Neben dem Schwänzeltanz gibt es noch den sogenannten Rundtanz, mit dem Bienen ungerichtet Futterquellen in nächster Nähe des Stockes anzeigen (< 25 m). Die Bienen laufen dabei in engen Kreisen, ohne durch Schwänzeln eine Richtung anzuzeigen. Als Übergangsform zwischen Rund- und Schwänzeltanz ist der Sicheltanz zu bewerten. Der Tanzkreis des Rundtanzes öffnet sich dabei in Richtung des Futterplatzes.

Obwohl sich die Bienen hier eines ausgeklügelten Kommunikationssystems bedienen, sollten wir immer im Auge behalten, daß es sich hier nicht um besondere intellektuelle Leistungen der Bienen handelt. Die Tanzsprache ist den Bienen angeboren, und instinktiv setzen sie die Tanzmuster in Richtungsinformation um.

Die chemische Verständigung

Neben der Tanzsprache bedienen sich die Bienen noch eines hochleistungsfähigen chemischen Verständigungssystems. Duftstoffe, von denen wir bis jetzt nur einen kleinen Bruchteil kennen und chemisch analysiert haben, regeln weite Bereiche des sozialen Lebens. Man nennt diese Duftstoffe auch Semiochemikalien oder Pheromone, da es Stoffe sind, die die Verständigung von Individuum zu Individuum ermöglichen. Die untenstehende Tabelle faßt die

Pheromon	Sender	Empfänger	Wirkung
Königinnen-substanz	Königin	Arbeiterin Drohnen	unterdrückt Ovarentwicklung; bei Fehlen: Weiselunruhe, Schwarmorientierung Sexuallockstoff auf dem Drohnensammelplatz
Sterzel-pheromon	Arbeiterin	Arbeiterin	Orientierung am Flugloch, Schwarmlenkung
Alarm-pheromon	Arbeiterin	Arbeiterin	Alarmierung bei Nestverteidigung
Brutpflege-pheromon	Puppen	Arbeiterin	Temperaturregulation, Erkennung der Brut

Die Biologie der Honigbiene

wichtigsten derzeit bekannten Semiochemikalien von Honigbienen und ihre Funktion im Bienenvolk zusammen.

Der soziale Futteraustausch

Ein weiteres wesentliches Mittel zur Kommunikation ist das soziale Fütterungsverhalten von Bienen. Betrachtet man ein Bienenvolk in einem Beobachtungsstock, so kann man sehen, daß die Bienen häufig Fühlerkontakt mit Nestgenossinnen aufnehmen. Bei genauem Hinsehen erkennt man, daß eine der beiden Bienen ihre Mundwerkzeuge *(Mandibeln)* weit auseinanderreißt, während die andere ihren Rüssel ausstreckt. Es findet hier ein Futteraustausch statt. Die Biene mit den geöffneten Mandibeln gibt Futter aus ihrem Honigmagen an die sie anbettelnde Biene. Eine kleine Menge Honig verteilt sich in wenigen Stunden völlig gleichmäßig im Bienenvolk. Die Fütterungskontakte dienen aber nicht nur dazu, die einzelnen Individuen im Nest gleichmäßig am eingetragenen Honig teilhaben zu lassen, sondern auch der Übermittlung wichtiger Informationen über den Zustand und die Bedürfnisse des Bienenvolks. So wird z. B. mitgeteilt, ob Nahrungs-

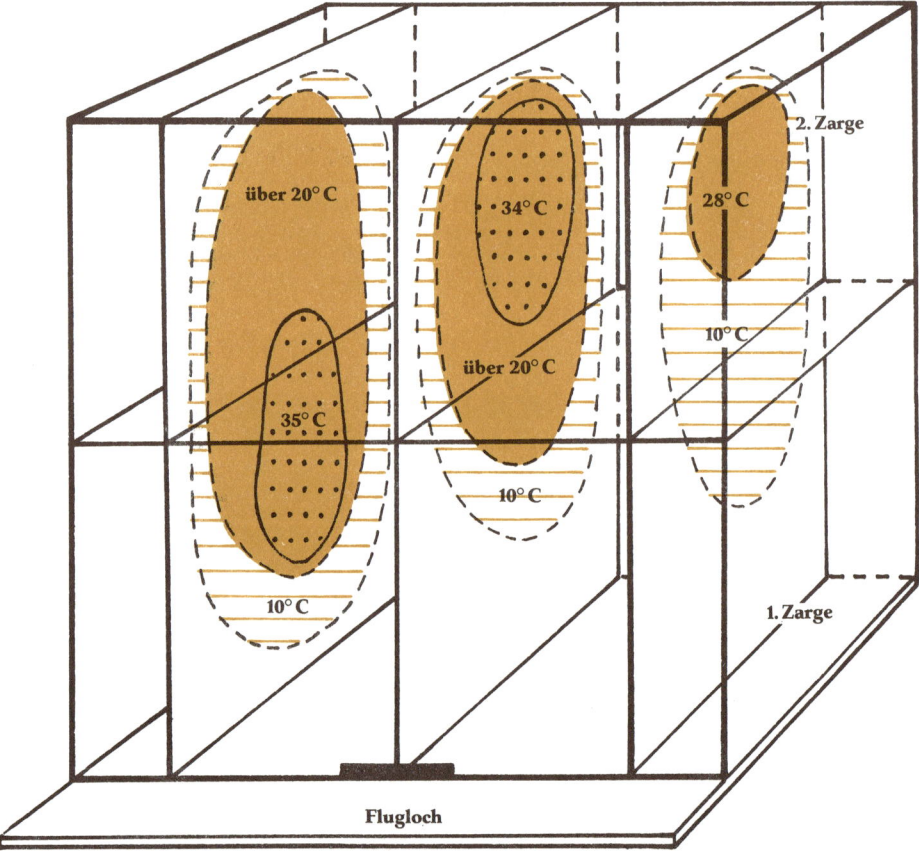

Temperaturverteilung in einem Bienenstock bei einer Außentemperatur von 4 °C. Die Temperatur wurde auf sechs ausgewählten Waben mit Thermoelementen gemessen. Im Brutbereich erzeugen die Bienen eine Temperatur von 34–35 °C. Die durchgezogene Linie umfaßt den Temperaturbereich über 30 °C. Die gestrichelten Linien stellen die 20 °C und die 10 °C Isothermen dar

Die Verständigung im Bienenstaat

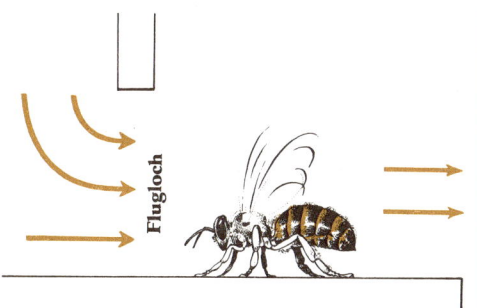

Bei hohen Temperaturen betreiben die Bienen eine aktive Luftumwälzung in der Beute. Dutzende von Bienen können an warmen Tagen so vor dem Flugloch sitzen und fächeln

knappheit im Volk herrscht oder verstärkt Wasser eingetragen werden soll. Die Geschwindigkeit und die Intensität, mit denen die Stockbienen den Sammlerinnen ihr Sammelgut abnehmen, regeln das Eintrageverhalten der Außendienstbienen. Wird z. B. das Wasser schnell abgenommen, so werden sie ihre Sammeltätigkeit verstärkt fortsetzen. Wird nichts abgenommen, so stellen sie prompt ihre Tätigkeit ein.

Die Regulierung des Nestklimas

Die isolierte Honigbiene ist ein wechselwarmes Tier; d. h., ihre Körpertemperatur gleicht sich der Lufttemperatur an. Das Bienenvolk verhält sich jedoch wie ein warmblütiges Tier und ist in der Lage, auch bei kältesten Temperaturen (bis −80° Celsius!) eine Nesttemperatur von über 30° Celsius beizubehalten. Die Bienen erzeugen die Wärme mit Hilfe ihrer Flugmuskulatur. Sie klinken dabei die Flügel aus der Flugmechanik aus und vibrieren mit den Muskeln. Wie bei jeder Muskelarbeit wird hierbei Wärme frei, die an benachbarte Bienen abgegeben werden kann. Die Bienen selbst haben dabei eine sehr hohe Wärmeleitfähigkeit, was besonders im Zentrum der Bienentraube günstig ist, um die Wärme gleichmäßig zu verteilen. Am Rand der Traube wäre jedoch eine schlecht wärmeleitende Isolierschicht vorteilhafter. Hier treten die Bienenwaben in Aktion. Sie sind ein idealer Isolator gegen Wärmeverlust. Die Bienen können die Zellen noch mit ihrem Körper abdecken, so daß die leeren Zellräume als weitere hocheffiziente Isolatoren dienen.

Bei zu hohen Außentemperaturen reagieren die Bienen mit Ventilieren. Man kann an heißen Tagen oft Dutzende von Arbeiterinnen am Flugloch sehen, die mit aller Gewalt Luft aus dem Kasten herausfächeln. Durch Verdunstung von Wasser wird die Temperatur im Volk dadurch merklich gesenkt. An solchen Tagen ist es daher auch wichtig, daß die Bienen hinreichenden Zugang zu Wasserquellen haben. Solange keine extrem warmen oder kalten Temperaturen auftreten, regulieren die Bienen die Temperatur im Volk einfach durch die Dichte des Volksverbands. Bei kalten Temperaturen rücken die Arbeiterinnen dichter zusammen, während bei Wärme auseinandergerückt wird, um einen Luftzug durch das Volk zu ermöglichen.

Das Verteidigungsverhalten

Das Verteidigungsverhalten stellt besonders für die Freizeitimkerei eine wichtige Eigenschaft des Bienenvolks dar. Hobby-Imker wollen ihre Bienen verständlicherweise in Wohnungsnähe und damit in dicht besiedelten Gebieten aufstellen. Stechlustige Bienenvölker können dort jedoch oft zu Problemen bei der Bearbeitung und mit den Nachbarn führen. Ein Bienenstich zur falschen Zeit am falschen Ort war schon oft das Ende mancher Imkerei.

Die Wächterbienen spielen dabei die zentrale dubiose Rolle. Sie organisieren das Verteidigungsverhalten des Bienenvolks. Im Fall von Gefahr alarmieren sie in wenigen Sekunden ihre Stockgenossinnen mit einem Duftstoff ihres Stachelapparates. Wer öfter mit Bienen arbeitet, kennt diesen Duft, der an Bananen erinnert, und weiß ihn zu fürchten. Eine Hundertschaft alarmierter Bienen wird nämlich sofort aus dem Kasten sausen, und jeder Angreifer wird gnadenlos attackiert. Je nach

Die Biologie der Honigbiene

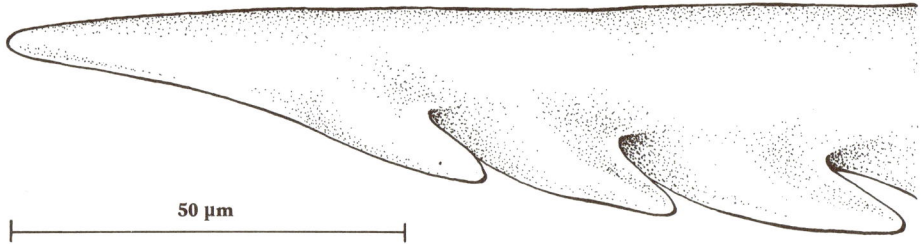

Stechborste des Stachels einer Arbeiterin. Beim Stich in die zähe Haut des Menschen verhaken sich die Widerhaken, und der gesamte Stachelapparat wird der Biene aus dem Hinterleib gerissen. Die Biene stirbt danach

Temperament der Bienen können solche Verteidigungssituationen mehr oder minder gefährlich ausfallen.

Generell ist zu sagen, daß die Bienen in unseren Breiten, speziell Bienen der Carnica-Rasse, eher sanftmütig sind. Dies ist der Erfolg jahrzehntelanger Zuchtbemühungen der gesamten Imkerschaft. Wildlebende Bienen, wie wir sie zum Beispiel in Afrika finden, reagieren hingegen oft sehr eindrucksvoll und können für den Menschen gefährlich werden. In solchen Fällen ist das Tragen eines Schutzanzugs bei der Arbeit an den Bienen unerläßlich. Das gestochene Opfer bleibt noch über längere Zeit für die angreifenden Bienen attraktiv, da die Stachelapparate – und damit die Quellen für den Alarmierungsduft – in der Haut hängenbleiben. Die meisten der alarmierten Bienen, die uns bei einer Kolonieverteidigung mit einem bedrohlich klingenden, hohen Ton umschwirren, werden jedoch nicht stechen. Primäres Ziel ist es, den Angreifer zu vertreiben und ihn zu belehren, kein zweites Mal an das Nest heranzugehen. Die Bienen haben keinerlei Vorteil dadurch, daß angreifende Säuger getötet werden. Im Gegenteil: wenn der mutige Urmensch, der von Bienen gestochen wurde, zu seinem Stamm und seiner Familie zurückkehrt, so soll er dort über die grausamen Bienen berichten und alle davor warnen, sich ihnen zu nähern!

Bienen haben mit ihrem Alarmierungs- und Verteidigungsverhalten ein äußerst ausgeklügeltes System entwickelt, um gerade bei lernfähigen Säugern eine bleibende Abschreckung zu erzielen.

Der Schwarm

Ein weiteres eindrucksvolles Beispiel sozialer Koordination stellt die Kolonievermehrung oder das Schwärmen dar. Die Vorbereitungen zum Schwärmen finden im späten Frühjahr statt. Die Arbeiterinnen werden zunächst eigens Zellen vorbereiten, in denen Königinnen gezogen werden können. In diese Zellen wird die Königin Eier legen, die von den Ammenbienen mit Königinnenfuttersaft versorgt werden. Sobald diese Schwarmzellen verdeckelt sind, kann man im Volk Unruhe und Unordnung feststellen. Die alte Königin wird oft hin und her gerissen und von den Arbeiterinnen an der Eilage gehindert. Dies führt dazu, daß sich die Eierstöcke der Königin zurückentwickeln und sie wieder voll flugfähig wird. Wenige Tage vor dem Schlupf der ersten Jungköniginnen findet dann ein immer wieder beeindruckendes Schauspiel statt.

Zur warmen Mittagszeit drängen sich plötzlich Tausende von Arbeiterinnen zum Flugloch. Die Königin wird mitgerissen, und etwa die Hälfte des Bienenvolks zieht aus der alten Behausung aus. Zunächst fliegen alle in Kreisen um die alte Beute. Schließlich sammelt sich der Schwarm jedoch an einem Ast in einem nahen Baum. Die Königin und ihre Duftstoffe sind hierbei von entscheidender Bedeutung. Dort, wo die Königin sich hinsetzt, wird sich auch der Schwarm niederlassen. Die Spurbienen beginnen nun mit ihrer Arbeit: der Suche nach einer geeigneten Nisthöhle. Es kann oft tagelang dauern, bis der Schwarm sich für ein neues Domizil entschließt. Das Kommunikationssystem ist ganz ähnlich dem oben beschriebenen Schwänzeltanz. Die Bienen tanzen jedoch mangels Waben auf dem sogenannten Tanzboden des Schwarms und zeigen die Richtung der neuen Behausung an. Der Schwarm löst sich dann wieder auf und zieht um. Die Spurbienen sausen dabei in Richtung des neuen Nistplatzes von hinten nach vorne durch den fliegenden Schwarm hindurch. Im neuen Nest werden erneut die Duftstoffe der Nasanoffschen Drüsen der Arbeiterinnen für die Orientierung der noch nicht angekommenen Bienen eingesetzt. Die Bienen fangen sofort mit dem Wabenbau an, und die Königin wird in kürzester Zeit mit der Eilage beginnen.

Im Altvolk schlüpft in der Zwischenzeit eine junge, unbegattete Königin. Sie hat nun prinzipiell zwei Möglichkeiten. Entweder sie schwärmt ebenfalls mit der Hälfte der verbliebenen Bienen, oder sie verbleibt im Nest. Im letzteren Fall wird sie alle anderen Königinnenzellen vernichten, die vom Volk angelegt wurden. Schlüpfen zwei Königinnen gleichzeitig, so beginnt ein Kampf um Leben und Tod. Nur eine einzige Königin wird überleben und dem Volk voranstehen. Völker mit mehr als einer Königin müssen in unseren Breiten als ausgesprochene Kuriosität angesehen werden. Dieses Phänomen tritt meist dann auf, wenn die alte Königin überaltert ist und nicht geschwärmt hat. Die junge Tochterkönigin kann dann gleichzeitig mit der alten Mutter im Volk gefunden werden. Bei tropischen Bienenrassen kommt es jedoch häufiger vor, daß auch einmal mehr als eine Königin im Volk vorhanden ist.

Prinzipiell ist zum Schwarmvorgang zu sagen, daß er den Biologen nach wie vor viel Kopfzerbrechen bereitet. Das Risiko, das die Bienenvölker beim Schwärmen auf sich nehmen, ist größer als bei allen anderen Arten sozialer Insekten, die auch eine Kolonieteilung als Vermehrungsstrategie betreiben.

Warum zieht die begattete Königin aus der alten Niststätte aus und nicht die junge, unbegattete? Warum töten sich die jungen Königinnen im Volk bereits ab, bevor die erste erfolgreich begattet ist und Eier legt?

Warum wird nicht, bevor der Schwarm auszieht, eine neue Nisthöhle gesucht? Denn der Umzug der Bienen sieht so aus, daß erst einmal die Möbelspedition bestellt wird. Die packt alles in den Möbelwagen, der zwei Straßen weiter im Halteverbot abgestellt wird. Dann erst fängt man an zu überlegen, wohin man denn eigentlich ziehen wollte und wie groß die neue Behausung sein soll. Findet man nicht rechtzeitig etwas Geeignetes, so wird man statt der erhofften Wohnung einen saftigen Strafzettel bekommen, für die Bienen ist dies meist tödlich.

Das Bienenvolk – ein Superorganismus

Der Imker erkannte schon früh das enge soziale Gefüge des Bienenvolks und betrachtete es als eine biologische Einheit. Der »Bien« war im alten Imkerlatein ein gängiger Begriff für das Bienenvolk.

Das Bienenvolk besteht nun zwar aus vielen tausend Einzelindividuen, aber dennoch scheint diese alte Betrachtungsweise so falsch nicht. Tatsächlich gibt es viele Parallelen zwischen Säugetieren und Bienenvölkern. So konnte man erst kürzlich zeigen, daß Bienenvölker – ganz ähnlich wie Säuger – eine Atmung aufweisen. Sie zeigen eine Einatmungsphase, in der die Luft zum Flugloch eingesogen wird; es folgt ein Ausatmen, bei dem die verbrauchte Luft zum Flugloch hinausventiliert wird. Die einzelnen Bienen sitzen nun natürlich nicht im Kasten und atmen auf Kommando ein und aus (sie haben einen Gasaustausch über die Tracheen, die konstant im Volumen sind und keine Atmung wie bei Lungen ermöglichen). Es ist vielmehr die Luftbewegung, die durch die fächelnden Bienen erzeugt wird, die wir am Flugloch messen können. Verblüffend sind allerdings die Parallelen zur Atmung von Säugern während des Tages und der Nacht. Wie bei schlafenden Säugern wird die Atemfrequenz auch bei Bienenvölkern reduziert, und vor dem »Schlafengehen« findet man Atemphänomene, die ganz ähnlich unserem Gähnen sind. Ein Völkchen mit etwa

10 000 Bienen ist einem Murmeltier in seinen Atemkenngrößen vergleichbar.

Betrachtet man die soziale Stoffwechselleistung und die schnellen Datenvermittlungsbahnen im Volk, so ergibt das Bienenvolk in seiner Gesamtheit in der Tat eine Struktur, die man sinnvoll als Superorganismus bezeichnen kann. Der große Unterschied zum echten Organismus indes liegt weniger auf der funktionellen als auf der genetischen Ebene. In einem klassischen biologischen Organismus sind – außer Ei- und Samenzellen – alle Zellen genetisch gleich, da sie von nur einer befruchteten Eizelle abstammen. Im Superorganismus »Bienenvolk« unterscheiden sich die einzelnen Mitglieder genetisch, da durch die Vielfachpaarung der Königin verschiedene Väter für die Arbeiterinnen auftreten.

Der Imker jedoch betrachtet das Bienenvolk als solches als eine biologische Einheit, der er sein Hauptaugenmerk zuzuwenden hat. Die einzelne Arbeiterin, die Königin oder der Drohn sind nur kleine Rädchen im großen Gefüge. Der Imker benutzt Worte, die sprachlich in ihrer ursprünglichen Bedeutung eher pflanzliche Organismen ansprechen [Bienenstock, Ableger (Bildung eines neuen Volkes aus einem kleinen Teil eines bereits existierenden Volkes)] oder das Volk als eigenständiges Individuum beschreiben (der »Bien«).

Die Geschichte der Bienenhaltung

Die Bienenhaltung der Vorzeit

Vor über 100 Millionen Jahren waren die Blütenpflanzen dabei, sich auf der Erde zu verbreiten. Die Blüten entwickelten sich zu attraktiven Werbesignalen für bestäubende Insekten. Der süße Nektar stellte die Belohnung für die Übertragung des Pollens dar. Es sollte allerdings noch viele Millionen Jahre dauern, bis aus dem Nektar ein lagerfähiger Honig wurde.

Vor etwa 25 Millionen Jahren, im Miozän, traten zum ersten Mal Honigbienen auf, die den Nektar sammelten, eindickten und als Honig in Waben lagerten. Es war die Zeit der Entstehung der Alpen, der Rhönvulkane und des Rheintals. Zu dieser Zeit entwickelten sich auch die ersten Affen, die sicher dem süßen Honig nachstellten und für die Bienen eine ständige Bedrohung darstellten. Die Verteidigung des Honigvorrats insbesondere gegen Säugetiere wurde somit zu einer überlebenswichtigen Eigenschaft für Bienenvölker. Der Grundstein zum hochentwickelten Wehrstachel, der uns heute oft schmerz-

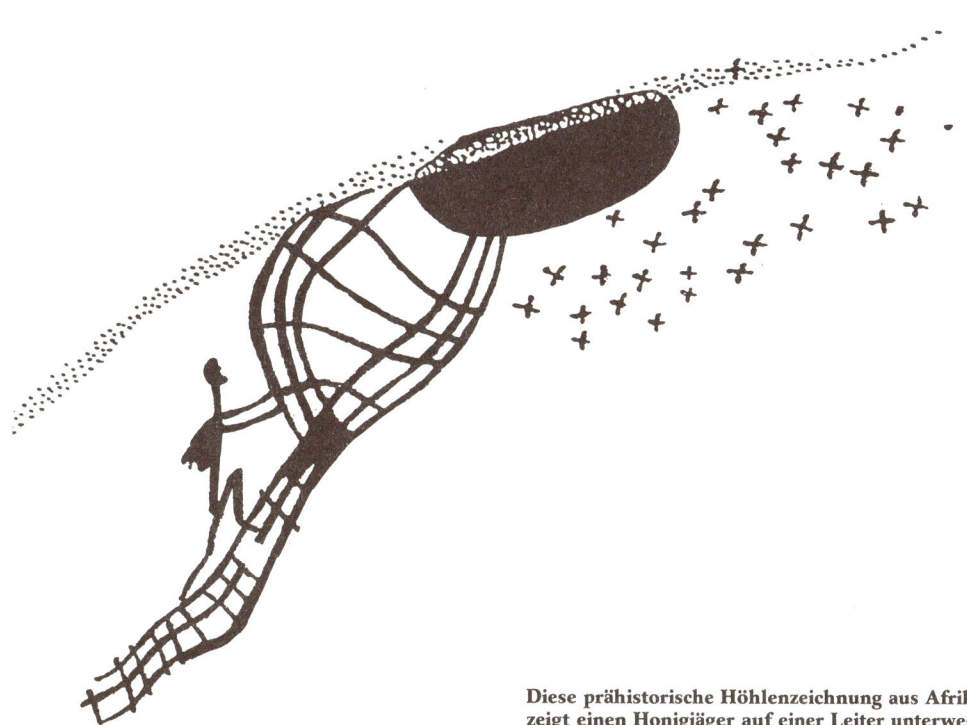

Diese prähistorische Höhlenzeichnung aus Afrika zeigt einen Honigjäger auf einer Leiter unterwegs zum Bienennest in einer Höhle

hafte Erfahrungen machen läßt und zu einem ausgeklügelten Alarmierungssystem für eine der effizientesten Verteidigungsstrategien von Tieren gehört, war gelegt.

Der Honig stellte schon früh in der Entwicklungsgeschichte der Menschheit eine hochwertige Nahrungsquelle dar. Erste Belege für die Jagd des Menschen nach Honig datieren bis in die letzte große Eiszeit, d. h. bis etwa 30 000–9000 v. Chr., zurück. Unsere Kenntnisse stammen dabei hauptsächlich von prähistorischen Höhlenzeichnungen aus der Frühsteinzeit. Diese Zeichnungen, die man besonders häufig in Höhlen in Ostspanien findet, lassen eine sehr genaue Rekonstruktion der Technik zu, mit der unsere Vorfahren ihren Honig gewonnen haben. Es war ein riskantes Unternehmen, und nicht selten mußte mancher Mensch auf der Honigjagd sein Leben lassen.

Ein mutiger Mann im Lendenschurz hangelt sich an einer dünnen Liane an einem Baum empor. Der Fellsack baumelt lose über seiner Schulter. Sein Ziel ist eine Höhlung an einer Astgabel etwa 20 m über dem Boden. Etwa 1 m vor der Höhlung wird es kritisch. Die Bienen haben den Eindringling erkannt und attackieren ihn. Doch es nützt nicht viel. Mit raschen Handgriffen reißt der Mann die Waben aus der Höhle, wirft sie in den Sack und beginnt mit dem Abstieg. Er beeilt sich und hat Glück. Außer einigen Stichen an Armen und Beinen ist ihm nichts passiert. Und das Wichtigste, er ist nicht – wie sein Bruder 1 Woche zuvor – in Panik vom Baum gestürzt.

Wie dieser Mann vor 12 000 Jahren, so sammeln noch heute die Honigjäger Borneos und Sumatras den Honig wildlebender Bienen. Sie betreiben somit keine eigentliche Bienenhaltung. Das Nest wird bei dieser Art von Honiggewinnung zerstört, und die Bienen würden im europäischen Klima in der Regel den Winter nicht überleben. Zur Bienenhaltung gehört jedoch, daß man den Honig entnimmt, ohne das Volk zu zerstören. Es verbleibt dadurch an seinem Nistplatz, und man wird wiederholt Honig ernten können.

Ägypter, Kreter und Griechen

Bis zu Berichten über eine echte Bienenhaltung müssen wir uns allerdings noch einige tausend Jahre gedulden. Erst aus dem hochentwickelten Ägypten von vor etwa 4000 Jahren dringen Berichte über eine tatsächliche Bienenhaltung zu uns. Die Ägypter benutzten horizontal liegende, längliche Tontöpfe als Bienenbehausungen. Solche Tontöpfe werden noch heute von Bauern entlang des Nils zur Bienenhaltung verwendet. Sie haben eine weite Öffnung und werden zum rundlichen Boden hin schmaler.

Imkerei bei den alten Ägyptern. Sie imkerten in längsliegenden Tonröhren, und wir sehen sie hier bei der Honigernte

Später stellte Honig bei den alten Ägyptern weit mehr als nur einen Süßstoff dar. Ramses der III. († etwa 1155 v. Chr.) opferte dem Nilgott 15 Tonnen Honig [das ist derzeit die Jahresproduktion von etwa 900(!) Völkern]. Dem Honig wurden zudem heilende Wirkungen zugeschrieben. In vielen Gräbern fand man ihn als Grabbeigabe, ein Zeichen für den hohen Wert, den man ihm beimaß. Auch das Wachs wußten die Ägypter zu nutzen: Die von ihnen bereits verwendeten Bienenwachskerzen sollten zur wichtigsten Beleuchtungseinrichtung der nächsten Jahrtausende werden.

Die Kreter benutzten statt der Tontöpfe Tonröhren. Eine Brosche aus Mallia, datiert etwa

Die Zeidlerei

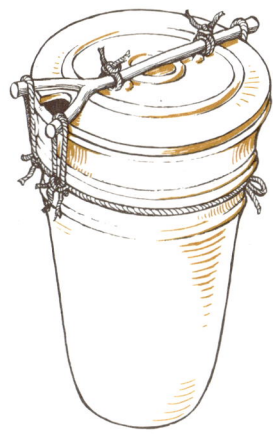

Kretische und altgriechische Tonröhre als Bienenbehausung. Ähnliche Röhren findet man noch heute auf der Insel Kreta

2000–1700 v. Chr., zeigt zwei Bienen, die ein rundes Wabenstück halten. Ein Hinweis auf die Haltung der Bienen in den runden Tonröhren. Die Röhren waren durch Kiefernholzplatten oder Tondeckel vorne und hinten verschlossen. In der Frontplatte war ein Flugloch angebracht. Honig wurde auch hier durch Ausschneiden der Honigwaben gewonnen. Das Brutnest konnte somit in der Beute verbleiben, und das Volk wurde durch den Eingriff nicht zerstört. Die Anbringung einer Öffnungsmöglichkeit an der Rückseite der Beute muß als großer imkerlicher Fortschritt angesehen werden. Man konnte nun die Bienen von hinten nach vorne zum Flugloch herausräuchern und war somit weniger Stichen ausgesetzt.

Auch die alten Griechen kannten die Kunst der Bienenhaltung. Sie benutzten Tontöpfe, wie man sie noch heute bei Imkern auf den abgelegenen Inseln der Ägäis finden kann. Bei Grabungen auf der Agora, dem alten Marktplatz Athens, fand man allein sieben Bienentonröhren, die aus dem Jahre 400 v. Chr. stammen. Sie ähneln stark denen, die wir von den Grabzeichnungen der alten Ägypter kennen. Die Fluglöcher sind im Tondeckel eingearbeitet. Ob die Griechen noch andere Beutentypen benutzt haben, ist unklar.

Die nachfolgenden Römer jedenfalls benutzten eine Vielzahl von Beutentypen, und es ist unwahrscheinlich, daß sie alle von ihnen selbst erfunden wurden. Sie fertigten Beuten aus Holz, Lehm und Stein und kannten die Fertigkeit, Bienenkörbe aus Fenchelkraut oder Weidenzweigen zu flechten. Eine Besonderheit wird uns von Plinius dem Älteren (23 oder 24–79 n. Chr.), einem römischen Geschichtsschreiber, berichtet. Er beschreibt einen durchsichtigen Bienenkasten aus »transparentem Horn, wie es für Laternen benutzt wird«. Möglicherweise der erste Schaukasten für ein Bienenvolk, mit dem die Römer dem Verhalten der Bienen im Nest auf die Spur kommen wollten.

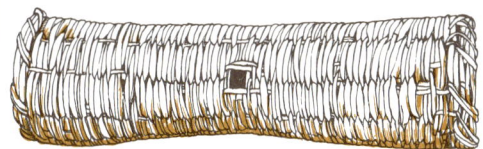

Liegender Korb aus der Tradition der römischen Imkerei

Die Zeidlerei

Die römischen Beutentypen – auch die geflochtenen – zeichneten sich durch längsliegende Formen aus. Die heutige typische vertikale Orientierung der Bienenkästen findet ihren Ursprung denn auch nicht in der römischen oder in der griechischen Kultur. Sie resultiert aus der sogenannten Waldimkerei der nordeuropäischen Stämme.

Während die Römer bereits eine echte Bienenhaltung kannten, herrschte im Norden Europas noch die Honigjagd vor. In den dichten Wäldern nisteten die Bienen meist in Baumhöhlen. Wenn das Flugloch für den Honigjäger zu klein war, so sah er sich gezwungen, die Öffnung zu erweitern. Die Zeidler (Waldimker) verfeinerten diese Honigjagd zu einer echten Bienenhaltung in eigens präparierten Bäumen. Der Zeidler schlug mit seinem Imkerbeil eine Höhlung in den Baum, die er sorgfältig mit einer Tür verschloß. Er schuf somit künstliche Nistplätze für

Die Geschichte der Bienenhaltung

Zeidler bei der Arbeit

Klotzbeuten und Korbimkerei

die Honigbienen. Die Haltung der Bienen in den Baumhöhlen besänftigte die Angst der Zeidler, daß Bären und anderes Wild ihnen den Honig vor der Nase wegschnappten.

Die Zeidlerei entwickelte sich insbesondere im fränkischen Raum zu einem eigenständigen Berufsbild mit eigener Gerichtsbarkeit. Mit der Zunahme der planmäßigen Forstbewirtschaftung geriet sie jedoch in Schwierigkeiten. Förster versagten den Zeidlern das Aushöhlen gesunder Bäume. Als Ausweg hängten sie Klotzbeuten an den Bäumen auf, um so den Schutz vor wilden Tieren zu gewährleisten. Das Aufhängen der Beuten in luftiger Höhe erlebt derzeit in Entwicklungshilfeprojekten im tropischen Afrika eine Renaissance. Ameisen sind dort die gefürchtetsten Honigräuber, die nur

Recht früh (um die Zeitenwende) entwickelte sich bereits die Idee, das Stück des Baumstammes mit der Nisthöhle einfach herauszuschneiden und diese »Klotzbeuten« auf einem Bienen-

Der klassische Bienenkorb („Stülper"), wie er auch heute noch von Imkern in der Lüneburger Heide benutzt wird

Bienenbaum in Tansania. Die Beuten sind an Schnüren aufgehängt, um den Ameisen den Zugang zum Honig zu verwehren

schwer an frei hängende Beuten herankommen. Mit fortschreitenden Kenntnissen in der Imkertechnik war das Ende der äußerst aufwendigen Zeidlerei jedoch abzusehen. Das letzte Zeidelgericht in Feucht tagte am 1. September 1779.

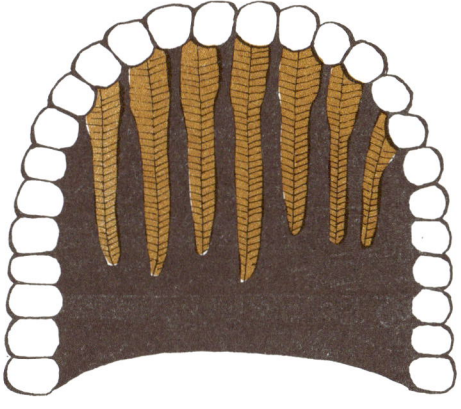

Querschnitt durch einen Bienenkorb. Außen und oben lagern die Bienen den Honig (Waben sind dicker ausgebaut), während das Brutnest in der Mitte angelegt wird

Die Geschichte der Bienenhaltung

Ein typisches Bienenhaus, das an den Ecken mit Körben und ansonsten in zwei Etagen mit Hinterbehandlungsbeuten bestückt ist. Die Fronten der Beuten sind in verschiedenen Farben gehalten, um den Bienen die Orientierung zum eigenen Stock zu erleichtern

stand aufzustellen. Die Klotzbeuten wurden oft mit einfallsreichen Bemalungen verziert, manche wohl auch, um tierische Honigdiebe abzuschrecken. Die ältesten Klotzbeuten wurden in einem Moor in der Nähe von Oldenburg gefunden und datieren bis 100 n. Chr. zurück. Gleichzeitig wurde die Imkerei in hochstehenden Körben entwickelt. Der klassische Bienenkorb, wie wir ihn auch heute noch vereinzelt in der Lüneburger Heide finden, ist ein typisches Relikt der germanischen Kultur. Der älteste Korbfund stammt aus der Zeit um 0–200 n. Chr. Als dritte Form der Bienenhaltung gab es noch das oben bereits ausführlich besprochene Zeidelwesen.

Bis weit ins 18. Jahrhundert änderte sich nur wenig an diesen Beutenformen. In Nordosteuropa dominierte dabei die Imkerei in Klotzbeuten, während im Westen und Süden Europas die Korbimkerei bevorzugt wurde. Ende des 18. bis Mitte des 19. Jahrhunderts setzte sich vielerorts in Deutschland die Haltung von Bienen in Bienenhäusern durch. Zeitgleich wurde die Behandlung der Bienen von der Rückseite der Beute hierzulande stark propagiert. Noch heute ist dies eine weitverbreitete Betriebsweise, die speziell an die Haltung von Bienen in Bienenhäusern angepaßt ist.

Die Betriebsweise der alten Korbimkerei mutet uns heute zum Teil absurd an. Die Völker wurden bei der Honigentnahme oft getötet. Zur Ernte hob man eine kleine Grube aus, warf einige glühende Schwefelspäne hinein und stellte den Bienenkorb darüber. Eine andere Methode bestand im Ertränken der Bienenvölker.

Der Imker ging bei der Honigernte dann so vor, daß er nur die leichten und die schweren Völker erntete. Die mittelstarken ließ er für die Honigernte des nächsten Jahres stehen. Vermehrt wurde nahezu ausschließlich über Schwärme. Erst später benutzte man das sogenannte »Abtrommeln« von Bienen. Ein Teil der Bienen wird dabei durch Klopfen auf den Korb in einen anderen Korb getrieben. Diesem Ableger gibt man dann eine Königin, und das Volk kann sich

Die erweiterbare Beute

neu aufbauen. Noch heute findet man einige wenige Heideimker in der Lüneburger Heide, die die Korbimkerei aktiv betreiben. Allerdings ist abzusehen, daß auch dort der Bienenkorb in der nächsten Zeit, nach rund 2000 Dienstjahren, endgültig moderneren Beutenformen weichen wird.

Die erweiterbare Beute

Erste Berichte über erweiterbare Beuten stammen aus dem Jahre 1649. Der Engländer William Mew konstruierte eine bizarr aussehende achteckige Beutenform. Die erweiterbare Beute erlaubte erstmals die Unterteilung des Nestes in einen Brut- und in einen Honigraum. Dies bedeutete natürlich eine enorme Erleichterung für den Imker, da das Brutnest bei der Honigentnahme nicht mehr gestört werden mußte. Unter guten Trachtbedingungen konnte der Honigraum entsprechend vergrößert werden. Erst viele Jahre später jedoch sollte sich diese Betriebsweise allgemein durchsetzen; der Wechsel von der Korbimkerei zur Magazinimkerei vollzog sich nur langsam.

Die Kanitzkörbe aus der Lüneburger Heide dokumentieren die Übergangsformen vom Korb zur modernen Beute. Anton Janscha, der Hofimker der Kaiserin Maria Theresia, konzipierte Ende des 18. Jahrhunderts in Wien die erste Zargenbetriebsweise, auch wenn die Imkerei die beweglichen Waben noch nicht kannte.

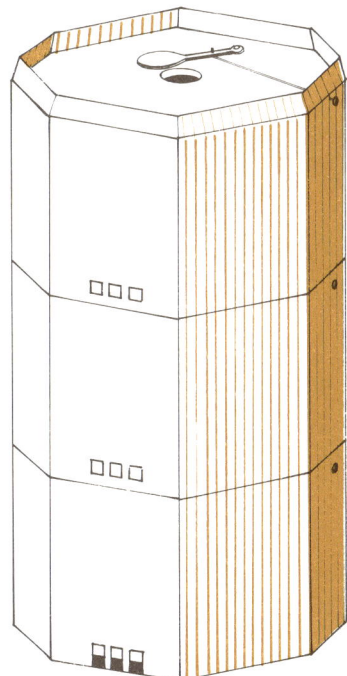

Die achteckige Beute William Mews war beliebig erweiterbar. Ein verschließbares Loch in der Beutendecke erlaubte den Bienen den Durchgang von einem Raum zum anderen. Jeder Raum war mit verschließbaren Fluglöchern versehen. In der Abbildung sind die unteren drei geöffnet

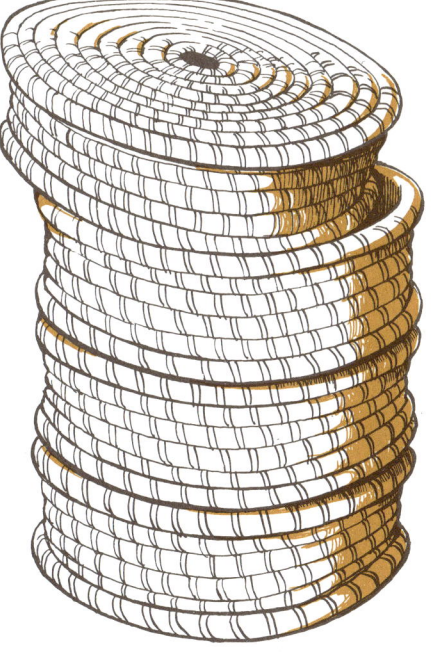

Erweiterbarer Bienenkorb. Er stellt den Übergang von der klassischen Korbimkerei zur Zargenbetriebsweise dar. Der Wabenbau ist allerdings nicht beweglich und an Stäben befestigt, die man in jeder Korbzarge fixierte

Neben den nach oben erweiterbaren Beutensystemen entwickelten sich auch Beuten mit seitlichen Honigräumen. Diese Beuten zeichneten sich jedoch in erster Linie durch ausgefeilte Handwerkskunst und weniger durch eine effiziente Betriebsweise aus. Entsprechend blieben sie imkerliche Kuriositäten, die man heute nur noch in heimatkundlichen Museen findet.

Die gerade im süddeutschen Raum noch weit verbreiteten Hinterbehandlungsbeuten stellen eine besondere Anpassung an die Arbeit im Bienenhaus dar. Sie sind in der Regel mit zwei Räumen – Honig- und Brutraum – ausgestattet, die nicht erweiterbar sind. Die Hinterbehandlungsbeute führt zu vielen Besonderheiten in der Betriebsweise, die im Kapitel zum Bienenkasten (siehe Seite 51 ff.) noch eingehend besprochen werden.

Griechische Korbbeute mit Oberbehandlung und beweglichen Rähmchen (Ende 17. Jahrhundert). Die schmalen, seitlichen Waben sind in diesem System nicht mit den breiten, mittleren Waben austauschbar

Das bewegliche Rähmchen

Mitte des 19. Jahrhunderts wurde die Imkerei revolutioniert. Bis dahin mußten zur Honigernte die Waben mit einem Messer aus der Beute geschnitten werden. Nahezu gleichzeitig und unabhängig voneinander entwickelten Lorenzo L. Langstroth 1851 in den USA sowie Johannes Dzierzon und Baron August von Berlepsch 1855 in Deutschland die Wabe im beweglichen Rähmchen. Dies führte dazu, daß die Honiggewinnung, die bis dahin auf Pressen und Vernichten der Wabe ausgerichtet war, sich entscheidend ändern konnte. Die Honigschleuder wurde entwickelt, die Honiggewinnung der Moderne war etabliert.

Obwohl sich erst nach den Erkenntnissen Langstroths und Dzierzons die beweglichen Rähmchen durchsetzten, war bereits früher mit beweglichen Waben gearbeitet worden. Bereits 200 Jahre zuvor gab es Berichte über bewegliche Waben in griechischen Korbbeuten. Die Waben waren jedoch nicht untereinander austauschbar, wie die nebenstehende Abbildung zeigt. Ebenso hatte der Schweizer François Huber bereits 1792 in seiner »Rahmenbude« bewegliche Rähmchen eingesetzt. Dies war jedoch eher ein imkerliches Kuriosum und zur Betrachtung der Bienen im Volk gedacht. Huber war mit seiner Idee noch weit von einer Umsetzung seiner beweglichen Rähmchen in eine imkerliche Betriebsweise entfernt.

Ein russischer Bienenforscher mit Namen Prokopovitsch kam der Entdeckung schon näher. Er entwickelte eine zweiräumige Beute. Im oberen Honigraum setzte er bewegliche Rähmchen ein, während er den Brutraum mit festen Waben beließ.

Dennoch gilt Langstroth, Dzierzon und von Berlepsch die eigentliche Anerkennung für diese fundamentale Entwicklung der Imkerei. Sie erkannten, daß bewegliche Rähmchen in Brut- und Honigraum eine effiziente Betriebsweise garantierten, und erst damit war der Schritt von der imkerlichen Kuriosität zur allgemein anerkannten Novität in der Imkerei getan. Langstroth entdeckte zudem, daß man den »Bienenabstand« (8 mm) zwischen Waben und Beutenwand beachten muß, damit die Rähmchen nicht angebaut werden. Seine

Das bewegliche Rähmchen 45

Die „Rahmenbude" François Hubers. Die einzelnen Rahmen, die jeweils eine Wabe enthielten, waren wie die Seiten eines Buches aufklappbar. Für die praktische Imkerei spielte diese Entwicklung jedoch keine Rolle

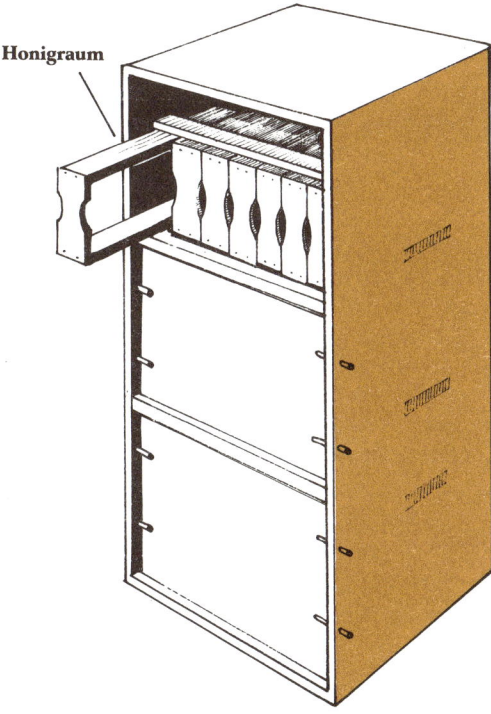

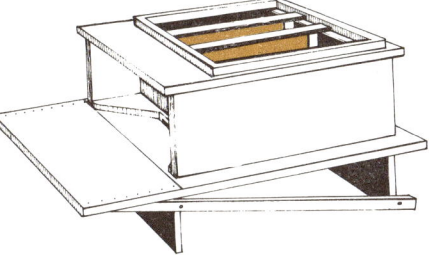

Erweiterbares Langstroth-Magazin mit beweglichen Rähmchen. Durch Aufsatz von Zargen konnte diese Beute beliebig erweitert werden. In späteren Entwicklungen wurde die Konstruktion weiter vereinfacht, und der aufwendige Boden und Fluglochvorbau entfiel ▲

Die Beute Prokopovitschs mit beweglichen Rähmchen im halbhohen Honigraum. Im Brutraum war fester Wabenbau vorhanden ◄

Erkenntnisse sowie sein Rähmchen- und Wabenmaß sind noch heute Vorbild für die in der Welt am meisten verbreiteten Beutenarten und Betriebsweisen.

Seit der Erfindung der beweglichen Wabe und der erweiterbaren Beute hat es auf dem Gebiet der Betriebsweise der Imkerei nur wenig Veränderung gegeben. Moderne Beutensysteme beruhen nach wie vor auf den grundlegenden Konzepten Langstroths und von Berlepschs. Auch wenn neue Werkstoffe das klassische Holz ersetzen, so blieben die Baupläne doch weitgehend gleich.

Die Imkerei hat damit in ihrer langen Geschichte nach vielen Windungen und Richtungswechseln heute ein Konzept entwickelt, das sowohl der Biologie der Honigbiene als auch den Bedürfnissen des Imkers gerecht wird. Nachdem man vor 4000 Jahren die Waben von vorne entnahm, wechselte man bei den Kretern und Römern auf die Wabenentnahme von hinten. In der Zeidlerei erfolgten die imkerlichen Eingriffe von der Seite, in der Korbimkerei von unten. Schließlich findet in der modernen Magazinimkerei die Wabenentnahme von oben statt, womit dann tatsächlich alle Möglichkeiten durchgespielt sind.

Moderne Entwicklungen der Bienenhaltung

Auch das 20. Jahrhundert bietet bedeutende Errungenschaften für die Imkerei. Diese liegen jedoch nicht in der Betriebsweise, sondern eher im Bereich der Behandlung von Bienenkrankheiten und der Bienenzucht.

Einen Meilenstein für die kontrollierte Zucht der Honigbiene stellte die Einführung der instrumentellen Besamung der Bienenkönigin dar. Bereits die oben genannten Imker Anton Janscha und später François Huber hatten sich im späten 18. Jahrhundert darüber Gedanken gemacht und versucht, die Königin künstlich mit einem Drohn zu paaren. Aber erst 150 Jahre später sollte es auf diesem Gebiet erfolgreiche Ansätze geben. Wilhelm Wankler, ein schwäbischer Uhrmacher, war 1927 der erste, der einen »Besamungsapparat« entwickelte. Sein Besamungserfolg war jedoch weniger als bescheiden, und die meisten seiner besamten Königinnen waren unbrauchbar. Erst nach dem 2. Weltkrieg (1947) sollte die Technik von den Amerikanern Otto Mackensen und William Roberts funktionstüchtig ausgearbeitet werden. Schnell verbreitete sich die neue Methode, die derzeit so weit ausgereift ist, daß der Besamungserfolg bei der instrumentellen Besamung größer ist als bei natürlicher Paarung.

In der Imkerei zeigte sich, daß erst durch die Kenntnis der Biologie der Honigbiene grundlegende Verbesserungen in der Bienenhaltung durchsetzbar waren. Der Erfolg der heutigen Imkerei basiert auf der Abstimmung der Betriebsweise auf die Biologie der Honigbiene. Bienen sind zwar sehr flexibel und können in nahezu jeder Höhlung ein Nest bilden und überleben. Der Imker will jedoch mehr als nur ein überlebendes Bienenvolk. Er will viel Honig ernten, und das möglichst häufig. Die Bienenbeute ist hierbei wichtig, soll sie doch dem Volk optimale Lebensbedingungen bieten. Erst die Kenntnis der Biologie des Bienenvolks und seines sozialen Verhaltens erlaubte es uns zu erkennen, welche Beuten für die Bienen, aber insbesondere für den Imker, günstig sind.

Die Zucht der Honigbiene war erst sinnvoll möglich, nachdem die Paarungsbiologie bekannt war. Lange konnte man nur die Königinnen auslesen, nicht aber die für die Zucht genauso wichtigen Drohnen. Dies ist einer der Hauptgründe dafür, daß die Bienenzucht im Vergleich zur Zucht anderer Haustiere noch weit zurückliegt und sich gerade bemüht, den Kinderschuhen zu entwachsen.

Der erste Anfang

Eines haben alle Anfänger in der Imkerei gemeinsam: die Angst vor dem Stich! Diese Angst ist durchaus berechtigt, und der Anfänger sollte sich hüten, »alten Hasen« zu folgen, die behaupten, sie würden ihre Bienen ohne entsprechenden Gesichtsschutz und ohne Handschuhe behandeln. Einige Stiche stellen für den gesunden Menschen keine Bedrohung dar, sobald jedoch mehrere Bienen stechen oder gar eine Allergie gegen Bienengift vorliegt, ist Gefahr im Verzug. Gerade der Anfänger ist noch nicht gegen das Bienengift immunisiert, und fünf bis zehn Stiche können schnell zu einer lebensgefährlichen Bedrohung werden. Der Schutz vor Stichen ist daher die erste und wichtigste Sache, die der Anfänger zu beachten hat. Dies nimmt zum einen die Angst vor dem Stich, zum anderen wird der Anfänger während seiner ersten Arbeiten am Bienenvolk nicht durch Stiche belästigt und vorzeitig entmutigt.

Bevor der Entschluß gefaßt wird, mit dem Imkern zu beginnen, sollte man sich vergewissern, daß dies in der näheren Umgebung keine unnötigen Probleme schafft. Auf jeden Fall muß man innerhalb der Familie abklären, ob es Allergien gegen Bienenstiche gibt. Man sollte mit den Nachbarn besprechen, inwieweit die Bienenhaltung als störend empfunden wird. Besser ist es, einen etwas abgelegenen Standort für die Bienenvölker zu haben, bei dem Nachbarschaftsstreitigkeiten von vornherein ausgeschlossen werden können. Sehr schnell versuchen verärgerte oder verängstigte Nachbarn, Rechtsmittel gegen die Errichtung von Bienenständen einzulegen. Ein gutnachbarliches Verhältnis ist der Hobby-Imkerei förderlich und einem Rechtsstreit vorzuziehen.

Es kann sich lohnen, dem örtlichen Imkerverein einen Besuch abzustatten, bevor man sich die ersten eigenen Bienen anschafft. Dort wird man dem Neuling eine Menge Tips (nicht alle davon müssen auch nützlich sein!) mit auf den Weg geben. Auf jeden Fall ist es aber empfehlenswert, erst mal einem erfahrenen Imker bei der Arbeit über die Schulter zu schauen. Alternativ kann man auch Kurse besuchen, die von bienenkundlichen Instituten und den Imkerverbänden angeboten werden. Wer das Vereinsleben liebt, sollte einem Imkerverein beitreten, wenn er mit der Imkerei beginnt. Dies hat über die sozialen Kontakte mit anderen Imkern hinaus den Vorteil, daß man einer kollektiven Haftpflicht- und Sachversicherung beitritt. Auch kann man hier notwendige Großgeräte (z. B. die Honigschleuder) mit anderen Imkern gemeinsam nutzen.

Der Standort

Mit dem Standort des Bienenstands steht und fällt der Erfolg der Imkerei. Wer die Imkerei als Haupt- oder Nebenerwerb betreibt, wird hier zunächst auf die sogenannte Trachtlage achten, d. h. darauf, ob es am Standort reichlich Nektarquellen gibt, die von Bienen ausgebeutet werden können. Imker, für die der Honigertrag das Wichtigste an der Bienenhaltung ist, werden daher häufig mit ihren Bienen »wandern«, um wechselnde Trachtsituationen in verschiedenen klimatischen Gebieten ausnutzen zu können. In Australien führt dies bei Berufsimkern zu extremen Betriebsweisen. Sie haben sämtliche Bienen auf einem Lastzug und fahren der Blüte von Norden nach Süden nach. Sie legen dabei in einer Bienensaison viele tausend Kilometer zurück und leben nur noch in ihrem Lastwagen. Lohn dafür sind dann allerdings auch Honigernten, von denen man in unseren Breiten nur träumt. 200 kg Honig pro Volk sind keine Seltenheit.

Auch für den Imker, der sich der Bienenhaltung als Freizeitbeschäftigung zuwendet, ist die Standortfrage von Bedeutung. Die Trachtverhältnisse sollten hier aber nicht die erste Priorität haben. Wichtig ist, daß die Bienen nicht zu weit vom Wohnsitz entfernt stehen. Nachbarn sollten nicht durch die Bienen belästigt werden. Erst danach kommt für den Hobby-Imker die Frage nach der Ertragslage des Standorts. Der Vermeidung des Nachbarschaftsstreits sollte dabei der höchste Stellenwert eingeräumt werden. Um Unfrieden zu vermeiden, sollte man die Bienen so plazieren, daß sie außerhalb des Geländes nicht gesehen werden können. Allein der Anblick fliegender Bienenvölker löst bei vielen Leuten große Angst aus. Weiterhin empfiehlt es sich, hohe Hecken oder Anpflanzungen zwischen Flugfront und Grundstücksgrenze anzulegen. Die Bienen werden dadurch gezwungen, zum Sammelflug den Bienenstand nach oben zu verlassen und können bei einer Flughöhe ab 4 m Nachbarn nicht mehr belästigen oder stören.

Wenn man die Wahl hat, so sollte man die Bienen in ein trockenes, windgeschütztes Gelände stellen. Feuchte Standorte führen oft zum vermeidbaren Ausbruch der verschiedensten Bienenkrankheiten. Windige Standorte verursachen starken Flugbienenverlust. Sonnige Plätze sind in unserem gemäßigten Klima auf jeden Fall schattigen Standorten vorzuziehen. Am besten eignet sich ein lichter Laubwald, der im Winter sonnig ist, im Sommer aber Schatten spendet und einer Überhitzung vorbeugt. Besonders bei Überwinterungsplätzen sollte man sich vergewissern, ob im Frühjahr eine ausreichende Pollenversorgung (z. B. durch Weiden) gegeben ist. Wichtig ist natürlich auch, daß eine wetterfeste Zufahrt zum Bienenstand existiert. Der Hobby-Imker wird sich nicht eigens für die Imkerei ein Geländefahrzeug anschaffen.

Die Kleidung

Der Imkeranzug besteht idealerweise aus einem bienendichten Overall, der nicht eng an der Haut anliegt. Es kommt hier nicht auf modische Extravaganz, sondern effizienten Schutz an. Bienen stechen mit Leichtigkeit auch durch kräftige Baumwollgewebe. Der Anzug soll daher an den Armen und Beinen weit sein. Helle Stoffe sind zu bevorzugen, da verteidigende Bienen instinktiv zunächst glitzernde, dunkle, bewegliche Objekte anfliegen. Derbe Stiefel, die über die Knöchel gehen, sind als Schuhwerk empfehlenswert. Dicke Wollsocken sollten getragen werden, die aus dem Stiefel herausragen und die kritische Stelle bedecken, an der der Overall in den Stiefel übergeht. Die Handschuhe sollten aus kräftigem Leder und mit langen Stulpen versehen sein. Der Gesichtsschutz sollte möglichst luftig, aber dennoch bienendicht sein. Die Bienendichtigkeit des Schleiers ist der wichtigste Punkt der Schutz-

Die gute Schutzkleidung gehört für den Anfänger zur Grundausstattung

maßnahmen. Hier sollte man auf keinen Fall Kompromisse eingehen. Es ist auch für den erfahrenen Imker nichts lästiger, als eine Biene im Schleier zu haben. Stiche im Gesicht sind äußerst schmerzhaft und gefährlich.

Wie man sieht, gleicht der so gewappnete Imker einem Polarforscher doch sehr. Tatsächlich ist es nicht immer eine reine Freude, bei hochsommerlichen Temperaturen in einer solchen Montur an den Bienen zu arbeiten. Wer Probleme mit Herz und Kreislauf hat, sollte deshalb an heißen Tagen die Arbeit an Bienen meiden.

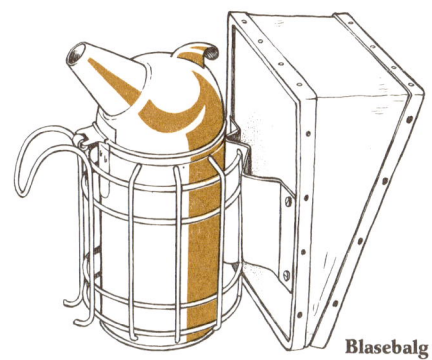

Der Rauchapparat (Smoker) ist das wichtigste Gerät in der Imkerei

Das Werkzeug

Viel Werkzeug braucht der Imker zum Glück nicht. Das wichtigste ist ein Rauchapparat (»Smoker« genannt). Bevor man den Bienenkasten öffnet, ist es ratsam, kurz einige Rauchstöße vor das Flugloch zu geben. Rauch ist für wildlebende Honigbienen ein Zeichen höchsten Alarms, da Waldbrände häufig zur Vernichtung natürlicher Nistplätze führen. Der Rauch am Flugloch bewirkt daher, daß die Bienen sich mit Honig vollsaugen, vorsorglich für den Fall, daß sie das Nest verlassen müssen. Diese Phase der Honigaufnahme kann der Imker für seinen Eingriff in das Bienenvolk nutzen. Es werden dann weniger Bienen auffliegen, die ihn bei der Arbeit belästigen könnten. Auch während der Arbeit ist der Einsatz von Rauch nützlich. Er treibt die stechlustigen Bienen in den Bienenkasten zurück.

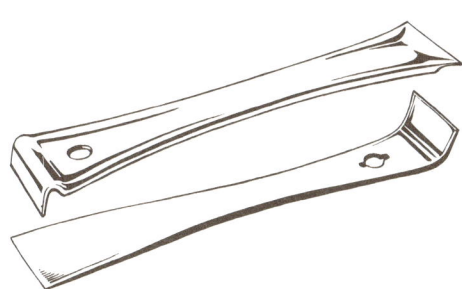

Mit dem Stockmeißel hebelt man festsitzende Waben aus dem Kasten und löst verkittete Zargen

Ein weiteres wichtiges Werkzeug ist der Stockmeißel. Mit diesem Gerät kann der Imker die fest verkitteten Waben lösen und überschüssigen Wabenbau abkratzen.

Als letztes grundlegendes Spezialwerkzeug sei noch die Entdeckelungsgabel genannt. Man braucht sie, um die reifen Honigwaben vor dem Schleudern zu bearbeiten (siehe Seite 90). Darüber hinaus benötigt man eine normal ausgestattete Heimwerkerwerkstatt, um Holzarbeiten durchzuführen.

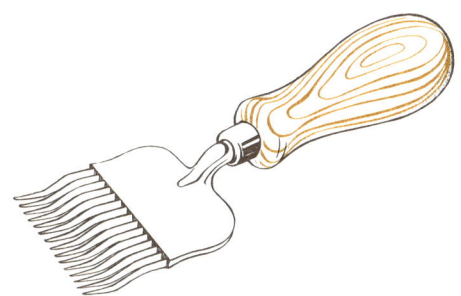

Die Entdeckelungsgabel kommt bei der Honiggewinnung zum Einsatz. Mit ihr entfernt man vor dem Schleudern die Wachsdeckel der Honigzellen

Die ersten Bienenvölker

Der Neuling in der Imkerei sollte sich am Anfang nicht übernehmen, aber auch nicht mit zu wenigen Völkern beginnen. Wer mit nur einem einzigen Bienenvolk anfängt, läuft Gefahr, Schiffbruch zu erleiden. Allzuschnell stirbt die Königin, und durch Fehler bei der Betriebsweise geht das Volk zugrunde. Zwei, besser drei Völker stellen eine sinnvolle Ausgangsbasis dar, um mit der Imkerei zu beginnen. Sie bieten die Möglichkeit, durch Ausgleichen Schwierigkeiten bei einzelnen Völkern zu beheben. Dennoch bleibt die Völkerzahl überschaubar, und auch für die Honigernte wird keine Großraumzentrifuge benötigt. Der Arbeitseinsatz bewegt sich auf einer Ebene, die einem Freizeitausgleich zukommt. Man wird sich viel Zeit für Beobachtungen der Bienenvölker nehmen können und nicht durch die Bienen zur Führung eines Terminkalenders gezwungen. Ab einem Bestand von 20 Völkern verändert sich der Imker schon langsam vom Freizeitimker zum Nebenerwerbsimker, und ab einem Bestand von 30 Bienenvölkern muß die Imkerei versteuert werden (siehe Seite 128 ff.).

Der erste Stich

Trotz aller Vorsichtsmaßnahmen wird man gelegentliche Stiche bei der Imkerei nicht vermeiden können. Die erste Reaktion, die auf einen Bienenstich folgt, ist in der Regel ein lautes »Au« oder ein derber Fluch. Die verständliche Reaktion auf einen immer wieder beachtlich brennenden Schmerz, der durch das Gift (nicht durch den Einstich) ausgelöst wird. Diese erste menschliche Reaktion ist trotz der moralischen Bedenken ob des Fluches die harmloseste. Die nachfolgende Abwehrreaktion des Körpers ist lästiger und weitaus gefährlicher. Sie setzt erst ein, wenn der Schmerz bereits größtenteils vergessen ist. Die Reaktion ist stark abhängig von der Giftdosis; d. h., es lohnt sich, den Stachel so schnell wie möglich aus der Einstichwunde zu entfernen. Man streift ihn am besten mit dem Fingernagel in Richtung der Giftblase aus der Wunde heraus. Verbleibt der Stachel in der Wunde, so wird noch weiter Gift injiziert, und die Folgen des Stiches werden verschlimmert. Noch schlimmer ist es, wenn man versucht, den Stachel an der Giftblase herauszuziehen. Dies sollte man auf jeden Fall vermeiden. Man preßt dadurch die Giftblase zusammen und injiziert die gesamte vorhandene Giftmenge in die Wunde.

Nach dem Stich rötet sich das Gebiet um die Einstichstelle und schwillt an. An Armen und Beinen stört das meistens weniger, anders ist es bei Stichen in Hände und Füße. Schon mancher Schüler hat sich letztendlich doch noch über einen Bienenstich an der rechten Hand gefreut, der ihn von der Teilnahme am Deutschaufsatz befreite. Stiche in die Füße können zu erheblichen Gehbeschwerden führen. Meist klingen diese Symptome jedoch in wenigen Tagen ab, ohne größeren Schaden anzurichten. Stiche im Gesicht sind besonders schmerzhaft, und zugeschwollene Augen vermindern die Attraktivität gerade schöner Imker in der Regel erheblich. Doch die gesundheitliche Gefahr ist größer als die kosmetische Beeinträchtigung. Stiche in die Augen können zu einer realen Gefahr für das Augenlicht werden!

Wer nach den ersten Stichen merkt, daß er überempfindlich auf Bienenstiche reagiert, sollte sofort die Konsequenz ziehen und die Hobby-Imkerei nicht weiter verfolgen. Generell gilt bei jeglichen Kreislauf- und Atembeschwerden, die nach Bienenstichen auftreten: *sofort* die Arbeiten an den Bienen beenden und sich in die Obhut eines anderen Menschen begeben.

Die akuten Schmerzen des Stiches sind zwar lästig, aber nicht gefährlich. Gefahr geht von der Abwehrreaktion unseres Organismus auf das körperfremde Eiweiß aus. Es kann hier zu einer Überreaktion kommen, die zum allergischen Schock oder zu anhaltenden Hautausschlägen mit Juckreiz am ganzen Körper (also nicht nur an der Stichstelle) führz. Tritt dies ein, so sollte man ohne Zeitverlust einen Arzt aufsuchen. Dies ist eine wichtige Vorsichtsmaßnahme, die unbedingt beachtet werden sollte.

Der Bienenkasten

Wie wir im Abschnitt über die Geschichte der Imkerei gesehen haben, gibt es eine unendliche Vielzahl von Kastenformen. Es würde den Rahmen dieser Einführung sprengen, alle derzeit verwendeten Typen im Detail zu besprechen. Prinzipiell gemeinsam haben alle heutigen Beuten jedoch eine Untergliederung in Brutraum und in Honigraum. Beide sind durch ein sogenanntes Königinnenabsperrgitter voneinander getrennt. Die Königin hat ein geringfügig größeres Bruststück als die Arbeiterinnen und kann dieses Gitter nicht passieren. Sie wird daher nur Eier im Raum unter diesem Gitter legen können. Die Arbeiterinnen hingegen können das Gitter passieren und tragen den Honig willig in den oberen Honigraum ein. Bei eingelegtem Absperrgitter wird daher im Honigraum keine Brut auftreten, was bei der Honigernte eine überaus große Arbeitserleichterung darstellt. Derzeit sind in deutschsprachigen Ländern hauptsächlich zwei Beutentypen mit etlichen Varianten im Gebrauch: die Hinterbehandlungsbeute und die Oberbehandlungsbeute.

Die Hinterbehandlungsbeuten

Die Hinterbehandlungsbeuten eignen sich speziell für den Einsatz in Bienenhäusern. Man kann sie übereinanderstellen und somit auf kleiner Grundfläche viele Völker unterbringen. Die Beute ist auch für ältere und behinderte Menschen geeignet, denen das Heben schwerfällt. Man kann die Völker im Sitzen bearbeiten. Durch eine Tür an der Rückseite der Beute gelangt man an das Brutnest. Meist ist hinter der Tür noch ein Sichtfenster angebracht. Das Bienenvolk wird von hinten geöffnet und das Sichtfenster entfernt. Man kann dadurch

Auch so kann man Bienen halten (Namibia): In der Wellblechhütte (a) oder hinter Schloß und Riegel (b)

52 Der Bienenkasten

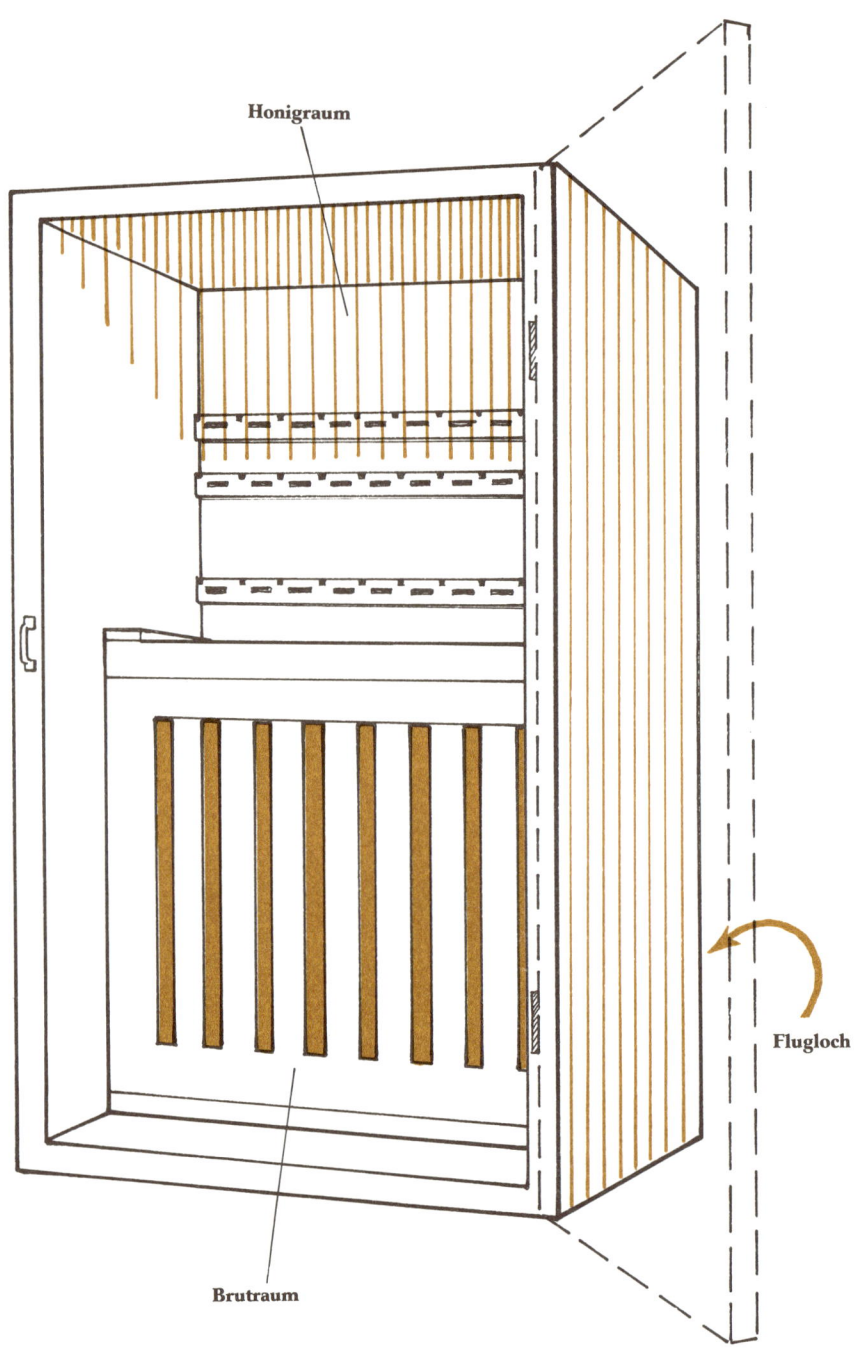

Eine Hinterbehandlungsbeute. Durch eine Tür gelangt man von hinten an das Bienenvolk heran. Die Waben des Honigraums sind in diesem Beispiel herausgenommen

Die Hinterbehandlungsbeuten

Manipulationen am Brutnest vornehmen, ohne den schweren Honigraum abheben zu müssen. Trotz dieser Erleichterung ergeben sich jedoch einige Probleme, die die Arbeit erheblich verzögern können. Die Waben sind nicht so leicht zugänglich wie bei einer Bearbeitung von oben. Die Honigentnahme ist sehr langwierig, da jede Wabe einzeln aus dem Volk entnommen werden muß. Die Beute ist nicht erweiterbar und bietet in der Regel nur Platz für einen Honigraum. Völker, die ein großes Brutnest anlegen, werden dadurch leicht zum Schwärmen neigen. Prinzipiell unterscheidet man zwei Typen der Wabenanordnung im Bienenkasten: den sogenannten Warmbau und den Kaltbau. Im Warmbau hängen die Waben quer zum Flugloch in Führungsschienen an der linken und der rechten Kastenwand. Diese Konstruktion hat den Vorteil, daß man das Brutnest innerhalb des Kastens leicht einengen und erweitern kann. Ein großer Nachteil ist jedoch, daß die vorderen Waben am Flugloch nur schlecht erreichbar sind. Bei stark verkitteten Waben ist es besonders schwer, die Waben unbeschädigt aus dem Kasten herauszubekommen. Die Gefahr des Quetschens der Königin ist bei Warmbau-Hinterbehandlungsbeuten, wie sie heute noch häufig in der Schweiz benutzt werden, besonders groß. Klassische Warmbaubeuten sind die deutsche Normalmaßbeute, der badische Vereinsstock und der Freudensteinstock.

Durch einen Auszugmechanismus hat man versucht, den Nachteilen der Warmbau-Hinterbehandlungsbeuten zu begegnen. Ausgezogen hängen die Waben dann frei in einem Gestell außerhalb des Kastens und sind leicht zugänglich. Zu diesem Beutentyp gehören z. B. die Königsbeute, die Hermanns-Zukunftsbeute und die Martins-Auszugbeute. Bei stark kittenden Bienen verklebt der Auszugmechanismus jedoch oft, besonders dann, wenn er nicht regelmäßig betätigt wird. Die Waben sind dann völlig unzugänglich, und die Bienen können nicht mehr bearbeitet werden.

Im Kaltbau ist die Betriebsweise weniger kompliziert. Die Waben stehen hier senkrecht zum Flugloch und werden in einem Wabenrechen oder auf einem Wabenschlitten in den Kasten eingeschoben. Diese Bienenkästen werden auch Blätterstock genannt. Typische Beuten sind hier die Kuntzsch-Zwilling-Beute, die Nenninger-Hoehns-»Universal«-Dreiraumbeute und die Einheitsblätterbeute nach Alberti. Da in diesen Beuten die Waben übersichtlicher als im

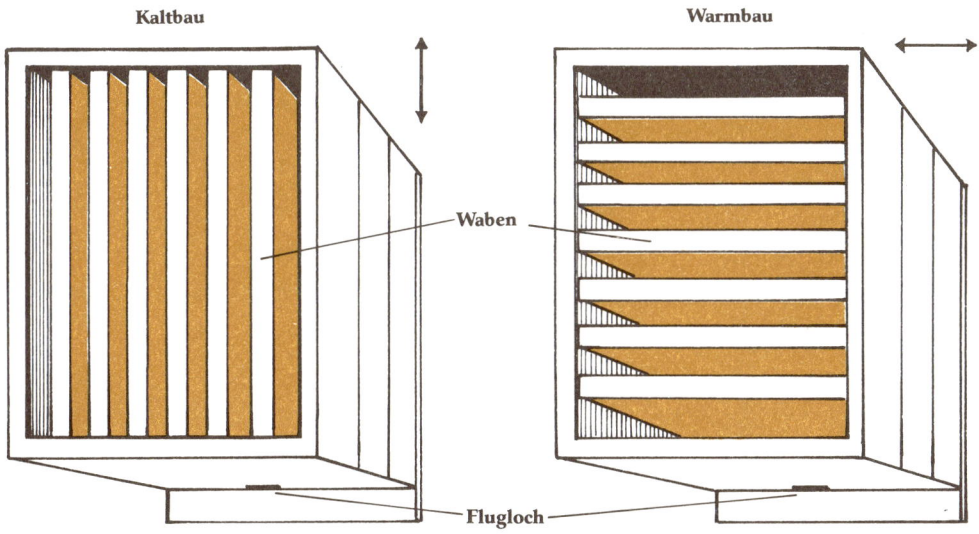

Blick von oben in eine Beute mit Waben in Kalt- (links) und Warmbau (rechts)

Der Bienenkasten

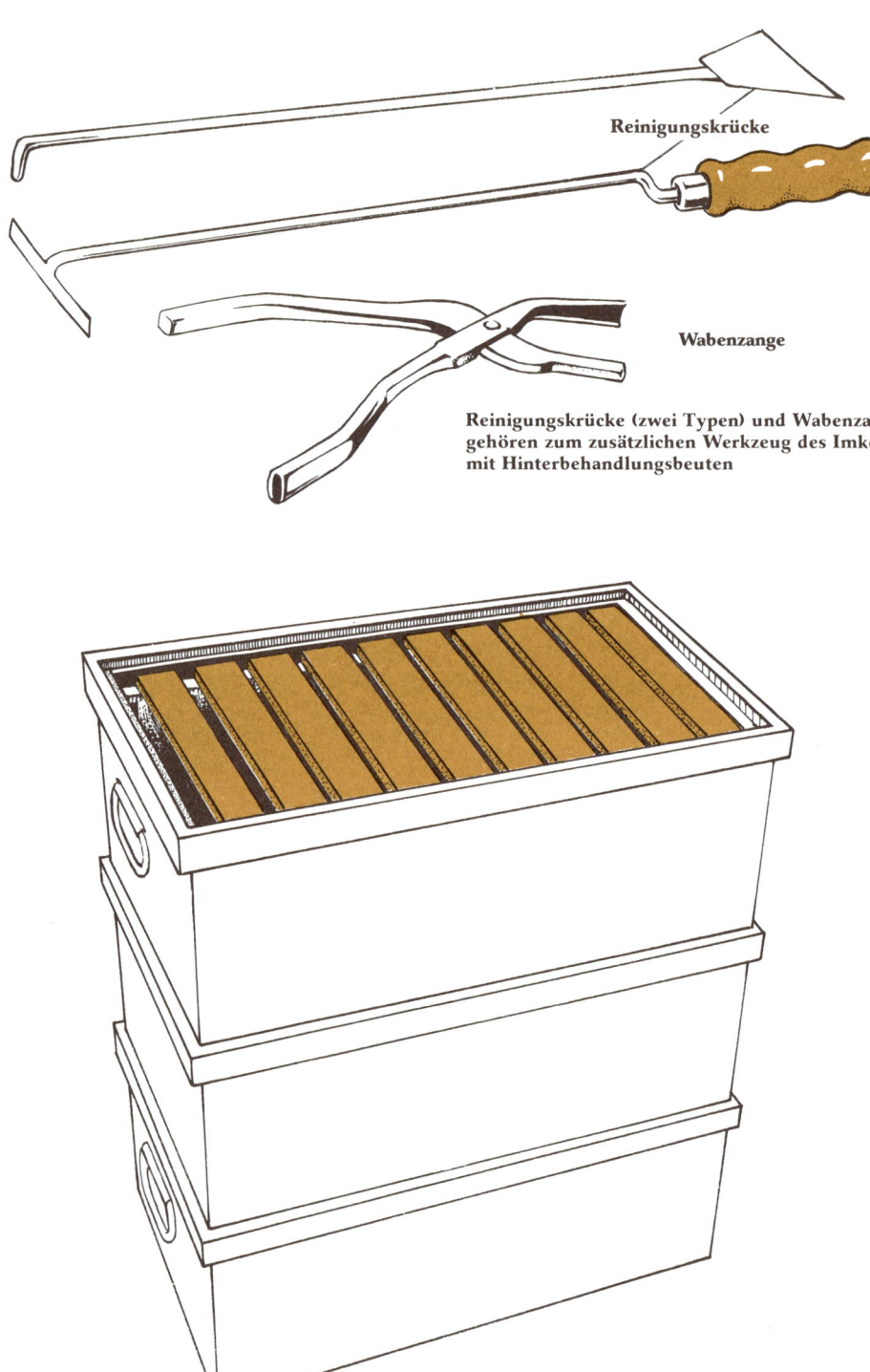

Reinigungskrücke

Wabenzange

Reinigungskrücke (zwei Typen) und Wabenzange gehören zum zusätzlichen Werkzeug des Imkers mit Hinterbehandlungsbeuten

Transportkisten für Honigwaben

Die Hinterbehandlungsbeuten 55

Ein Wabenbock (oder Wabenknecht) ist bei der Arbeit an Hinterbehandlungsbeuten unerläßlich

Warmbau angeordnet sind, ist das Risiko des Quetschens von Bienen und der Königin geringer. Die Bienen haben die Möglichkeit, im Sichtfenster eine Wabe im sogenannten Baurahmen zu bauen und legen hier meist Drohnenbau an. Bei Bedarf wird das Brutnest durch sogenannte »Blindwaben« (Bretter in Rähmchengröße) eingeengt.

Es wurde lange (heftigst!) diskutiert, ob Warmbau oder Kaltbau für den Temperaturhaushalt im Bienenvolk besser sei. Die Summe zahlloser Arbeiten, die sich oft widersprechen, zeigt, daß die Ausrichtung der Waben in der Beute keinen gravierenden Einfluß auf das Bienenvolk hat. Andere Faktoren (Beutenisolation, Standort, Raumangebot etc.) beeinflussen die Volksentwicklung wesentlich stärker.

Wer mit Hinterbehandlungsbeuten arbeitet, braucht zusätzlich zum oben angeführten Werkzeug noch eine Wabenzange und eine sogenannte Reinigungskrücke, um die besetzte Beute zu reinigen. Außerdem muß noch eine Reihe von wichtigem Zubehör angeschafft werden. Hierzu gehören ein Wabenschrank zum Lagern von Waben, ein Wabenbock zum Aufstellen der Waben während der Bearbeitung der Völker, eine Transportkiste für Honigwaben und Ablegerkästen zur Bildung neuer Völker. Allein schon aus dieser Liste erkennt man, daß auch der Kleinimker mit wenigen Völkern bei der Arbeit mit Hinterbehandlungsbeuten auf ein Bienenhaus angewiesen ist, nur um das notwendige Zubehör unterzubringen.

Die Oberbehandlungsbeuten

Auch bei den Oberbehandlungsbeuten sind mehrere Beutentypen zu unterscheiden. Die Trog- und Lagerbeuten haben nicht oder nur begrenzt erweiterbare Bruträume. Sie bestehen nur aus einer Etage, und die Kästen benötigen entsprechend viel Grundfläche. Die Bearbeitung ist jedoch leicht. Wie bei den Hinterbehandlungsbeuten entfällt das Heben schwerer Honigräume. Nur einzelne Waben müssen bewegt werden. Die Waben können dabei je nach Typ sowohl im Warm- wie auch im Kaltbau hängen. Typische Beutentypen sind hier die Alpenbeute, die Schwäbische Lagerbeute, die Gerstung-Ständerbeute oder die Längsbau-Lagerbeute nach Golz. Ein großer Nachteil all dieser Beuten ist das große Gewicht, wenn sie zur Honigtracht mit Völkern besetzt sind. Sie eignen sich daher hauptsächlich für die Arbeit an festen Standorten (z. B. Bienenhaus) und weniger für die Wanderung.

Das Magazin

Der weltweit am weitesten verbreitete Beutentyp ist das Magazin, verbunden mit einer Betriebsweise, wie sie von Langstroth in die Imkerei eingeführt wurde. Eine Magazinbeute besteht aus einem Unterboden, einer beliebigen Anzahl von Wabenräumen (Zargen) und einem Deckel. Es gibt auf dem deutschen Markt derzeit eine Vielzahl von Modellen, die sich aber letztlich nur in Einzelheiten voneinander unterscheiden. Magazine amerikanischer Bauweise zeichnen sich dagegen durch einen besonders einfachen Bau aus, der ganz auf die Bedürfnisse großer kommerzieller Imkereien ausgelegt ist. Deutsche Fabrikate sind aufwendiger verarbeitet, was zu ungunsten der Arbeitsgeschwindigkeit, aber zugunsten des Arbeitskomforts geht. Sowohl Berufs- als auch Freizeitimker bevorzugen dieses variable Beutensystem, das tatsächlich in fast allen Belangen den bisher vorgestellten Systemen überlegen ist. Die Beutengröße kann jederzeit an die Bedürfnisse des Bienenvolks und des Imkers angepaßt werden. Die Honigentnahme wird enorm beschleunigt, da man nicht mehr einzelne Honigwaben aus dem Volk entfernt, sondern gleich ganze Honigzargen auf einmal. Wabenschränke und Wabenböcke sind nicht mehr notwendig, da Leerzargen diese Funktion übernehmen. Spezielle Ablegerkästen sind unnötig, da man durch Schiede die einzelnen Zargen beliebig einengen kann. Ein solches Betriebssystem kommt natürlich besonders dem Berufsimker entgegen, aber auch der Hobby-Imker kann seine Vorteile aus der Magazinimkerei ziehen. Zudem sind die Anfangsinvestitionen erheblich niedriger als bei der Imkerei mit Hinterbehandlungsbeuten.

Bei der Hinterbehandlungsbeute ist es kaum möglich, die Beuten ohne eine wohlausgerüstete Möbelschreinerei anzufertigen. Wenn Beschläge, Kläppchen und Führungsschienen nicht mit höchster Präzision und exakt angefertigt sind, können die Beuten im späteren Betrieb nicht bearbeitet werden. Das Magazin dagegen bietet dem passionierten Imker und Heimwerker die Möglichkeit, die Bienenkästen selbst zu bauen. Die schlicht konzipierten Magazine haben große Toleranzgrenzen und können auch in einer bescheiden ausgerüsteten Werkstatt angefertigt werden. Die Bauzeichnungen für ein Langstroth- und ein Zander-Magazin zeigen, daß einfachstes Holzwerkzeug zum Bau dieser Beuten in jedem Fall ausreicht. In neuerer Zeit werden auf dem Markt bereits

Das Magazin

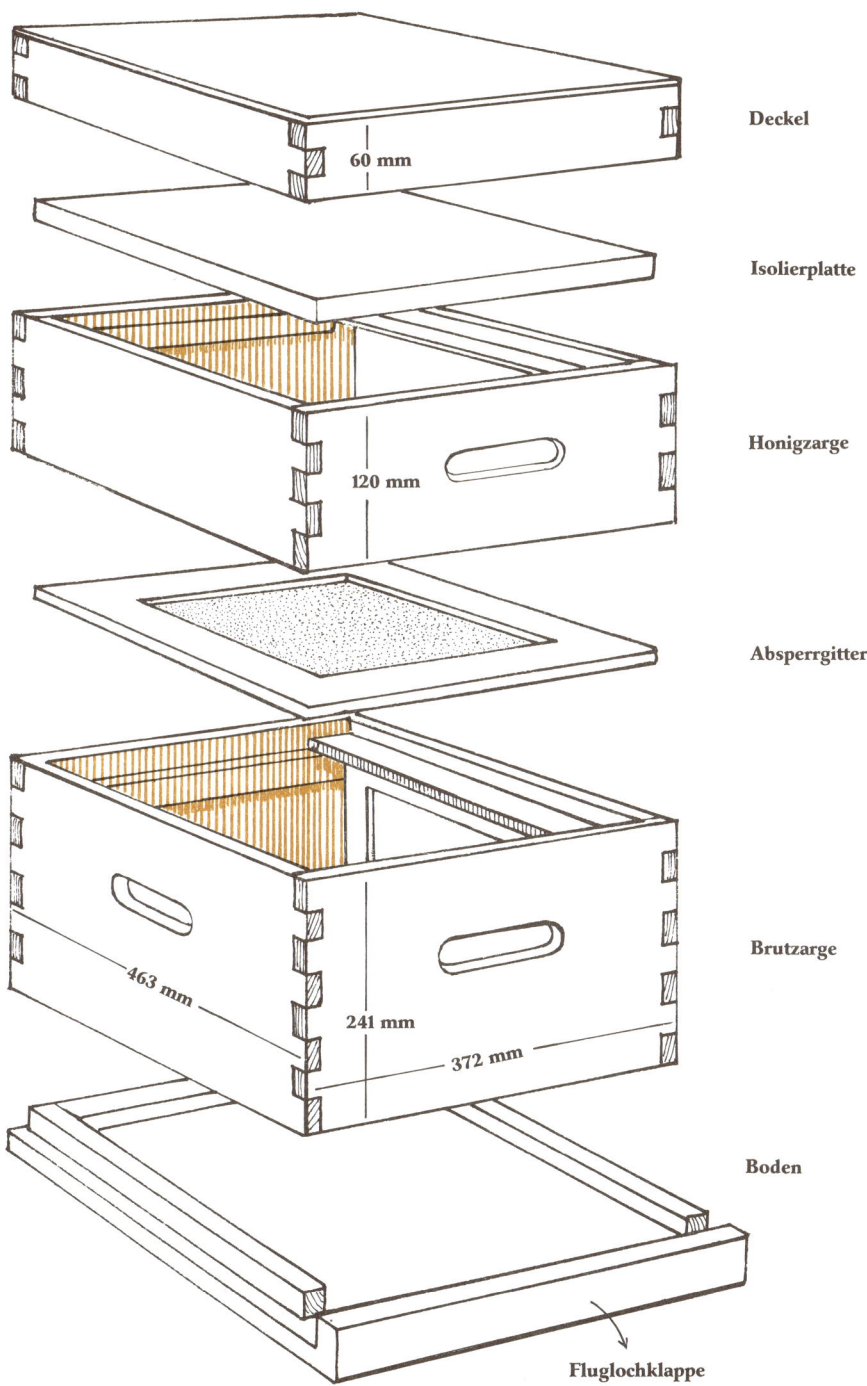

Amerikanisches Langstroth-Magazin mit halbhohen Honigzargen

Der Bienenkasten

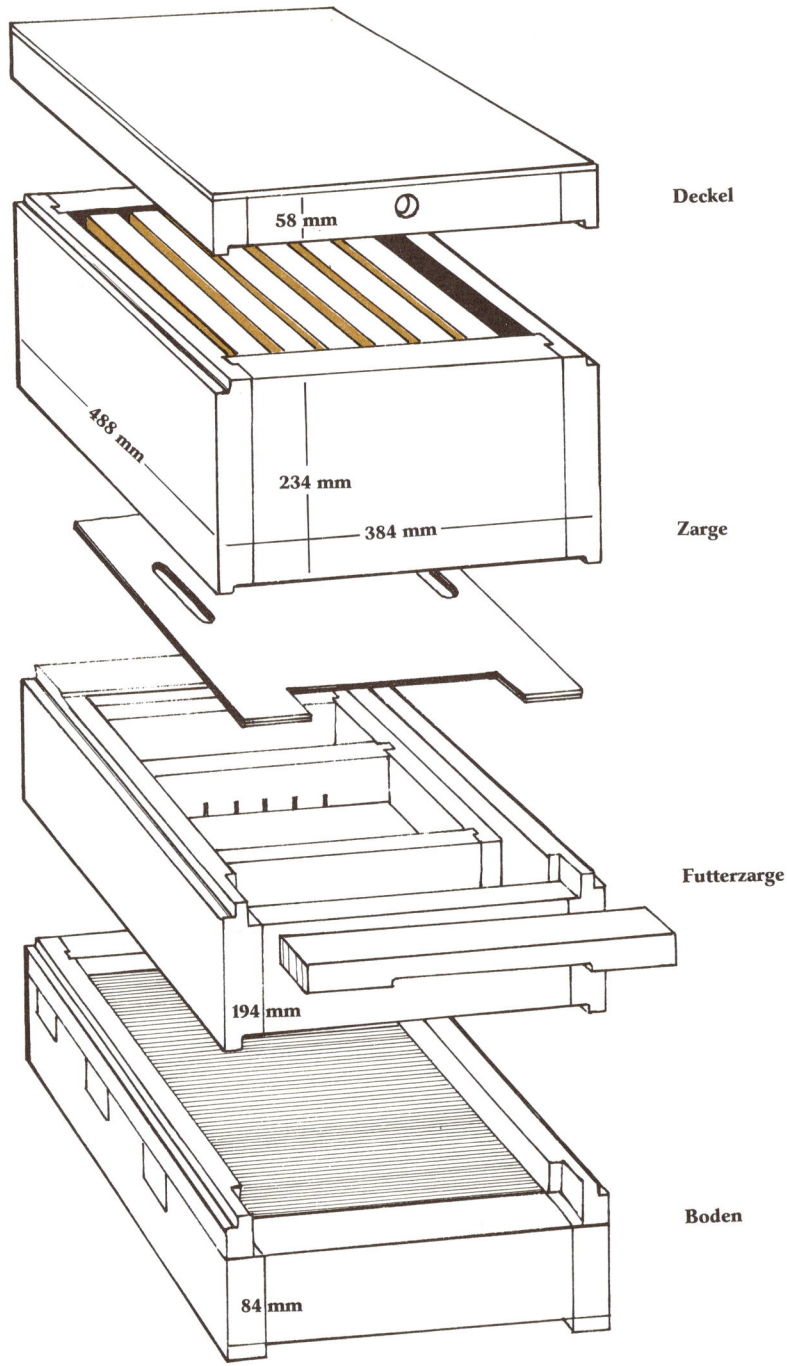

Magazin im Zandermaß mit Spezialzarge für das Futtergeschirr

erste Beuten angeboten, die zum Teil aus Kunststoffen angefertigt sind. Kunststoffbeuten bieten den Vorteil des leichteren Gewichts und der Verrottungsfestigkeit. Es gilt bei der Auswahl jedoch zu beachten, daß nur solche aus hochwertigen Kunststoffen gekauft werden sollten, die den Anforderungen genügen, die der Imker an den Beutenwerkstoff stellt. Der Kunststoff darf bei Temperaturen von −30° Celsius bis 100° Celsius weder die Form verlieren noch reißen, er muß stabil gegen ultraviolettes Licht sein, er sollte gute Thermoisolationswerte aufweisen, er muß bruch- und reißfest sein und darf weder von Wachsmotten noch von Ameisen angegriffen werden können.

Die Magazinbeuten eignen sich hauptsächlich für die Freiaufstellung. Als Wetterschutz kann man Wellblechdächer über die Magazine legen. Noch einfacher: Man verwendet aluminiumbeschichtete Überwurfdeckel, die jeglichen weiteren Schutz unnötig machen. Unter dem Außendeckel sollte sich ein Innendeckel aus Dämmaterial befinden. Die Isolation nach oben ist besonders wichtig, um eventuellem Wärmeverlust, aber auch Überhitzung bei starker Sonneneinstrahlung vorzubeugen. Die oberste Honigzarge sollte zudem durch eine Plastikfolie abgedeckt sein. Dies verhindert, daß die Bienen die Rähmchen am Deckel verkitten, und reduziert die mechanische Störung des Bienenvolks während des Eingriffs. Die Honigzargen werden insbesondere bei den amerikanischen Magazinen auch halbhoch gebaut. Dies hat den Vorteil, daß sie auch von »normalen« Imkerinnen und Imkern ohne anschließende Rückenbeschwerden gehoben werden können. Als Nachteil stehen die beiden unterschiedlichen Rähmchenmaße entgegen, dem durch ein größeres Wabenlager begegnet werden muß. Dennoch erscheint das halbhohe Magazin gerade für den Freizeitimker als eine durchaus »tragbare« (im wahren Sinne des Wortes) Alternative.

Unter dem Honigraum befindet sich der Brutraum, der – wie auch in den bisher behandelten Beuten – mit einem Königinnenabsperrgitter vom Honigraum abgetrennt ist. Der Brutraum besteht üblicherweise aus einer Zarge. Unterhalb des Brutraums schließlich – abgetrennt durch ein sogenanntes Bauschied, welches das Anbauen der Waben an den Boden verhindert – befindet sich der Unterboden. Gerade bei deutschen Magazinbeuten gibt es hier eine reiche Vielfalt verschiedenster Formen und Typen. Im sogenannten hohen Unterboden kann man Futtergeschirre, Wandergitter und sonstige Spezialeinrichtungen einbauen, die einem die Arbeit an den Bienen erleichtern können.

Neben der Diskussion um den optimalen Bienenkasten kann man auf jedem Imkertreffen hitzigste Auseinandersetzungen über die Wahl des richtigen Rähmchenmaßes auslösen. Hier hat der Wildwuchs des imkerlichen Ideenreichtums wirklich am stärksten gewütet. Es gibt Längs- und Querformate, Dickwaben, Halbformate, Vollformate in einer unendlichen Vielfalt von Größen. Der Anfänger sollte sich hier nicht durch scheinbare Kenntnisse alter Hasen in die Irre führen lassen. Welches der gängigen Rähmchenmaße man nun endgültig wählt, ist den Bienen weitgehend egal. Solange sie nicht kopfschüttelnd aus der Beute ausziehen, hat man ihnen ein akzeptables Zuhause geschaffen. Es sollte bei der Wahl des Rähmchenmaßes allerdings bedacht werden, daß die Honigwaben schließlich auch in die Honigschleuder passen müssen. Weltweit hat sich bis heute das »Langstrothmaß« (232 x 448 mm) durchgesetzt.

Rähmchenmaße (Außenmaße)	
Typ	Höhe x Breite
Alpenbeute	260 x 370 mm
Badisches Vereinsmaß	210 x 240 mm
Dadant	285 x 448 mm
Freudenstein	200 x 338 mm
Gerstung	410 x 260 mm
Gottschalk	320 x 280 mm
Kuntzsch quer	250 x 330 mm
Kuntzsch hoch	330 x 250 mm
Langstroth	232 x 448 mm
Normalmaß	370 x 223 mm
Schwäbisches Maß	362 x 272 mm
Schweizer	260 x 338 mm
Zander	220 x 420 mm

In Deutschland dagegen wird man neben dem kleineren »Zandermaß« (220 x 420 mm) das noch kleinere »Normalmaß« (223 x 370 mm) am häufigsten finden.

Die Anfertigung der Rähmchen sollte auch in einer einfach ausgerüsteten Heimwerkstatt nicht schwerfallen. In die fertigen Rähmchen wird man in den oberen und unteren Querträger einige kleine Löcher bohren, durch die man den Rähmchendraht (im Handel erhältlich) hin und her spannt. Man befestigt ihn mit jeweils einem kleinen Nagel an den beiden Enden. In die Rähmchen hinein kommen die Mittelwände. Man »lötet« sie ein, indem man an beide Enden des Rähmchendrahts eine 12-Volt-Spannung legt, die Mittelwand auflegt und wartet, bis der Draht im Wachs eingeschmolzen ist. Es gibt hierfür eigens Transformatoren im Fachhandel, aber ein Ladegerät für Autobatterien tut es auch.

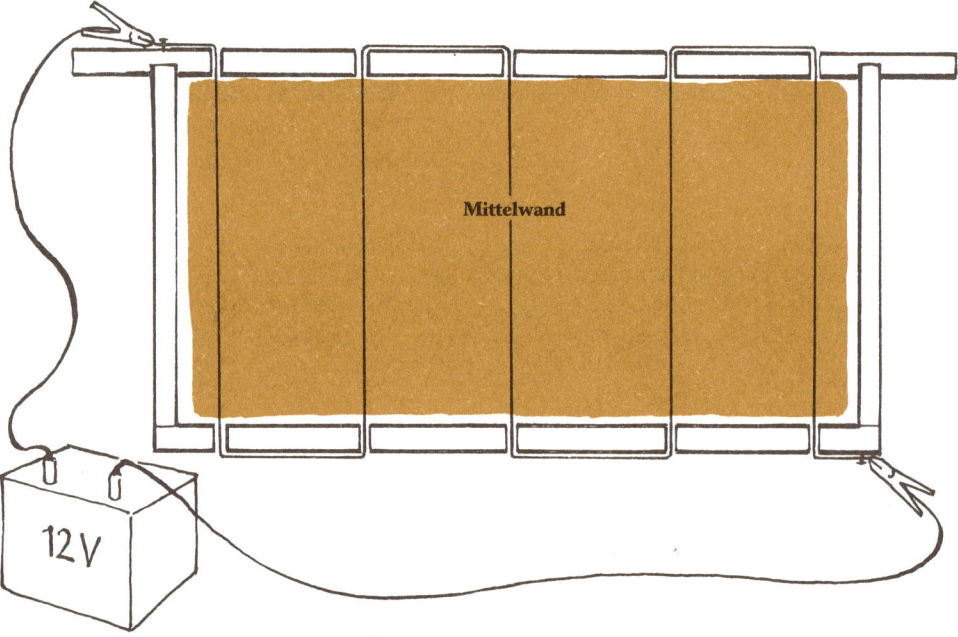

Einlöten einer Mittelwand in ein Rähmchen

Bienenrassen

Sind Beute und Rähmchenmaß gewählt, so stellt sich die Frage nach der richtigen Biene. Die Antwort ist leicht: es gibt sie nicht. Der Imker braucht eine Wüsten-Regen-Tropen-Gletscher-Sommer-Winter-Biene, die möglichst ohne jegliche Trachtverhältnisse tonnenweise Honig liefert. Die Frage nach der richtigen Bienenrasse zeugt an sich schon von reichlichem Unverstand über Imkerei und Bienenbiologie. Im Gegensatz zu den klassischen Haustieren (Rind, Pferd, Hund), die vom Menschen gezüchtet und ausschließlich für dessen Zwecke genutzt werden, ist die Honigbiene – trotz aller Bemühungen des Imkers – nach wie vor ein frei lebendes Tier. Entsprechend unterschiedlich sind dann jeweils die Definitionen, wenn wir z. B. von Hunde- und Rinderrassen einerseits oder aber Rassen der Honigbiene andererseits sprechen.

Die Rassen der klassischen Haustiere (z. B. auch der Hühner) sind reine Zuchtrassen, die der Mensch in jahrtausendelanger Zuchtarbeit planmäßig ausgelesen hat. Bei der Honigbiene fand eine künstliche Auslese in diesem Maß nicht statt.

Wirtschaftsbienen

Die Bienenrassen, wie wir sie heute finden, sind das Produkt einer natürlichen Selektion. D. h., die Natur und ihre jeweiligen Umweltbedingungen haben bestimmte Typen von Bienen bevorzugt und andere ausgemerzt. Das bedeutet aber auch, daß die vielen Bienenrassen, die wir heute kennen, durch natürliche Selektion (nicht künstliche durch den Menschen!) entsprechend genau an die Umwelt ihrer jeweiligen Heimatregion angepaßt sind. Die Anpassung an die natürliche Umwelt entspricht nun aber durchaus nicht den Ansprüchen, die der Imker an die Honigbiene stellt. Im Gegensatz zu den klassischen Haustierrassen, die die vorläufige End-form einer langen Zucht darstellen, haben wir es bei den Honigbienenrassen mit Wildformen zu tun, die die Grundlage für eine Zuchtarbeit darstellen.

Derzeit sind 23 distinkte Rassen der Honigbiene bekannt. Weltweit hat die »Italiener-Biene«, *Apis mellifera ligustica,* als Wirtschaftsbiene die größte Bedeutung. Sie ist ausgesprochen brutfreudig und kann in warmen Gebieten bei guter Trachtlage Rekordernten einholen. Sie wird auf den Großimkereien Mexikos und Australiens eingesetzt. Ihr geringer Schwarmtrieb kommt der extensiven Betriebsweise, in der 10 000 Bienenvölker pro Betrieb keine Seltenheit sind, entgegen. In unserem gemäßigten Klima tut sich die Ligustica jedoch oft schwer. Im Winter haben die Völker einen sehr hohen Futterverbrauch, und in trachtlosen Perioden wird das Brutgeschäft nicht entsprechend reduziert. Dies führt zwangsläufig dazu, daß der Imker oft eingreifen muß und zufüttert, damit die Völker nicht verhungern.

In Deutschland war ursprünglich die sogenannte schwarze Landrasse, *Apis mellifera mellifera,* vertreten. Erst vor etwa 10 000 Jahren wanderte diese Rasse – von der spanischen Honigbiene abstammend – in Europa ein. Sie war in West- und Zentraleuropa nördlich der Alpen von den Britischen Inseln bis zum Ural verbreitet. Der Polarkreis stellt etwa die nördliche Verbreitungsgrenze dar. Die Bienenrasse stand im Verruf, aggressiv und nervös zu sein. Im Frühjahr zeigt sie eine sehr langsame Entwicklung mit einem sehr schwach ausgeprägten Schwarmtrieb. Heute findet man diese Biene fast nicht mehr. Sie wurde in Deutschland durch immense Bienenimporte und gezielte Verdrängungszucht nahezu ausgerottet. In Dänemark und in Südfrankreich sind noch reine Populationen dieser ursprünglichen Honigbiene zu finden.

Schon früh importierten deutsche Imker auf der Suche nach der »besten« Biene eine andere Bienenrasse, *Apis mellifera carnica,* aus Österreich und dem Balkan. Sie steht im Ruf, eine extrem schnelle Frühjahrsentwicklung durchzuführen. Dadurch ist sie insbesondere für den Einsatz in der Frühtracht und für die Obstbestäubung geeignet. Sie ist heute die am weitesten verbreitete Bienenrasse im deutschsprachigen Raum.

Inwieweit die für die Imkerei wichtigen Carnica-Merkmale tatsächlich Eigenschaften der natürlichen Rasse sind, ist allerdings ungewiß. Die Carnica, die heute in der Imkerei eingesetzt wird, ist das Produkt einer nahezu 60jährigen Selektion. Zu der Zeit, als die einheimische Mellifera flächendeckend züchterisch verdrängt wurde, gab es keine vergleichbaren Zuchtbemühungen, um die Mellifera in ihren Eigenschaften imkergerecht auszulesen. Erst in den letzten Jahren besinnen sich Imker in Frankreich und den Niederlanden und versuchen, durch Zuchtprogramme die originale heimische Honigbiene wieder für die Imkerei attraktiver zu gestalten.

In Deutschland erscheint ein solches Vorhaben jedoch nicht mehr sinnvoll durchführbar. Die Carnica ist bereits zu sehr verbreitet, als daß man noch andere Bienenrassen in der deutschen Imkerei propagieren oder verwenden sollte. Das Hauptproblem stellen nämlich die Hybriden zwischen verschiedenen Rassen dar. Nach wie vor werden die meisten Königinnen auf natürlichen, unkontrollierten Drohnensammelplätzen begattet. Dort wird es demnach zu Rassenkreuzungen kommen. Die resultierenden Völker sind in der Regel äußerst vital. Dies hat zwar Vorteile insofern, als man vielleicht 1 oder 2 Kilogramm mehr Honig ernten kann. Der Nachteil besteht jedoch darin, daß eine erhöhte Vitalität des Bienenvolks meist gepaart ist mit einer erhöhten Stechlust. Dies wiederum kann leicht dazu führen, daß überhaupt kein Honig mehr geerntet werden kann, da die Nachbarn erfolgreich Rechtsmittel einlegen. Es kann also nicht deutlich genug betont werden: Für die Imkerei in Ballungsräumen ist die Stechlust das allerwichtigste Merkmal eines Bienenvolks! Es gibt hier keinen Mittelweg und keine Kompromisse. In dem Moment, in dem ein Bienenstand als öffentliches Ärgernis erkannt ist, muß er verschwinden. Das Schlimmste dabei ist, daß die Imkerei als Ganzes dabei leicht in Mißkredit gerät.

Afrikanisierte Bienen

Ein Beispiel besonders aggressiver Hybriden hat in den letzten Jahren in der Presse immer wieder für Schlagzeilen gesorgt. Die »Mörderbienen« Südamerikas sind nichts anderes als hochaggressive Hybriden zwischen europäischen Bienen und der afrikanischen Rasse, *Apis mellifera scutellata,* die in den Tropen Ostafrikas vorkommt. Wieder war es die Suche nach der »besten Biene«, die diese für die Imkerei einmalige Katastrophe auslöste.

Man fand, daß die europäischen Bienen nur schlecht an die tropischen Klimaverhältnisse Brasiliens angepaßt waren. Die Idee war, afrikanische Bienen aus den Tropen zu importieren und für die Honigproduktion einzusetzen. Ein durchaus plausibler Gedanke, wie man zunächst meint. Doch es sollte anders kommen. Die afrikanischen Importköniginnen bauten rasch Völker auf und schwärmten und schwärmten und schwärmten. Tropische Bienen kennen keine Winter und können daher in sehr kleinen Einheiten überleben. Zudem bilden sie sogenannte Wanderschwärme, die ihre Ausbreitung weiter begünstigen.

Die afrikanischen Bienen kreuzten sich mit den vorhandenen europäischen Bienen. Die Hybriden sind die gefürchteten »Mörderbienen«, die bei der kleinsten Störung alles, was sich im Umkreis von mehreren hundert Metern bewegt, als Feind und Angreifer einschätzen und sofort mit mehreren tausend Arbeiterinnen attackieren. Mensch und Vieh in der Umgebung von Bienenständen waren akut gefährdet, und man mußte die Bienen im Urwald – weitab von jeglicher Zivilisation – aufstellen. Die gesamte Imkerei lag jahrelang darnieder und ist erst jetzt – 30 Jahre später – durch diese veränderte Betriebsweise dabei, sich langsam zu erholen. Die afrikanisierten Bienen breiten sich dabei in einer noch nie dagewesenen Geschwindigkeit aus. Sie stehen heute in Mexiko, dem größten Honigproduzenten der Welt, und drohen, in die USA einzuwandern. Bislang gibt es kein praktikables Mittel, ihre Ausbreitung künstlich zu stoppen. Das Klima wird allerdings wahrscheinlich zu Hilfe kommen: in dem Moment, in dem kalte Winter oder lange trachtlose Phasen auftreten, werden die kleinen Schwärme nicht überleben können.

Dieses Beispiel zeigt eindrucksvoll, wohin die Suche nach der »besten Biene« führen kann. Es zeigt auch, daß ungetestete Rassenhybriden auf keinen Fall im dichtbesiedelten Westeuropa in der Imkerei verbreitet Einsatz finden sollten. In Südamerika hat man als Konsequenz auf die afrikanisierte Biene die Betriebsweise grundlegend verändert und ist dazu übergegangen, die Bienen im Urwald weitab von menschlichen Siedlungen zu halten. Was macht man aber, wenn der einzige verfügbare Urwald der Asphaltdschungel der Städte ist? In der Industriegesellschaft ist im Sinne des Wortes »kein Platz« für stechlustige Bienen.

Die Bienenpflege rund ums Jahr

Frühjahr

Wenn das Thermometer absolute Minusrekorde verbucht und der Imker mit großem Feuerwerk die Jahreswende gefeiert hat, beginnt das Bienenvolk unbeachtet vom Imker mit der Vorbereitung für die kommende Saison. Bereits Mitte Februar legen die Bienen ein kleines Brutnest an und zeigen rege Brutpflege. Die Bienen, die aus dieser frühen Brut schlüpfen, werden im späteren Frühjahr die ersten Sammlerinnen; sie tragen zu einer erfolgreichen Auswinterung bei. In dieser kritischen Phase brauchen die Bienen einen guten Pollen- und Futtervorrat.
Der Imker kann in dieser Zeit allerdings nicht viel tun. Im Gegenteil! Eingriffe würden den Temperaturhaushalt der Völker ganz erheblich durcheinander bringen und irreparable Schäden verursachen. Auch Fütterungen zu dieser Zeit schaden mehr, als daß sie nutzen. Wer die Völker gut auf den Winter vorbereitet hat, kann sich daher getrost ins Faschingstreiben stürzen und sollte die Bienen bis März vergessen.

Der Stuhlgang

Das erste Zeichen dafür, daß der Imker sich auf die Bienensaison vorbereiten sollte, ist der sogenannte Reinigungsflug, der von größter biologischer Bedeutung für das Bienenvolk ist. Die Winterbienen konnten über Monate hinweg ihren Darm nicht entleeren. Dies holen sie am ersten Flugtag des Jahres schleunigst nach. Es lohnt sich nicht, an solchen Tagen frisch gewaschene Wäsche im Bienengarten zum Trocknen aufzuhängen. Die kleinen gelben Flecken auf der Wäsche sind alles andere als die Folgen eines »gelben« Regens oder einer neuen unbekannten Umweltkatastrophe.

Dem Imker kann der Reinigungsflug schon erste Informationen über das Auswinterungsergebnis an seinem Bienenstand geben. Völker, bei denen an solchen Tagen kaum Flugbetrieb zu beobachten ist, haben womöglich den Winter nicht überlebt. Nur in solchen Zweifelsfällen sollte eine kurze Kontrolle durchgeführt werden. Ein einziger Blick in das Volk genügt, um zu prüfen, ob es noch lebt. Leere Bienenkästen und tote Völker sollten vom Stand entfernt werden. Sie ziehen im Frühjahr nur Ungeziefer und Schädlinge an und bereiten dann etliche Mehrarbeit.

Tot oder lebendig

Dies ist nach dem Winter die entscheidende Frage, die sich der Imker stellt, wenn er auf seinen Bienenstand fährt. Die erste Völkerkontrolle dient denn auch dazu, die Spreu vom Weizen zu trennen und solche Völker auszusortieren, die den Winter nicht oder nicht befriedigend überlebt haben. Die erste Nachschau des Bienenvolks sollte nach dem Reinigungsflug durchgeführt werden; an einem warmen Tag, an dem die Bienen Flugbetrieb zeigen. Bei dieser ersten Durchsicht sind der Futtervorrat und die Brutmenge zu überprüfen. Die Kontrolle sollte möglichst schnell durchgeführt werden, ohne das Volk zu sehr zu stören oder unnötig lange offen zu lassen. Bei der Kontrolle ist es lediglich notwendig, eine Wabe aus der Mitte herauszuziehen und auf Brut und Futter zu kontrollieren. Sind verdeckelte Arbeiterinnenbrut und Eier vorhanden, so ist alles in Ordnung, und man kann das Volk wieder schließen. Die restlichen Waben sollte man nicht auseinanderreißen, sondern im Volk belassen. Je weniger Störung in dieser immer noch kriti-

schen Anfangsphase der Entwicklung des Bienenvolks im neuen Jahr, desto besser.
Der Magazinimker hat es hier leicht. Er hebt zur Bestimmung des Futterstandes einfach die Zarge leicht an. Ist sie schwer, so ist alles in Ordnung. Ist sie zu leicht, so muß er füttern. Bei Bedarf (aber nur dann!) sollte man den Völkern 1 oder 2 l Flüssigfutter (Zuckerwasser 1:1) anbieten.
Ein gesundes Volk sollte im März etwa auf zwei bis drei Waben Brutflächen aufweisen. Findet man trotz vorhandener Königin keine Brut, so kann man versuchen, durch »Reizfütterung« mit kleinen Mengen warmer Honiglösung (¼ l) und Zugabe einer Pollenwabe den Brutansatz zu forcieren. Meist lohnt jedoch die Mühe der Reizfütterung nicht, und man hofft vergebens auf den Beginn der Eilage der Königin. In solchen Fällen sollte man sie aus dem Volk entfernen und die Bienen einem schwachen Nachbarvolk dazugeben.
In manchen Fällen wird man feststellen, daß »buckelige« Drohnenbrut statt Arbeiterinnenbrut angelegt worden ist. Dies kann zwei Ursachen haben. Entweder die Königin legt nur noch unbefruchtete Eier, oder das Volk ist weisellos und hat in seltenen Fällen eine legende Arbeiterin. Bei drohnenbrütiger Königin ist es am besten, das Volk nach ihrer Entfernung mit einem Nachbarvolk zu vereinigen. Hat man trotz der frühen Jahreszeit Ersatzköniginnen, so kann man natürlich versuchen, diese in die »buckelbrütigen« Völker einzuweisen. Bei sehr schwachen Völkern empfiehlt es sich, die Königin herauszunehmen und die Bienen einem Nachbarvolk dazuzugeben. Findet man einen verstärkten Totenfall, so sollte man einige Bienen nehmen und sie zur Untersuchung an die zuständigen Behörden schicken. Es könnte sich um gefährliche Bienenkrankheiten handeln, die dann den ganzen Bienenstand bedrohen (siehe Seite 116 ff.). Wenn man eine Krankheit vermutet, so darf man die Bienen natürlich nicht zur Verstärkung gesunder Völker benutzen.

Die Arbeit beginnt

An einem schönen Tag Ende März oder Anfang April werden die Bienenvölker gründlich überarbeitet, und eine intensive Nachschau erfolgt. Die Beuten sollten jetzt vom Gemüll des Winters gesäubert werden. Bei der Magazinimkerei lohnt es sich, einige Ersatzzargen, Bodenbretter und Deckel mitzunehmen. Schadhafte Teile müssen ausgetauscht werden.
Man sollte sich vergewissern, daß die Königin genügend leere Zellen vorfindet, um ihre Eier abzulegen. Die Entwicklung des Volkes kommt jetzt bald in die kritische Phase, in der die Winterbienen sterben und durch junge Bienen ersetzt werden müssen. Wenn jetzt Brutlücken auftreten, kann dies zum Verlust des Volkes führen. Um die Brutentwicklung zu stimulieren, kann man verdeckelte Waben mit einem Messer aufschneiden. Die Bienen sind dann gezwungen, diesen Honig zu verarbeiten und die Zellen zu leeren. Diese Zellen werden dann in der Regel als Brutfläche genutzt.

Die Ernährung der Bienen im zeitigen Frühjahr

Ein besonderes Problem kann im zeitigen Frühjahr die Pollenversorgung werden. Oft können wegen schlechten Wetters die Weiden nicht beflogen werden, die eine äußerst wichtige Pollen- und Nektarquelle darstellen. In solchen Zeiten ist es gut, wenn man aus dem Vorjahr noch Pollenwaben in Reserve hat und jetzt solchen Völkern mit Pollenmangel zuhängen kann. Weniger bewährt hat sich die Gabe von Pollen-Zucker-Teigen direkt im Volk. Diese belasten den Darm der Bienen stark. Eine bessere Alternative sind Pollenersatzmittel, die, vom Imkereihandel angeboten, in flachen Schalen im Freien aufgestellt werden.
Ein zusätzliches Problem kann im Frühjahr die Wasserversorgung darstellen. Die Bienen benötigen gerade in dieser Phase viel Wasser. Eine Bienentränke ist unbedingt zu empfehlen, wenn keine natürlichen Wasserquellen in der Nähe des Standes vorhanden sind.

Der Wabenbau

Ende April sollte die Legeleistung der Königin voll ausgeschöpft werden. Will man die Obstblüte als Trachtquelle nutzen, so gilt es jetzt, die Bienen für die erste Frühtracht zu produzieren. Der Brutraum sollte voll freigegeben werden, und Dämmschiede und andere Einrichtungen zur Einengung des Brutnestes haben jetzt nichts mehr im gesunden Bienenvolk verloren. Mit fortschreitender Jahreszeit wird auch der Bautrieb der Bienen stärker ausgeprägt. Dies erlaubt dem Imker, auch Mittelwände einzuhängen und diese von den Bienen ausbauen zu lassen. Schwache Völker sollten spätestens jetzt vereinigt werden, wenn man sie für die Frühtracht einsetzen will. Wer daran glaubt, kann zur Stimulierung des Brutansatzes jetzt mit Honiglösung reizfüttern. Der Erfolg der Reizung ist allerdings fraglich. Sehr genau muß man hingegen auf die Pollenversorgung achten.

Wenn der Bautrieb gut ausgeprägt ist, gibt man den Bienen einen Bau- oder Drohnenrahmen. Dies ist ein Rähmchen mit einem etwa 2 Zentimeter breiten Streifen Mittelwand (sogenannte Anfangsstreifen) am Oberträger. Dieser Baurahmen verhindert, daß an den anderen Waben Drohnenbau begonnen wird. Die Produktion der Drohnen hat keinen negativen Einfluß auf den Honigertrag. Im Gegenteil, Völker, die sich normal entwickelten und frei Drohnen produzieren konnten, erzielten höhere Erträge als Völker, denen man keinen Drohnenbau erlaubte.

Der Schwarm

Im Mai werden die letzten Winterbienen sterben. Das Volk ist nun auf dem Weg zu seiner stärksten Entwicklung. Ziel des Bienenvolks ist es, sich in den nächsten Wochen zu teilen, und die alte Königin will mit einem Teil der Bienen einen Schwarm bilden. Das Volk wird daher sogenannte Schwarmzellen bauen und Königinnen heranziehen. Welche Reize das Schwärmen letztendlich auslösen, gehört weiterhin zu den Geheimnissen der Bienenbiologie. Es gibt Hypothesen, die Ammenbienen würden mangels offener Brut einen »Futterstau« bekommen, und dies würde den Schwarm auslösen. Andere meinen, das Verhältnis von Ammenbienen zu Sammlerinnen sei ausschlaggebend. Handfeste Beweise gibt es zu beiden Theorien nicht, was die Bienen jedoch nicht daran hindert, dennoch Jahr für Jahr zu schwärmen.

Beim Schwärmen treffen die unterschiedlichen Interessen von Imker und Bienenvolk am

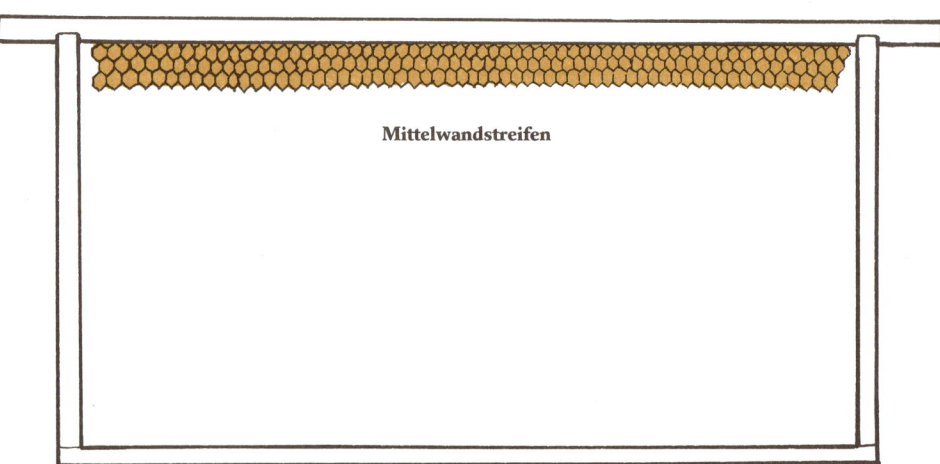

Rähmchen mit Mittelwandstreifen zum Ausbau einer Drohnenwabe

Der Schwarm

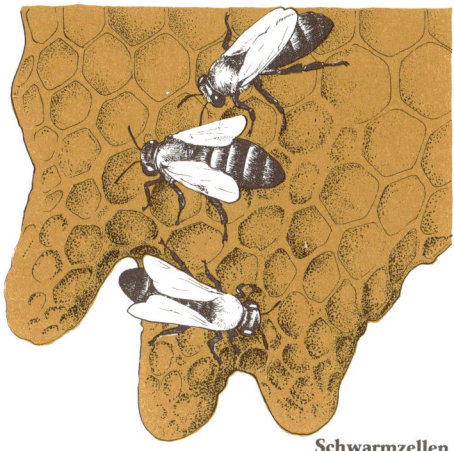

Schwarmzellen

Verdeckelte Schwarmzellen am Rande einer Wabe. Jetzt heißt es Vorsicht! Beim Auftreten von Schwarmzellen muß der Imker schleunigst eingreifen, wenn er das Schwärmen verhindern will

schärfsten aufeinander. Das vitale Bienenvolk wird sich durch einen ungebrochenen Reproduktionstrieb auszeichnen, der vitale Imker durch einen ungebrochenen Willen, eben diesen zu unterdrücken. Das Problem in der imkerlichen Betriebsweise liegt dabei hauptsächlich darin, daß die tatsächlichen biologischen Auslöser des Schwärmens nicht bekannt sind. Daher kann der Imker nur symptomatisch den Schwarmtrieb behandeln, nicht aber die Ursachen beheben.

Der Schwarm ist nun genau das, was den Interessen des Imkers diametral entgegengesetzt ist. Ein abgeschwärmtes Volk hat weniger Bienen und wird im Honigertrag deutlich unter einem nichtgeschwärmten Bienenvolk liegen. Die Schwarmverhinderung ist daher in dieser Jahreszeit die wichtigste Tätigkeit des Imkers. Er ist dabei in einer gewissen Zwickmühle. Auf der einen Seite will er möglichst starke Völker produzieren und den Brutansatz stimulieren, auf der anderen Seite darf er jedoch das Volk nicht zur Teilung kommen lassen.

Die Schwarmvorbeugung

Tatsächlich stellt die Schwarmvorbeugung eine der schwierigsten Aufgaben des Imkers dar. In dieser Phase muß er in wöchentlichen Abständen die Völker auf Königinnenzellen untersuchen und diese – falls vorhanden – zerstören. Wird hierbei nur eine Zelle übersehen, so wird das Volk bis zur nächsten Nachschau einen Schwarm produziert haben. Generell empfiehlt es sich, den Brutraum des Volkes in dieser Zeit groß zu halten. Auch das sogenannte Schröpfen der Völker durch Entnahme verdeckelter Brut kann sinnvoll sein, insbesondere dann, wenn der Anteil der offenen Brut (Eier, junge Larven) an der gesamten Brutmenge klein ist. Auf jeden Fall sollte man jetzt die Honigräume aufsetzen. Der Honigraum sollte mit ausgebauten Leerwaben und einer besetzten Brutwabe bestückt werden.

Mittelwände haben hier nichts verloren! In das Prägemuster der Mittelwand können die Bienen wohl kaum größere Mengen Honig ablagern. Sie müssen ihn dann im Brutraum einlagern, was dem Schwarmtrieb Vorschub leistet. Zudem werden die Mittelwände im Honigraum nur sehr zögerlich ausgebaut.

Weiterhin sollte man sich bemühen, immer mit jungen Königinnen in die Bienensaison zu gehen. Diese schwärmen weitaus weniger als alte. Frisch begattete Königinnen werden kaum zum Schwärmen zu bewegen sein. Die Schwarmhäufigkeit bei Völkern mit einjährigen Königinnen ist beispielsweise nur ein Drittel so hoch wie bei Völkern mit älteren Königinnen.

Nicht empfehlenswert erscheint die früher propagierte Brutbeschränkung. Verfahren, die Brutmenge künstlich klein zu halten, kosten viel Arbeit und erzielen nichts. Schwache Völker erreicht man am einfachsten, wenn man sie nach Lust und Laune schwärmen läßt. Dazu bedarf es keines Eingriffs von seiten des Imkers. Wer Bienenvölker in ihrem Brutgeschäft einengt, verfolgt eine Betriebsweise, die die biologische Entwicklung des Bienenvolks nicht ausnutzt. Dadurch entsteht unnötige Mehrarbeit und eine Ertragsminderung.

Wenn Vorbeugen nicht hilft

Wenn alle diese vorbeugenden Maßnahmen nichts nutzen und das Volk nach wie vor Schwarmzellen anlegt, hilft nur die Teilung des Volks oder die Bildung eines Ablegers. Dies reduziert zwar den Ertrag des Volks, aber man hat zumindest die Bienen sinnvoll eingesetzt und kann Winterverluste dadurch ausgleichen, daß man den Ableger bis zum Herbst wieder zu einem Volk mit voller Stärke aufbaut. In der Magazinimkerei mit zwei Brutzargen ist das Teilen des Volks besonders einfach, und man benötigt nicht noch eigens einen zweiten Ablegerbienenstand. Man gibt zwischen die beiden Brutzargen ein Absperrgitter. Nach 1 Woche findet man nur noch in der Zarge mit der Königin offene Brut. Hier vernichtet man alle Schwarmzellen. In der Zarge mit der verdeckelten Brut wird man – falls vorhanden – entweder eine Schwarmzelle belassen oder aber eine Wabe mit Eiern einhängen. Die Zarge mit der Königin wird nun mit Absperrgitter am Flugloch einige Meter entfernt vom ursprünglichen Standort mit einem Honigraum versehen und auf den Unterboden aufgesetzt. Die alten schwarmlustigen Flugbienen fliegen nun zur alten Beute zurück, in der sich noch keine Königin befindet. Dieses Prinzip kommt der Schwarmbiologie der Bienen nahe. Die alte Königin hat das Volk verlassen und einer jungen den Weg frei gemacht. In der Zarge mit der alten Königin befinden sich nur noch Jungbienen, bei denen sich die Schwarmlust schnell zurückbildet. Die Schwarmlust ist mit einem einfachen Konzept gebannt, und man hat, bei entsprechender Pflege bis zum Herbst, ein Bienenvolk hinzugewonnen.

Man muß aber nicht unbedingt seine Völkerzahl erweitern, um Schwarmverhinderung zu betreiben, sondern kann quasi einen Scheinableger im Volk bilden. Prinzipiell ändert sich

Ablegerbildung zur Schwarmverhinderung. Man trennt das Volk durch ein Absperrgitter. In der Zarge mit Königin wird nach wie vor Brut erzeugt. Nach einer Woche kann man daher – ohne Suche der Königin – entscheiden, in welcher Zarge sich die Königin befindet (a).

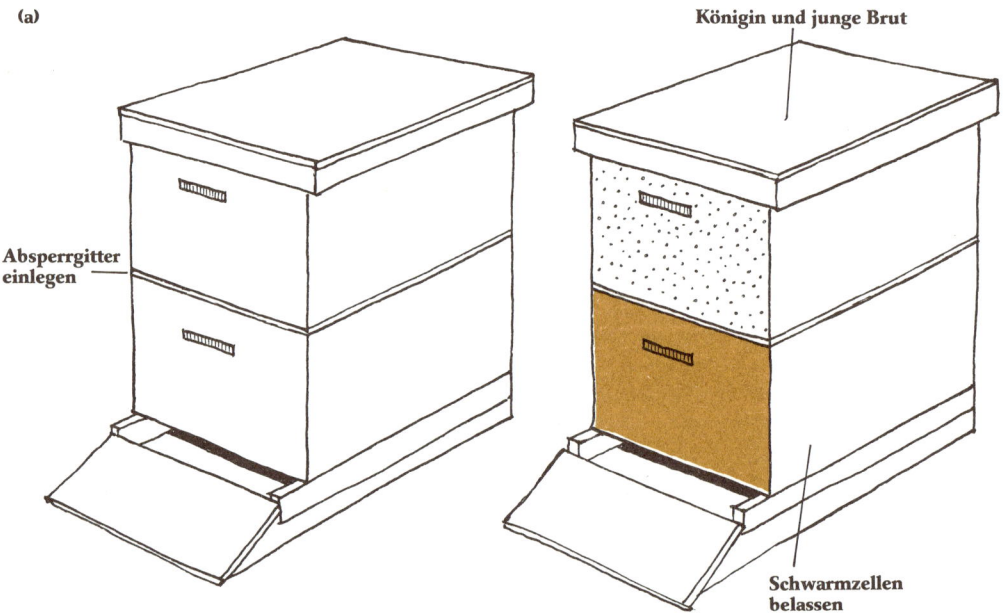

Der Schwarm 69

(b)

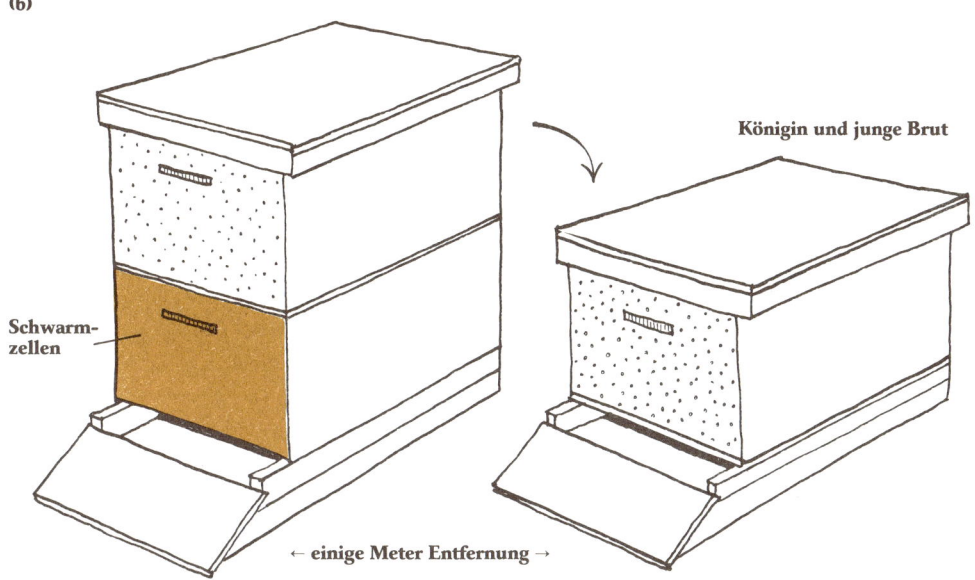

Königin und junge Brut

Schwarm-
zellen

← einige Meter Entfernung →

Man setzt nun diese Zarge auf einen neuen Unterboden mit Flugloch in neuer Orientierung (b).
Dem Restvolk beläßt man entweder einige Schwarmzellen oder gibt eine neue Königin. Das alte Volk,
das durch die Brutentnahme geschwächt wurde, verstärkt sich wieder durch die Rückkehr der Flugbienen. Der alten Königin gibt man durch Aufsatz einer Leerzarge genug Raum, um so einem eventuell
verbleibenden Schwarmtrieb entgegenzuwirken (c)

(c)

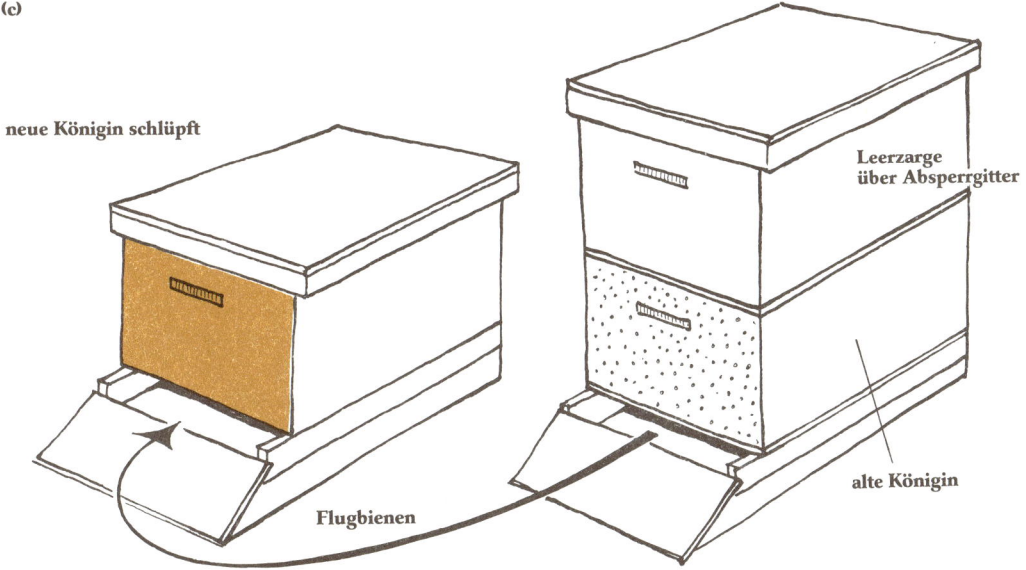

neue Königin schlüpft

Leerzarge
über Absperrgitter

alte Königin

Flugbienen

dabei zum obigen Schema nicht viel. Man gibt die Honigzarge mit einer offenen Brutwabe unter den Brutraum und sperrt diesen mit einem Fliegengitter ab. Im Deckel öffnet man ein Flugloch für die Brutraumbienen. Die alten schwarmlustigen Flugbienen fliegen aus und kehren durch das gewohnte Flugloch zurück. Hier finden sie die Brutwabe, auf der nun erneut Weiselzellen angesetzt werden. Die Weiselzellen bricht man nach 7 Tagen aus und gibt erneut eine Wabe mit offener Brut. Nach weiteren 7 Tagen entfernt man die Weiselzellen wieder und stellt die alte Ordnung – Brutraum unten, Honigraum oben – wieder her.

Ein anderes Verfahren zur Schwarmverhinderung ist der Flugbienenentzug. Man stellt das Volk an einen anderen Platz und plaziert an dessen Stelle ein schwaches, nicht schwarmbereites Bienenvolk. Dieses wird dann die Flugbienen »einsammeln« und erstarken. Das ursprüngliche Volk wird schnell seine Schwarmstimmung verlieren. Es lohnt sich allerdings, die Königin des schwachen Volks zum Schutz vor den fremden Flugbienen während dieser Prozedur im Käfig zu halten und erst nach einigen Tagen freizulassen.

Das Fangen des Schwarmes

Da die obigen Ratschläge allen Imkern geläufig sind, sollte es eigentlich keine Schwärme mehr geben. Wie wir in jedem Frühjahr wieder sehen, trifft dies bedauerlicherweise nicht zu, und es zeigt, daß die Bienen trotz all unserer Tricks und Kniffe in der Betriebsweise dem Imker häufig ein Schnippchen schlagen. Es ist immer wieder ein beeindruckendes Schauspiel, wenn ein Bienenvolk zum Schwärmen ansetzt. Tausende von Bienen quellen innerhalb von wenigen Minuten aus dem Flugloch, und die Luft braust aufgeregt. Genausoschnell wie sie kamen, beruhigen sie sich auch wieder. Der Schwarm wird sich an einem Ast oder in einem Gebüsch niederlassen und sammeln.

Sobald sich eine ruhige Traube gebildet hat, muß der Imker aktiv werden, will er verhindern, daß die Bienen sich eine neue Behausung beim Nachbarn suchen. Rechtlich steht der Schwarm demjenigen zu, der ihn fängt. Allerdings: solange der Imker seinen Schwarm – wie auch immer – »unverzüglich« verfolgt, solange gehört er auch noch ihm. Der Imker hat dabei außergewöhnliche Rechte, die ihm sogar erlauben, fremde Grundstücke und Häuser zu betreten. Natürlich muß er für Schäden an Schlössern und Zäunen, die er bei seiner Verfolgungsjagd verursacht hat, voll haften (der interessierte Leser sei auf das Bürgerliche Gesetzbuch BGB § 961–§ 968 verwiesen). Oft jedoch ist der Schwarm imkerfreundlich – gerade der Vorschwarm mit der alten flugträgen Königin – und läßt sich erst mal im heimischen Garten zur Ruhe nieder.

Das Einfangen des Schwarmes gehört sicherlich zu den aufregendsten Tätigkeiten des Imkers. Es zählt allerdings auch zu den gefährlichsten in seinem Arbeitsbereich. Es sind weniger die Bienenstiche, die hier von Bedeutung sind, als der Sturz von einer Leiter oder einem morschen Ast. Oft wird dieses Risiko gerade von älteren Imkern stark unterschätzt, was immer wieder zu vermeidbaren Unfällen führt. In den meisten Fällen ist es gar nicht notwendig, sich in luftige Höhen zu begeben. Es gibt Schwarmfangsäcke, die an langen Stangen befestigt sind. Mit ihnen kann man gefahrlos vom Boden aus Schwärme einfangen. Hängt der Schwarm ungünstig oder ist man im Zweifel, so lautet die erste Regel: Fliegen lassen! So schmerzhaft das für den enthusiastischen Imker auch sein mag.

Wenn der Schwarm günstig hängt, sollte man ihn sich aber natürlich nicht entgehen lassen. Schwärme sind ideal im Ausbau von Mittelwänden und können in sehr kurzer Zeit zu vollwertigen Völkern heranwachsen. Zunächst schüttelt man ihn vom Ast in den wie auch immer gestalteten Schwarmfangbehälter. Nur selten wird es gelingen, dabei alle Bienen einzufangen. Man stellt den Schwarm daher noch kurze Zeit im Schwarmfangkasten an der Fangstelle auf. Die noch umherfliegenden Bienen werden, sofern man die Königin gefangen hat, willig in die Kiste einziehen. Danach schließt man diese und stellt den Schwarm an einen kühlen Ort (am besten 10° Celsius). Es kann sich

Sommer

Der Ableger

lohnen, die Bienen mit etwas Futter zu versorgen, wenn man nicht weiß, wie lange der Schwarm bereits ohne Futter zugebracht hat. In dieser Phase kann man auch gegen diverse Krankheiten behandeln, was insbesondere dann wichtig ist, wenn man fremde Schwärme unbekannter Herkunft eingeschlagen hat. Erst am Abend sollte man den Schwarm in seine neue Beute einlogieren, sonst ist die Gefahr groß, daß er wieder ausschwärmt und die ganze Arbeit von neuem beginnt. Es empfiehlt sich, nicht ausschließlich Mittelwände in den Kasten zu geben. Ein bis zwei Futterwaben sowie einige helle Leerwaben erleichtern den Bienen den Start in ihrer neuen Wohnung. Die Königin kann dann gleich mit dem Brutgeschäft beginnen. Aufstellen kann man den Schwarm an jeder beliebigen Stelle auf dem Stand. Die Bienen haben ihren alten Standort »vergessen« und werden nicht zum alten Muttervolk zurückfliegen, es sei denn, man entfernt die Königin aus dem Schwarm; dann fliegen die Bienen wieder zu ihrem ursprünglichen Volk zurück.

Wer seine Völkerzahl weiter vermehren möchte, sollte das am besten bis Ende Juni, spätestens bis Mitte Juli getan haben. Die Ablegerbildung nach der Tracht hat den Vorteil, daß man starke Völker zur Honigproduktion einsetzen kann. In den weitgehend trachtarmen Sommermonaten kann man nun die neuen Ableger ohne Ertragseinbußen zu vollen Völkern aufbauen. Wer allerdings noch eine Spättracht nutzen will, sollte früher im Jahr seine Völker vermehren, um zur Trachtzeit vollstarke Völker zu haben.

Am einfachsten läßt sich die Vermehrung natürlich während der Schwarmzeit durchführen. Man nutzt dabei den natürlichen Teilungsdrang des Bienenvolks. Es gibt zahllose Techniken, Methoden und Richtlinien, wie ein Imker seinen Ableger zu bilden hat. Meist unterscheiden sie sich jedoch nur in winzigen Details, und prinzipiell folgen sie alle dem gleichen Schema: Man nimmt einige besetzte Brutwaben aus dem Muttervolk, gibt eine Königin hinzu und logiert das Ganze mit einer Leer- und einer Futterwabe in einem Ablegerkasten. Diesen Ableger stellt man auf einen eigenen Platz außerhalb des

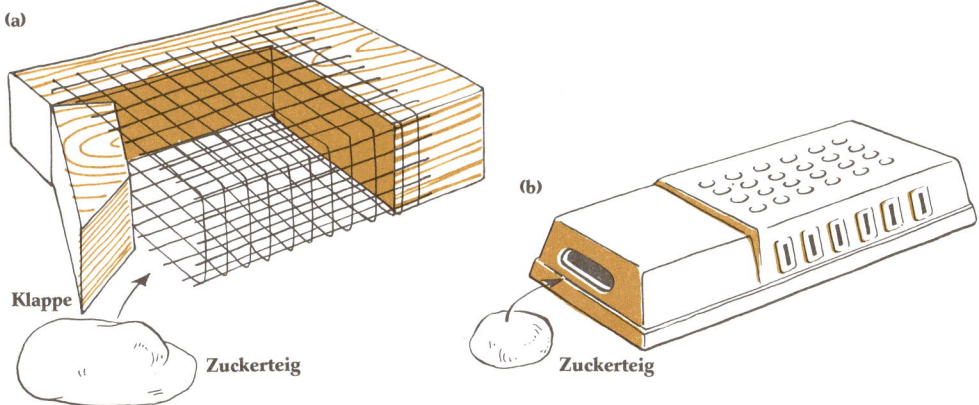

Für das Zusetzen der stockfremden Königin in einen Ableger benutzt man sogenannte Auslaufkäfige. Sie können aus Drahtgeflecht und Holz (a) oder aus Kunststoff (b) sein

Flugradius des Muttervolks, sonst würden die Flugbienen wieder zum ursprünglichen Volk zurückkehren. Das Zusetzen der Königin erfordert einige Vorsicht. Oft attackieren die Bienen die unbekannte Königin und stechen sie zu Tode. Man muß daher unbedingt mit dem Zusetzen der neuen Königin warten, bis sich der Ableger weisellos fühlt. Dies kündigt sich meist bereits nach wenigen Stunden durch ein starkes Brausen – die sogenannte Weiselunruhe – im Ablegerkasten an. Beim Zusetzen lohnt es sich, Zusatzkäfige zu verwenden, die im Fachhandel in den verschiedensten Ausführungen erhältlich sind, aber auch einfach selbst hergestellt werden können. Es handelt sich dabei um Gitterkäfige mit einem kleinen Ausgang, den man mit Zuckerteig (Puderzucker und Honig zu einem Teig vermischt) verschließt. Die Bienen müssen sich erst durch den Teig durchfressen, um zur Königin zu gelangen. Dies dauert viele Stunden. Bis dahin hat sie den Volksgeruch angenommen und wird von den Bienen akzeptiert. Natürlich kann man den Ableger statt mit einer Königin auch mit einer noch nicht geschlüpften Weiselzelle bestücken. Die Annahmerate der Königinnen ist dann größer, man hat allerdings einen Brutausfall, bis die Königin geschlüpft und begattet ist und schließlich mit der Eilage beginnt.

Der Kunstschwarm

Eine andere Methode der Ablegerbildung ist über einen sogenannten Kunstschwarm möglich. Der Aufbau des neuen Volks dauert hierbei zwar etwas länger, dafür werden die Muttervölker aber nicht so stark geschröpft. Besonders effizient ist hierbei der sogenannte Sammelschwarm, ein Verfahren, das allerdings nur bei

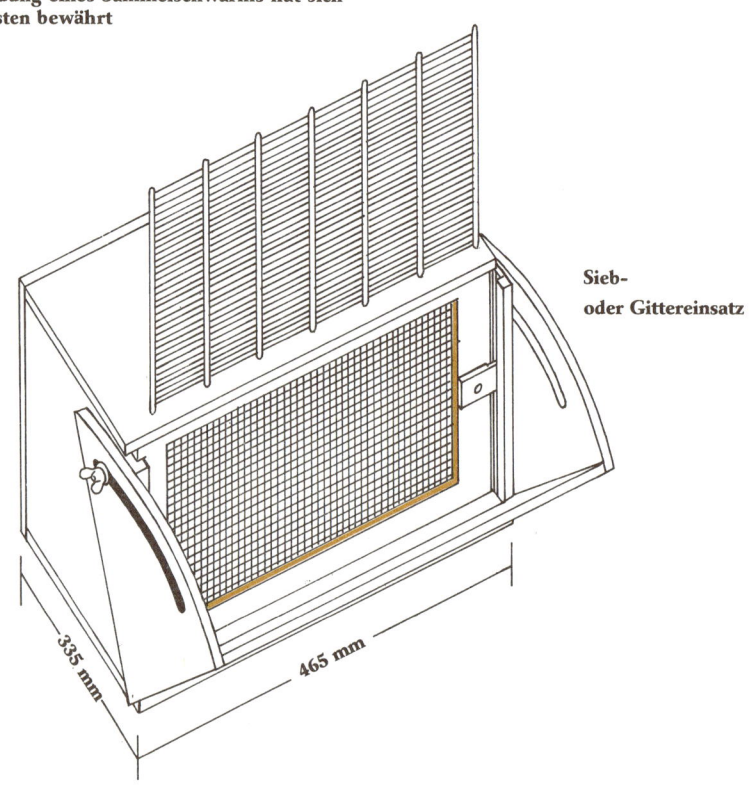

Bei der Bildung eines Sammelschwarms hat sich der Siebkasten bewährt

Sieb- oder Gittereinsatz

einer größeren Völkerzahl auf dem Bienenstand funktioniert und daher erst für den fortgeschrittenen Imker in Betracht kommt. Man fegt dabei Bienen von vielen Völkern zusammen in einen Schwarmkasten. Wer im Juli mit diesem Verfahren vermehren will, sollte mindestens 2 kg Bienen pro Kunstschwarm abfegen. Der Einsatz eines Siebkastens ist sinnvoll, da so keine Drohnen in den Kunstschwarm gelangen und man gleichzeitig beim Abkehren kontrollieren kann, ob man die Königin mit abgefegt hat. Siebkästen haben ein Absperrgitter über der Kastenöffnung, dessen Maschenweite so klein ist, daß nur die Arbeiterinnen hindurchkönnen. Eine andere Möglichkeit besteht darin, nur Bienen aus Honigräumen abzukehren. Hierbei finden sich natürlich auch keine Königinnen oder Drohnen im Kunstschwarm, allerdings verzichtet man dabei auf die Ammenbienen, die gerade für das erste Brutgeschäft des neuen Ablegers von Bedeutung sind. Der Kunstschwarm im Schwarmkasten wird mit einer Königin im Zusatzkäfig versehen, 1½ oder 2 Tage mit Zuckerwasser in einem dunklen kühlen Raum aufgestellt und anschließend wie ein natürlicher Schwarm behandelt. Die Kellerhaft ist sehr wichtig. Erst durch diese Maßnahme entwickelt sich der Zusammenhalt der bunt zusammengewürfelten Bienen zu einem neuen Volk. Im Gegensatz zum natürlichen Schwarm kann der Kunstschwarm nicht am gleichen Stand wie das Muttervolk aufgestellt werden. Die Flugbienen würden in ihrer gewohnten Umgebung zu ihren alten Völkern zurückfliegen, und bald wäre die Königin allein auf weiter Flur im leeren Ablegerkasten. Eine Bannwabe mit offener Brut kann zusätzlich das Kahlfliegen der Kunstschwärme verhindern.

Die Pflege der Jungvölker

Mit dem Zusammenstellen des Ablegers oder der Erstellung des Kunstschwarms ist leider noch nicht gleich ein neues Volk am Bienenstand. Durch Fütterungen in der trachtarmen Zeit muß man die Volksentwicklung in Schwung halten. Andererseits muß man bei starker Tracht aufpassen, daß die Königin für die Eilage genügend freie Zellen im Brutraum findet. Bei Tracht tendieren die Bienen dazu, auch im Brutnest Honig einzulagern, und behindern somit die Volksentwicklung. Der gleiche Effekt tritt bei einer Überfütterung durch den Imker ein, und das Brutnest wird eingeengt. Man muß rechtzeitig neue Mittelwände oder Leerwaben einhängen, um ausreichend Raum zur Verfügung zu stellen. Es sollte sich eher eine Leerwabe zuviel als eine zuwenig im Ablegerkasten befinden.

Stellt sich nach wenigen Tagen heraus, daß der Ableger viele Bienen verloren hat und zu schwach geworden ist, so kann man ihn mit verdeckelten Brutwaben, deren Brut kurz vor dem Schlupf ist, verstärken. Man muß dabei allerdings darauf achten, daß noch genügend Bienen im Ableger vorhanden sind, um die Brut warmzuhalten. Ist dies nicht der Fall, so hilft nur eine Verstärkung mit Bienen. Am besten nimmt man hierzu Jungbienen, die man von offenen Brutwaben abkehrt. Zum Schutz der Königin im Ableger und einer behutsamen Vereinigung der neuen Bienen mit den anderen hat sich in der Magazinimkerei eine Zusatzmethode über Zeitungspapier bewährt. Man sticht dabei mit einem groben Nagel Löcher in ein einzelnes Zeitungsblatt und legt es auf die Zarge mit dem Ableger. Darauf setzt man eine Leerzarge, in die man die Verstärkungsbienen hineinkehrt. Die Bienen fressen sich nun langsam durch das Zeitungspapier zum Ableger durch und vereinigen sich, ohne daß es zu Königinnen- oder Bienenverlusten kommt. Der Ableger sollte bis zum Ende der Saison mindestens sechs bis sieben Waben besetzen, damit er gute Aussichten hat, den Winter zu überstehen.

Früher hörte man häufig den Rat, die Jungvölker durch Reizfütterungen zum Brutansatz zu stimulieren. Inzwischen hat sich jedoch gezeigt, daß es sich hierbei um einen unnützen und unnötigen Arbeitsaufwand handelt. Die Völker sollten zwar gut mit Futter versorgt sein, ein Reizen mit täglichen Gaben kleiner Mengen Honiglösung oder Aufreißen von Futterwaben sollte man jedoch unterlassen. Dies bringt nur Unruhe in das Bienenvolk und ist in keiner

Weise geeignet, die Volksentwicklung zu beschleunigen. Ein gutes Pollenangebot ist jetzt wichtig, denn die schlüpfenden Bienen sollen gut genährt sein, um bis zum nächsten Jahr zu überleben.

Honigräuber

Die gefürchtetsten Honigräuber in Bienenvölkern sind nicht etwa die legendären Bären, sondern die eigenen Artgenossen: die Honigbienen! Bienen sind äußerst listenreich, wenn es darum geht, Futterquellen zu finden. Wenn ausreichende Trachtverhältnisse vorhanden sind, geht es dabei sehr friedfertig zu. Jede Sammlerin hangelt sich von Blüte zu Blüte, und keine stört die andere. Es ist ja genug für alle da. Zur trachtarmen Zeit ändert sich dies Verhalten jedoch dramatisch. Besonders im Spätsommer kann man überall hungrige Bienen auf der Suche nach Futter finden. Dabei sind sie nicht sehr wählerisch, und ein altes Marmeladenglas erweckt das gleiche Interesse wie das Honiglager des Imkers oder aber auch das Nachbarvolk. Letzteres ist besonders gefährlich. Dem Menschen oder anderen Tieren werden sie dabei nichts Böses tun. Wenn es um den Honig des Nachbarvolks geht, verändert sich das Verhalten der Suchbienen schlagartig. Sind sie sonst duldsam, so setzen sie bei Raubzügen in Nachbarvölkern den Wehrstachel zur Tötung von Artgenossen ein. Dies ist der einzige Fall, in dem Honigbienen durch Aggression und nicht aus einer Verteidigungssituation heraus andere Tiere töten. Dieses Verhalten kann besonders dann ausgelöst werden, wenn Bienen an trachtarmen, heißen Sommertagen in nächster Nähe des Stockes eine Futterquelle finden. Sie fliegen dann zum Volk zurück und dirigieren Nestgenossinnen zur Futterquelle. Da der Futterplatz aber nah ist, werden die Bienen nicht den richtungsweisenden Schwänzeltanz, sondern den Rundtanz vollführen. Die rekrutierten Bienen werden in der gesamten näheren Umgebung auf die Suche nach Nahrung gehen. Ist das benachbarte Volk schwach und hat es nicht ausreichend Wächterbienen am Flugloch, so wird es bald zu einer Räuberei kommen. Wenn der Imker nicht eingreift, kann sie sich auch auf andere Völker am Stand ausdehnen. Nicht selten gehen bei den folgenden Kämpfen ganze Bienenstände zugrunde.

Die erste Regel des Imkers heißt in dieser Zeit: peinliche Sauberkeit am Stand! Unter keinen Umständen dürfen Waben, Kästen, Werkzeug oder Eimer, die mit Honig in Kontakt gekommen sind, auf dem Stand frei herumliegen. Der Schleuderraum und das Honiglager müssen hermetisch verschlossen und bienendicht sein. Eingriffe an den Völkern müssen schnell durchgeführt werden. Offene Völker sind ein ideales Ziel für die Räuberbienen, da die Wächterbienen nur am Flugloch aufpassen. Die Fluglöcher sollten durch eingelegte Keile kleingehalten werden, so daß sich der Nesteingang leicht von wenigen Bienen verteidigen läßt. Auf keinen Fall Brut- oder gar Honigwaben während der Arbeit offen neben das Volk stellen oder zu dieser Jahreszeit mit Bienen besetzte Waben vom einen Volk in ein anderes umhängen. Die Räuberei ist dann vorprogrammiert. Schwache, weisellose Völker am Stand fördern die Räuberei. Sie sind die ersten, die von den stärkeren Völkern ausgeraubt werden. Es ist daher hilfreich, im Spätsommer auf gleich starke Völker zu achten und zeitig im Sommer Unterschiede in der Volksstärke durch Umhängen von Brutwaben auszugleichen.

Am besten bewährt hat es sich, die Arbeit an den Bienen in den frühen Morgen- oder in den späten Abendstunden vorzunehmen. Der Flugbetrieb ist dann eingestellt, und die Gefahr der Räuberei besteht nicht. Wer tagsüber arbeiten muß, hat in der Magazinimkerei die Möglichkeit, einen Räubereikäfig zu benutzen. Dies ist ein mit Gaze bespanntes 1,50 m hohes, tragbares Holzgestell. Das Gestell hat eine Grundfläche von 2 x 2 m und ist nach oben offen, um die Arbeit zu erleichtern. Die Räuberbienen nähern sich meist auf Fluglochhöhe und haben durch das Gitter keine Chance. Das Gitter kann allerdings nur bei einzelnen Magazinen mit Freiaufstellung benutzt werden. Wer Bänke oder Stände für die Magazine hat, kann den Käfig nicht zum Einsatz bringen.

Spätsommer und Herbst

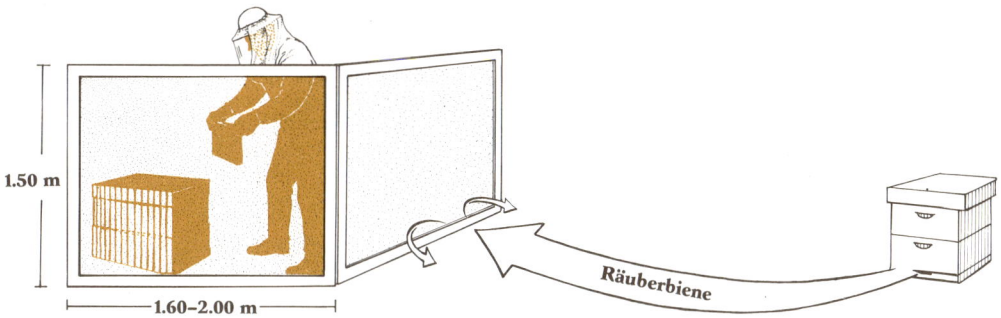

Mit einem Räubereigitter kann man tagsüber an den Bienen arbeiten, auch wenn die Gefahr einer Räuberei besteht. Die Räuberbienen finden nicht den Weg zum bearbeiteten Volk

Ist erst einmal eine Räuberei ausgebrochen, so ist es oft schwer, sie wieder unter Kontrolle zu bringen. Das Flugloch des ausgeräuberten Volks sollte geschlossen werden. Das Versprühen von Wasser führt dazu, daß die Räuberbienen ihre Flugaktivität reduzieren. Wenn man den Räuber erkannt hat, ist es am besten, ihn vom Stand zu entfernen und ihn außerhalb des Flugradius des Volks (5–7 km) wieder aufzustellen. Oft muß man den Stand auflösen und die Völker verstellen, um zu retten, was noch zu retten ist. Wer im Bienenhaus imkert, hat es bei einer Räuberei besonders schwer. Die große Ballung von Völkern auf kleinem Raum ist der Räuberei sehr förderlich; ein Verstellen ist oftmals nicht möglich.

Ist die Räuberei nur auf ein Volk begrenzt, so genügt es, dieses Volk auf einen mindestens 5 km entfernten Stand zu stellen. Andernfalls fliegen die Räuberbienen wieder zu ihrem Volk zurück und rekrutieren nun per Schwänzeltanz auf das auszuraubende Volk. Es empfiehlt sich auch, einen leeren Kasten am Platz des ausgeraubten Volks aufzustellen. Die Raubbienen würden sonst an Nachbarvölkern suchen, und die Räuberei würde erneut aufflammen.

Das beste vorbeugende Mittel gegen die Räuberei ist eine reichhaltige Tracht. Wenn die Bienen beschäftigt sind, kommen ihnen keine dummen Gedanken. Wer eine Spättracht (z. B. Heideblüte) anwandern kann, wird daher mit einer Räuberei nur wenig Probleme haben.

Spätsommer und Herbst

Die Spätsommer- und Herbstarbeiten sind wieder von besonderer Bedeutung für das Bienenvolk, denn es muß auf den langen Winter vorbereitet werden und soll im nächsten Frühjahr einen guten Start in die Frühtracht haben. Nach der Sommersonnenwende im Juli, August und September werden im Bienenvolk schon die langlebigen Winterbienen erzeugt. Von ihnen wird es abhängen, wie das Volk sich im nächsten Frühjahr entwickelt. Die Winterbienen zeichnen sich durch einen wohl angelegten Eiweißfettkörper aus. Eine gute Pollenernährung ist daher das zentrale Problem der Imkerei im Herbst. Versäumnisse im August werden sich spätestens im März in Form von schwachen oder gar toten Völkern dokumentieren.

Die Spätsommernachschau sollte sinnvollerweise mit einer detaillierten Bestandsaufnahme der Bienenvölker verbunden sein. Es sollte auf Volksstärke, Brutmenge, Königin und Krankheiten kontrolliert und entschieden werden, welche Völker überwintern sollen. Schwache und weisellose Völker sollten anderen Völkern zugegeben werden. Das Zusetzen von neuen Königinnen ist in dieser Zeit äußerst schwierig, und man hat hohe Verlustraten beim Einweiseln. Zudem sind die Brutlücke und der Mangel an Winterbienen bereits nach wenigen Wochen Weisellosigkeit kaum noch aufzuholen. Es ist daher meist wenig erfolgversprechend zu versuchen, solche Völker noch zu retten. Ist ein Volk bereits so lange weisellos, daß legende Arbeiterinnen im Volk vorhanden sind und Drohnenbrut produzieren, sollte man auch bei der Vereinigung mit anderen Völkern vorsichtig sein. Die Bienen betrachten die legenden Arbeiterinnen häufig als Königinnenersatz und fühlen sich nicht weisellos. Beim Vereinigen führt dies meist zum Abstechen der Königin. Oft stellt das Abtöten der Völker mit legenden Arbeiterinnen die einzige Lösung dar.

Das Winterfutter

Da der Imker den Bienen den Honigvorrat gestohlen hat, muß er ihnen einen entsprechenden Futterersatz anbieten, damit sie den Winter überleben können: Zucker. Ein gutes Geschäft, solange der Zuckerpreis niedriger ist als der Honigpreis. Bei der Einfütterung sind einige Vorsichtsmaßnahmen zu beachten. Auf jeden Fall sollte man, um eine Räuberei zu vermeiden, alle Völker des Standes am gleichen Tag in den Abendstunden füttern und möglichst sauber arbeiten.

Obwohl mit festem Futter in Form von Zuckerteig (Teig aus Puderzucker und Honig) sauber gearbeitet werden kann, sollte es bei der Wintereinfütterung nicht zum Einsatz kommen. Die Bienen können festen Zuckerteig nur verarbeiten, wenn die Möglichkeit besteht, Wasser zu holen. Man gibt den Bienen hierbei also eine zusätzliche unnötige Aufgabe, die lebensverkürzend wirkt. Zudem ist es ihnen bei kühler Witterung oft nicht möglich, auszufliegen und Wasser zu sammeln.

Am besten füttert man mit einer Zuckerlösung, die allerdings eine ordentliche Zuckerkonzentration aufweisen sollte, um den Bienen das Eindicken zu erleichtern. Zu hoch darf die Konzentration allerdings auch nicht sein. Dann leidet die sogenannte Invertierung (Wandlung des Fruchtzuckers in Traubenzucker), und das Futter wird über den Winter auskristallisieren; auf kristallinen Futtervorräten ist schon manches Bienenvolk bei der Überwinterung verhungert.

Bewährt hat sich eine Zuckerlösung im Verhältnis 1:1 bis 3:2 (Zucker zu Wasser). Die 3:2 Lösung entspricht in etwa einer gesättigten kalten Zuckerlösung. Man erhält sie, indem man zum kristallinen Zucker soviel Wasser gibt, daß nachher der Zucker gerade vom Wasser bedeckt ist (1–2 cm). Man rührt dann kräftig um, bis sich der Zucker gelöst hat. Der untenstehenden Tabelle kann man entnehmen, wieviel Sirup man aus den entsprechenden Zucker-Wasser-Ansätzen erhält. Wer seine Zuckerlösung nicht selbst anrühren möchte, kann auch von der Zuckerindustrie gebrauchsfertigen Futtersirup kaufen.

Verhältnis	Zucker (g) +	Wasser (l)	Liter fertige Lösung
2 : 1	900	0,45	1,1
3 : 2	800	0,53	1,2
4 : 3	750	0,56	1,3
1 : 1	630	0,63	1,7

Von Bedeutung ist, wieviel von der angebotenen Zuckerlösung die Bienen nun tatsächlich als Winterfutter einlagern. Dies ist nämlich bei weitem nicht die Gesamtmenge, da ein beachtlicher Teil offensichtlich gleich bei der Abnahme im Volk verteilt wird.

Für ein Zehnwabenvolk muß man mit etwa 20 kg Winterfutter rechnen. Dies beinhaltet die Honigvorräte, die man dem Volk noch belassen hat. Je größer der eigene Honigvorrat noch ist, um so geringer darf die zugefütterte Zuckermenge sein. Je nach Wabenmaß enthält eine verdeckelte Honigwabe zwischen 3 und 4 kg Honig. Die Futterkränze um das Brutnest müssen entsprechend abgeschätzt werden. Noch offene Futterzellen werden nur halb gerechnet, da hier der Zuckergehalt noch nicht hoch genug ist. Bei der Einfütterung kann man einem Bienenvolk getrost 5 kg Zucker pro Woche zumuten. Es benötigt nur wenige Tage für die Aufnahme und Verarbeitung dieser Futtermenge. Es gibt mehrere Möglichkeiten, die Zuckerlösung zu verfüttern. Viele Beutensysteme haben spezielle Futtergeschirre, mit denen sie gereicht werden kann. Die mitgelieferten Futtersysteme

Spätsommer und Herbst

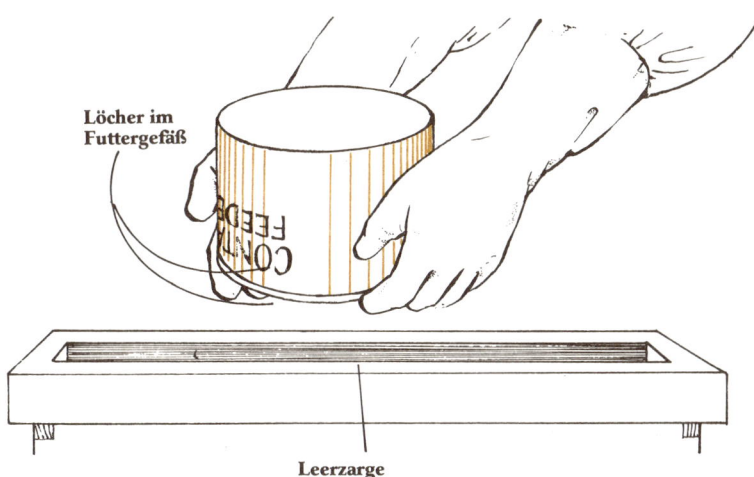

Aufsetzen einer Futterdose. Man muß vorher prüfen, daß die Löcher im Deckel nicht zu groß sind und die Zuckerlösung von selbst herausläuft

haben den Vorteil, daß sie meist gut für das jeweilige Beutensystem geeignet sind und man sauber arbeiten kann. Die einfachste Lösung kann man wieder in der Magazinimkerei realisieren. Sie besteht darin, den Deckel einer mit Zuckersirup gefüllten Dose mit einem Nagel an einigen Stellen zu durchlöchern und die Dose mit den Löchern nach unten auf die Waben im Honigraum zu stellen. Man stellt die Futterdose in eine aufgesetzte Leerzarge, die man mit dem Beutendeckel abdeckt. Es kann somit zu keiner Räuberei durch auslaufendes Futter auf dem Deckel kommen, wie dies bei manchen Futtergeschirren älterer Bauart nicht vermieden werden kann. Besonders elegant sind solche Magazine, die die Futterkammer bereits im Deckel integriert haben. Solche Systeme haben sich auch in kommerziellen Mammutimkereien Australiens durchgesetzt. Der Imker fährt dort mit einer Art Tanklastzug zum Bienenstand und betankt, ganz ähnlich wie der Autofahrer sein Auto an der Tankstelle, mit einer Zapfpistole seine Bienenvölker mit Zuckerlösung. Der Hobby-Imker soll sich nun natürlich keinen Tanklastwagen anschaffen, aber auch für ihn hat so ein System Vorteile, da man sich nicht mehr um rostende Futtergeschirre, Futtereimer und Dosen kümmern muß.

Eine andere Möglichkeit zur Flüssigfütterung besteht darin, das Futter in eingehängten Wabentaschen anzubieten. Dies hat allerdings den Nachteil, daß man Waben aus der Beute entfernen muß, die dann später fehlen, wenn man die Wabentaschen wieder herausnimmt. Generell scheint die Fütterung über Wabentaschen eher bei der Ablegerbildung sinnvoll als bei der Winterauffütterung von Vollvölkern.

Wer im Spätsommer noch eine Waldtracht geerntet hat, sollte auch die Honigwaben im Brutraum entfernen. Der Waldhonig ist als Winterfutter weniger geeignet, da er durch seine Ballaststoffe den Darm der Bienen stark belastet. Die Arbeiterinnen müssen bei einem langen Winter dann in der Beute abkoten, was zu schlimmen Erkrankungen führen kann.

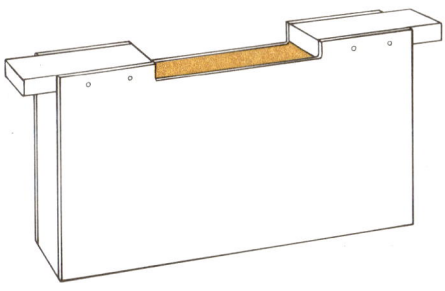

Futtertasche zur Fütterung ohne Verwendung einer Futterzarge

Das Einwintern

Nachdem die letzte Charge Zuckersirup verfüttert wurde, wartet man noch 1 Woche, um die Völker dann endgültig auf die Überwinterung vorzubereiten. Moderne Beutensysteme benötigen während des Winters keine zusätzlichen Verpackungen. Wer dennoch eine zusätzliche Isolation anbringen will, sollte insbesondere die Beutenoberseite isolieren. Hier ist der größte Wärmeverlust zu erwarten. Verengungen des Fluglochs zur Vermeidung der Räuberei sollten entfernt werden, um eine genügende Ventilation während der Wintermonate zu gewährleisten. An den ersten warmen Tagen im Frühjahr kann eine ungenügende Lüftung fatale Folgen haben. Die Bienen reagieren sehr sensibel auf Sauerstoffmangel, werden unruhig und versuchen stärker zu ventilieren, verbrauchen mehr Sauerstoff, werden noch unruhiger, verbrauchen noch mehr Sauerstoff und ersticken schließlich an Sauerstoffmangel. Sie produzieren dabei soviel Wärme, daß die Waben schmelzen und mit den toten Bienen am Boden einen scheußlichen Brei bilden. »Verbrausen« nennt der Imker dieses Verhalten, das durch Wärme gefördert wird und in ungenügend ventilierten Beuten insbesondere bei Sommerwanderungen ein Problem darstellt. Ein Gitter mit einer Maschenweite von 8 mm sollte vor dem Flugloch angebracht werden. Mäusen und anderen Kleinnagern wird dadurch der Zutritt zum Nest verwehrt.

Leere Waben sollte man aus dem Volk herausnehmen und das Volk durch Schiede entsprechend einengen. Große Leerräume in der Beute sind ungünstig für den Wärmehaushalt des Volks. Sie sollten durch Isoliermaterial ausgefüllt werden.

Unbedingt empfehlenswert ist es, eine Gemüllunterlage einzulegen. Aus dem Gemüll kann man zahlreiche Informationen über den Volkszustand ziehen. Starker Totenfall, Krankheiten, Parasiten und Schädlinge können über die Gemülldiagnose sicher identifiziert werden. Die Gemüllunterlage läßt sich insbesondere bei Magazinen mit erhöhtem Unterboden zweckmäßig einsetzen. Man kann die Unterlage dann mit einem Gitter überdecken. Die Bienen können heruntergefallene Teile nicht von der Unterlage entfernen, so daß man auch Informationen über den Schweregrad z. B. einer Milbeninfektion erhalten kann. Die Unterlage sollte nicht durch Feuchtigkeit quellen oder sich zusammenrollen. Schon manchem Volk sind falsche Bodeneinlagen zum Verhängnis geworden. Feuchte Pappe rollt sich beim Trocknen leicht zusammen und kann dadurch in ungün-

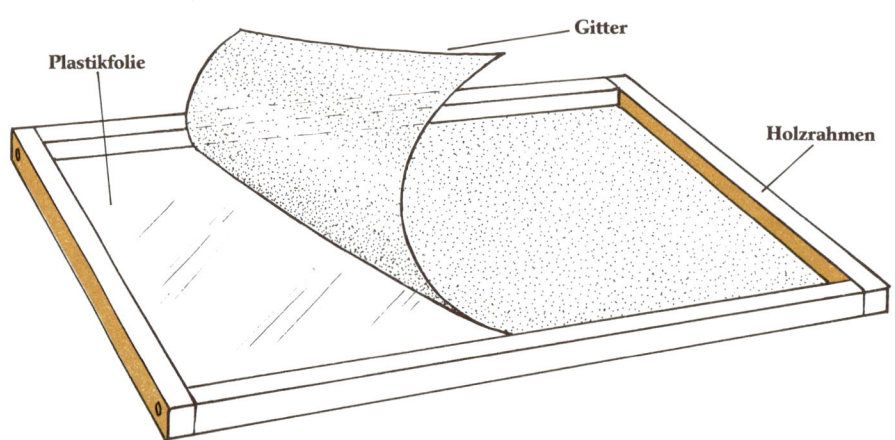

Bodenunterlagen sind insbesondere für die Diagnose von Bienenkrankheiten von Bedeutung

stigen Fällen das Flugloch verstopfen. Solche Mißgeschicke sollte man auf jeden Fall vermeiden. Die besten Werkstoffe für die Beuteneinlagen sind dünne weiße Kunststoffolien, die bei Kälte nicht zerbrechen. Der Imkereihandel bietet inzwischen fertige Gemülleinlagen an, die bereits mit einem entsprechenden Gitter versehen sind.

Hat man die Völker sorgfältig vorbereitet, so hat der Imker nur noch die Pflicht, auf den Beginn des Winters zu warten. Gelegentliche Kontrollen des Bienenstands und der Fluglöcher schaden jedoch nicht. Schädlich ist jetzt jegliche Störung, die die Bienen in unnötige Erregung versetzt. Sie verbrauchen dadurch nur Energie und Winterfutter und müssen ihren Temperaturhaushalt neu regulieren. Aber dies entspricht der generellen Regel der Imkerei, daß man nur so viele Eingriffe wie eben nötig durchführt. Jeder Eingriff erhöht das Risiko, daß man die Königin verliert oder quetscht. Jeder größere Eingriff führt zu einer mehrstündigen Einstellung der Eilage der Königin und geht auf Kosten der Volksentwicklung.

Winter

Bei zurückgehenden Temperaturen zu Beginn des Winters bildet sich das Brutnest schnell zurück. Die Bienen ziehen sich zur Wintertraube zusammen. Sie benötigen während der Winterruhe kaum Energie, obwohl sie im Zentrum der Traube eine Temperatur von etwa 30° Celsius halten. Sie regulieren die Temperatur hauptsächlich durch die Dichte der Bienen in der Traube. Die einzelne Biene produziert dabei meist nicht aktiv Wärme durch Muskelzittern. Die Wärme, die beim Ruhestoffwechsel entsteht, reicht meist aus, um den Wärmehaushalt zu regulieren. Nur in extremer Kälte muß das Volk aktiv Wärme produzieren. Dabei können sogar Temperaturen bis zu −80° Celsius über mehrere Tage hinweg überstanden werden. Dies kostet dann enorme Energie, und die Bienen auf der Traubenaußenseite sind erfroren. Besonders interessant ist, wie die Bienen die Waben als zusätzliches Isolationsmaterial benutzen. Die mit Bienen besetzte Wabe hat nämlich einen fast dreifachen Isolationswert, verglichen mit der getrennt gemessenen Isolation der Bienen und der Waben. Messen wir auf der Wabenaußenseite 8° Celsius, so kann man auf der anderen mit Bienen besetzten Wabenseite 33° Celsius messen. Das Verhalten der Bienen macht es möglich. Sie schließen die Zellen mit ihrem Körper ab, so daß die Luft darin als zusätzliches Isolationspolster funktioniert.

Ein guter Standort kann den Bienen bei der Überwinterung nützlich sein. Wichtig ist, daß kalte Luft am Standort abfließen kann und Sonneneinstrahlung und ausreichender Schutz vor Wind gegeben sind. Besonders das Flugloch sollte vor Wind geschützt sein. Eine südliche Hanglage, umgeben von einer früh blühenden Weidenhecke, wäre als absolut idealer Überwinterungsplatz anzusehen, bei dem auch gleichzeitig im Frühjahr eine gute Pollentracht zu erwarten ist.

Das Verpacken der Bienenvölker während des Winters hat eher einen psychologischen Effekt für den Imker als eine tatsächlich biologisch wirksame Funktion für das Bienenvolk. Die Isolation innerhalb der Beute ist wesentlich wichtiger und effizienter, als die Beutenwand es jemals sein kann. Die mit Bienen besetzten Waben isolieren besser als ein 20 cm dickes Mauerwerk und genügen als Isolation. Ob man nun noch ein wärmendes Wolldeckchen über den Kasten legt, ist daher völlig unbedeutend. Ein eindrucksvolles Experiment zeigte, daß sogar Bienenvölker in Beuten mit Seitenwänden aus Drahtgaze den harten Winter Nordamerikas überlebten. Dies muß man nun natürlich nicht unbedingt nachahmen. Die Beute sollte auf jeden Fall zugfrei stehen und nur solche Luftbewegungen zulassen, die von den Bienen durch Fächeln erzeugt werden. Die Verpackung erhöht zwar den Isolationswert der Beute, dies hat jedoch keinerlei Effekt auf den Temperaturhaushalt des Volks, geschweige die Überwinterungseigenschaften.

Wesentlich für die erfolgreiche Überwinterung ist die Luftfeuchtigkeit in der Beute. Bei hoher Feuchte ist der Isolationswert der Luft gering und der Wärmeverlust stark. Auf keinen Fall

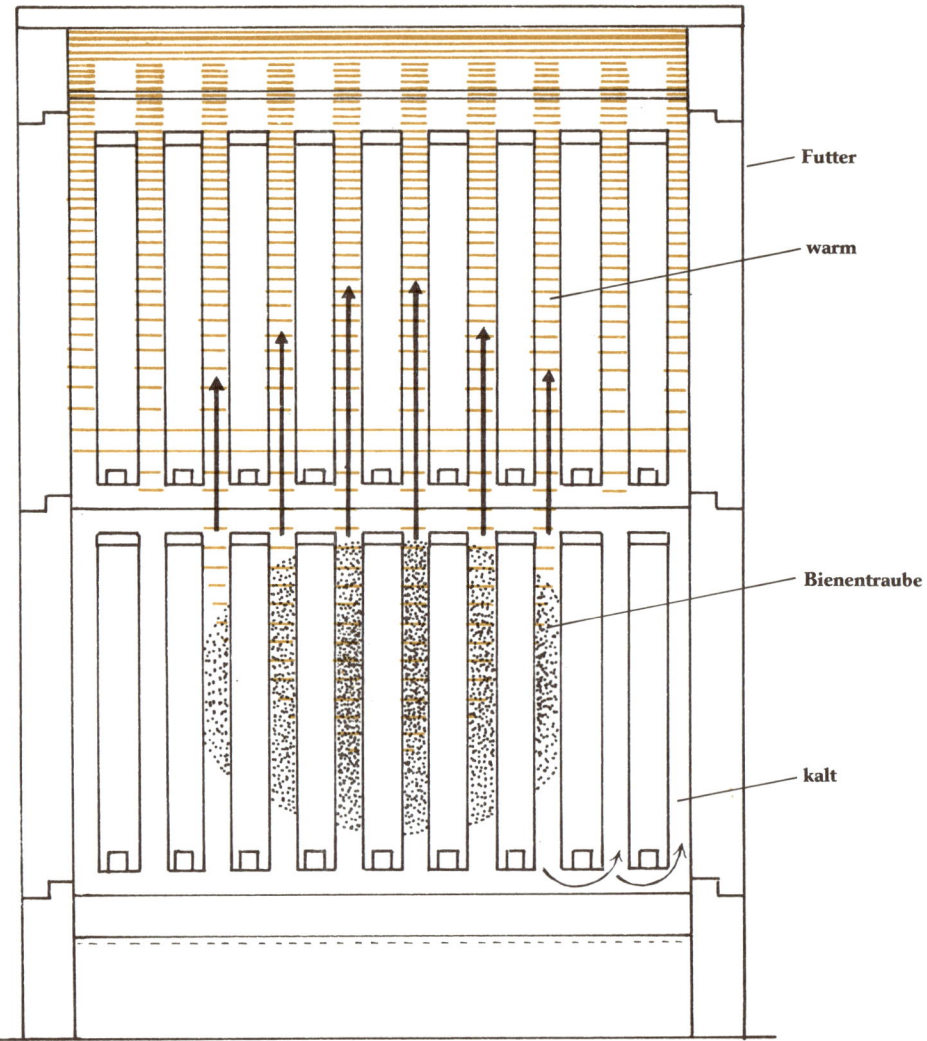

Die Wintertraube darf nicht den Kontakt zum Futter verlieren. Man sieht aus der Abbildung, daß es für die Bienen leicht ist, nach oben zu wandern. Futterwaben an der Seite sind hingegen nur mit großem Aufwand zu erschließen, da die Bienen um die Waben herum in kalte Beutenbereiche laufen müssen

darf sich am Deckel der Beute Kondenswasser bilden und dadurch die Wintertraube regelmäßig befeuchtet werden. Aus diesem Grund kann es sich lohnen, die Völker von oben durch Einlegen von Isolationsmatten unter dem Deckel zu isolieren. Eine zu dichte Verpackung kann leicht zu Feuchtigkeitsproblemen führen. Man sollte bei der Überwinterung bedenken, daß die Beute schon eine äußerst exklusive Behausung für die Bienen darstellt. In freier Wildbahn haben sie seit vielen Millionen Jahren in zugigen Höhlen überdauert und ihre Überwinterungsstrategien angepaßt.

Das Hauptproblem für das Bienenvolk während der Überwinterungsphase ist, daß der Kontakt zur Energiequelle, dem Winterfutter, nicht abreißt. Im Verlauf des Winters wird sich also die gesamte Traube in ihrer Lage verändern und dem noch unverbrauchten Futter nachwandern. Die Lageveränderungen, die senkrecht zur Wabenorientierung stehen, sind aufwendiger als solche parallel zur Wabenausrichtung. Eine Bewegung von unten nach oben z. B. ist in den meisten Beuten leicht möglich. Eine Verlagerung der Traube von vorne nach hinten in Warmbaubeuten ist hingegen sehr aufwendig, da die Bienen um die Waben herumlaufen müssen und dabei in unterkühlte Zonen geraten. Besonders in langen Trog- oder Lagerbeuten kann der Kontakt zum Futter besonders leicht abreißen.

Die meisten Winterverluste durch Verhungern sind auf zu wenig Winterfutter oder falsch plaziertes Futter in der Beute zurückzuführen. Man sollte daher bei der Einfütterung eher großzügig sein. In den nördlichen Staaten der USA beläßt man den Völkern einen Vorrat von 40 kg Futter. Allerdings sind die Winter dort in der Regel härter und die Völker meist stärker, als sie bei uns je werden.

In der Magazinimkerei hat man die Möglichkeit, den Weg der Wintertraube zum Futter zu lenken. Damit kann man verhindern, daß der Kontakt zum Futter abreißt. Dies empfiehlt sich allerdings nur für den erfahrenen Imker, der eine ruhige Hand im Umgang mit den Waben hat. Durch Anheben der oberen Futterzarge kann man schnell sehen, ob die Traube sich nach oben orientiert hat oder noch im Brutraum verharrt. Befinden sich die Bienen ausschließlich in der unteren Zarge, so besteht die Gefahr, daß die Traube den Kontakt zu den Futterreserven verliert, und der Imker sollte eingreifen. Man sollte zwei Waben mit Brut aus dem unteren Raum nach oben verhängen. Es ist dabei darauf zu achten, daß auf jeden Fall der Kontakt zwischen den Bienen erhaltenbleibt. Man entnimmt dem Honigraum die Randwaben und rückt die anderen auseinander, so daß in der Mitte Platz für die Brut entsteht. Unten rückt man die Waben entsprechend zusammen und hängt die beiden Honigwaben, die man der oberen Zarge entnommen hat, außen in die untere Zarge ein. Die Traube wird sich innerhalb weniger Stunden bereits nach oben verlagert haben, auch wenn die Honigwaben links und rechts der Brut noch sehr kühle Temperaturen aufweisen. Alle Manipulationen müssen hierbei äußerst schnell, sicher und akkurat durchgeführt werden. Bienen, die den Kontakt zur Traube verlieren, werden in der Kälte erstarren und eingehen. Berufsimker in den USA führen diese Maßnahme sogar bei −18° Celsius durch. Die Kontrolle sollte allerdings frühestens Mitte Januar erfolgen. Vorher ist sie sinnlos, da in der unteren Zarge ausreichend Futter vorhanden ist. Wer nicht mit Magazinen imkert, sollte im Winter bei Minustemperaturen Eingriffe in das Bienenvolk gänzlich unterlassen. Die Schäden, die gesetzt werden, sind meist größer als der Nutzen, das eine oder andere Volk vor dem Verhungern zu retten.

Der nächste Sommer kommt bestimmt!

Während sich die Bienen überlegen, wie und wohin sie ihre Wintertraube verlagern, hat der Imker Zeit, sich um andere Dinge zu kümmern. Obwohl in der Winterzeit nicht so viele Arbeiten notwendig sind wie zu den übrigen Jahreszeiten, gibt es reichlich zu tun. Wenn auch nicht direkt an den Bienen ausgeführt, so ist diese Arbeit dennoch von großer Bedeutung für die Imkerei.

Der Winter ist die Jahreszeit, in der der Imker sein Gerät für die neue Saison vorbereiten muß. Der Wabenbestand sollte gesichtet und alte Waben ausgesondert werden. Man sollte das Wachs ausschneiden und entweder selbst verarbeiten oder bei einem Bienenwachs verarbeitenden Betrieb gegen Mittelwände eintauschen. Honig- und Pollenwaben sollten von Leerwaben getrennt werden. Gerade die Pollenwaben sind besonders wertvoll, wenn es im Frühjahr zu einer Pollenknappheit kommt. Man sollte hier pro Volk ein oder zwei Waben in Reserve haben. Sie sollten kühl und trocken gelagert werden, ansonsten ist die Gefahr des Schimmelpilzbefalls hoch. Zur Bekämpfung der Wachsmotten (siehe Seite 96 f.) und der Nosemasporen (siehe Seite 121f.) sollte man die Waben den Dämpfen 60%iger Essigsäure aussetzen. Man füllt die Essigsäure entweder in kleine Fläschchen mit Verdunstungsdocht oder in flache Schalen mit einer großen Oberfläche. Man sollte nicht vergessen, bei der Arbeit mit Essigsäure eine Schutzbrille aufzusetzen.

Die alten Rähmchen werden aus hygienischen Gründen in heißer, 2prozentiger Natron- oder Kalilauge ausgewaschen. Dies verhindert die Übertragung von Krankheitskeimen. Man benutzt am besten einen alten Waschkübel oder eine ausgediente Badewanne. Die Rähmchen werden etwa 1 Minute mit einem Stock untergetaucht, dann mit einer Zange aus dem Bad herausgeholt und mit viel Wasser abgespült. Auch hier muß man unbedingt auf die notwendigen Schutzmaßnahmen achten. Eine feste Kunststoffschürze, Gummihandschuhe und Schutzbrille sind das mindeste, was man bei diesen Arbeiten trägt. Im Arbeitsraum muß für eine sehr gute Belüftung gesorgt sein. Am besten man führt die Arbeiten bei schönem Wetter im Freien durch. Die Laugendämpfe stören dann am wenigsten.

In der Magazinimkerei gilt es, die Zargen für Honigräume der nächsten Saison zu säubern. Man befreit sie mit dem Stockmeißel von groben Wachsresten und wäscht sie mit 5–10 prozentiger Salmiaklösung aus. Dies löst das Kittharz. Die Absperr- und Wandergitter reinigt man mit einer Stahlbürste, am besten bei niedrigen Temperaturen, wenn Wachs und Kittharz hart und spröde sind. Anschließend kann man sie in warmem Wasser noch einmal reinigen. Auf jeden Fall muß man sie danach gründlich trocknen, um Rostbefall zu vermeiden. Der Hinterbehandlungsbeutenimker wird seine leeren Beuten und die Ablegerkästen durchsehen. Alle leeren Beuten sollten entweder in einem trockenen, abgeschlossenen Raum gelagert oder gut nach außen verschlossen werden. Mäuse überwintern hier gerne. Im Frühjahr nisten sich häufig Hummeln oder Wespen in den leeren Beuten ein. Die Nester werden dann meist vom Imker zerstört, was angesichts der wichtigen ökologischen Funktion dieser Insekten nicht begrüßt werden kann. Der umweltbewußte Imker sollte Nistmöglichkeiten schaffen, nicht zerstören. Wespen und Hummeln stellen für gesunde Bienenvölker keine Gefahr dar und werden daher zu Unrecht von Imkern verfolgt. Die Winterzeit gibt auch Gelegenheit, die Beuten mit einem neuen Anstrich zu versehen. Eventuell giftige Farbdämpfe sind bis zur nächsten Tracht mit Sicherheit verflogen und stellen somit keine Gefahr für die Bienen und den Honig dar. Wer in seinen Beuten mit Holzwurmbefall zu kämpfen hat, kann mit Essigäther gute Erfolge in der Bekämpfung erzielen. Im Bienenhaus sollte man diese Arbeiten allerdings vorsichtig verrichten. Leicht übertragen sich Erschütterungen über den Holzboden auf die Völker, die dadurch in ihrer Winterruhe gestört werden können.

Weihnachtszeit – Wachszeit

Imkerei muß nicht nur Arbeit mit den Bienen, Beuten und Rähmchen bedeuten, sondern sollte auch die Verarbeitung der Bienenprodukte beinhalten. Gerade wer die Arbeit mit Bienen als Freizeitausgleich gewählt hat, wird hieran viel Freude haben. Die Winterphase des Bienenvolks kann man z.B. auch als willkommene Pause zu Wachsarbeiten nutzen, die zu einem beachtlichen Nebenertrag führen können. Die Anfertigung von Kerzen und anderen Wachsartikeln stellt gerade zur Vorweihnachtszeit zum einen eine interessante und kreative Tätigkeit dar, zum anderen verkaufen sich solche Artikel (z.B. auf Weihnachtsmärkten) besonders gut. Die Arbeiten können dabei von der einfachen Bienenwachskerze aus einer gerollten Mittelwand bis zu künstlerisch wertvollen Figuren und Reliefs führen. Man gießt dabei das flüssige Wachs in gut angefeuchtete Formen und läßt es erkalten. Auch das Ziehen von Kerzen kann an langen Winterabenden zu einer schönen vorweihnachtlichen Beschäftigung werden. Während der Imker im übrigen Jahr mit seinen Bienen in den meisten Fällen allein auf weiter Flur steht, hilft die Familie bei diesen Arbeiten gerne und häufig mit großem Enthusiasmus mit.

Die Bienenweide

Honigbienen sind ausgesprochene Vegetarier. Sie leben ausschließlich von pflanzlichen Kohlehydraten und Eiweißen. Die Kohlehydrate nehmen sie in Form des zuckerhaltigen Nektars oder des Honigtaus auf. Die Eiweißnahrung wird vom Blütenpollen gestellt. Viele Pflanzen gelten als Bienenweide, nur wenige jedoch sind wirkliche »Grundnahrungsmittel« für Honigbienen und stellen Hauptlieferanten für Pollen und Nektar dar. Auch wenn einzelne Pflanzen besonders gute Nektar- und Pollenspender sind, so muß doch auch die absolute Anzahl der Trachtpflanzen im Sammelgebiet beachtet werden. Im folgenden ist eine tabellarische Übersicht der wichtigsten Nektar- und Pollenspender, aufgegliedert nach Früh-, Sommer- und Spättracht, gegeben. Es soll dies auch eine Entscheidungshilfe sein, wenn es darum geht, Brachflächen neu zu bepflanzen.

Frühtracht

Name		Blüte	Nektar	Pollen
Ahorn	*Acer*			
Bergahorn	*A. pseudoplatanus*	April–Mai	++++/*	++
Spitzahorn	*A. platanoides*	Mai	+++/*	++
Apfel	*Malus sylvestris*	April–Mai	++++	++++
Birne	*Pyrus domestica*	April–Mai	++	+++
Blumenesche	*Fraxinus ornus*	Mai–Juni	+	+++
Borretsch	*Borago officinalis*	Mai–Juli	+++	++
Brombeere	*Rubus fruticosus*	Juni–September	+++	+++
Eiche	*Quercus spp.*	April–Juni	*	+++
Schwarzerle	*Alnus glutinosa*	März–Mai	*	+++
Haselnuß	*Corylus avellana*	Februar–März	+++	++
Himbeere	*Rubus idaeus*	Mai–Juli	++++	+++
Kirsche, Sauer-	*Prunus cerasus*	April	++++	++++
Kirsche, Süß-	*Prunus avium*	April	++++	++++
Lerchensporn	*Corydalis spp.*	März–Mai	++	+++
Löwenzahn	*Taraxacum officinale*	April–Mai	+++	++++
Mandelbaum	*Prunus amygdalus*	März–April	+++	+++
Nieswurz	*Helleborus spp.*	Dezember–April	++	+++
Pappel	*Populus spp.*	März–April	*	+++
Raps	*Brassica napus*	April–Mai	++++	++++
Robinie	*Robinia pseudoacacia*	Juni	++++	++
Roßkastanie	*Aesculus spp.*	Mai–Juni	+++/*	++
Rotbuche	*Fagus sylvatica*	April–Mai	*	+++
Rübsen	*Brassica rapa*	April–Mai	++++	++
Wiesensalbei	*Salvia pratensis*	Juni–August	+++	+
Schwarzdorn	*Prunus spinosa*	April–Mai	++	+++
Spargel	*Asparagus officinalis*	April–Mai	+++	+++

++++ (sehr guter Ertrag), +++ (guter Ertrag), ++ (befriedigender Ertrag), + (ausreichender Ertrag)
* gute bis sehr gute Honigtauquelle

Name		Blüte	Nektar	Pollen
Stachelbeere	*Ribes uva-crispa*	April–Mai	+++	++
Sumpfdotterblume	*Caltha palustris*	März–Mai	++	+++
Tulpenbaum	*Liriodendron tulipifera*	Mai–Juni	++++	+
Ulme	*Ulmus spp.*	März–April	*	+++
Weide	*Salix spp.*	März–Mai	++++	++++
Winterling	*Eranthis hyemalis*	Februar–März	++	+++

Sommertracht

Name		Blüte	Nektar	Pollen
Bärenklau	*Heracleum sphondylium*	Juni–September	+++	+
Buchweizen	*Fagopyrum esculentum*	Juni–September	++++	++
Ackerkratzdistel	*Cirsium arvense*	Juli–August	+++	++
Drachenkopf	*Dracocephalum spp.*	Mai–Juli	+++	
Edelkastanie	*Castanea sativa*	Juni–Juli	++++/*	+++
Esparsette	*Onobrychis viciifolia*	Mai–Juli	++++	++++
Fenchel	*Foeniculum vulgare*	Juni–Juli	+++	++
Wiesenflockenblume	*Centaurea jacea*	Juni–August	+++	++
Gamander	*Teucrium scorodonia*	Juli–August	+++	+
Götterbaum	*Ailanthus altissima*	Juli	+++	++
Gurke	*Cucumis sativus*	Juni–August	+++	++
Hederich	*Raphanus raphanistrum*	Juni–Juli	+++	++
Klee	*Trifolium spp.*	Mai–Oktober	++++	+++
Kohl	*Brassica oleraca*	Mai–Juli	+++	++
Kornblume	*Centauea cyanus*	Mai–Oktober	+++	+++
Kürbis	*Cucurbita spp.*	Juni–August	+++	++
Lauch	*Allium spp.*	Mai–Juli	+++	+
Linde	*Tilia spp.*	Juni–Juli	+++/*	+
Luzerne	*Medicago sativa*	Juni–September	+++	+
Mädesüß	*Filipendula ulmaria*	Juni–Juli		+++
Mais	*Zea mays*	Juni–September		++++
Mohn	*Papaver spp.*	Mai–August		++++
Phacelie	*Phacelia sativa*	Juli–August	++++	+
Serradella	*Ornithopus sativus*	Juni–Juli	+++	+
Sonnenblume	*Helianthus annuus*	Juli–Oktober	+++	+++
Klee	*Melilotus spp.*	Juni–September	++++	+++
Stockrose	*Alcea rosea*	Juli–September	+++	+
Ital. Hahnenkopf	*Hedysarum coronarium*	Mai–August	+++	++
Weißtanne	*Abies alba*	Juni	*	++
Wegerich	*Plantago spp.*	Mai–Oktober		+++

++++ (sehr guter Ertrag), +++ (guter Ertrag), ++ (befriedigender Ertrag), + (ausreichender Ertrag)
* gute bis sehr gute Honigtauquelle

Spättracht

Name		Blüte	Nektar	Pollen
Besenheide	*Calluna vulgaris*	Juni–Oktober	++++	+
Buchweizen	*Fagopyrum esculentum*	Juni–September	++++	++
Efeu	*Hedera helix*	September–Oktober	+++	+
Eibisch	*Althaea officinalis*	Juli–August	+++	+
Glockenheide	*Erica spp.*	Juni–September	+++	+
Goldrute	*Solidago virgaurea*	Juli–September	+++	++
Rotklee	*Trifolium pratense*	Juni–September	+++	+++
Sandglöckchen	*Jasione montana*	Juni–August	+++	++
Schnurbaum	*Sophora japonica*	August	+++	++
Schmalblättriges Weidenröschen	*Chamaenerion (Epilobium) angustifolium*	Juni–September	+++	++
Einjähriger Ziest	*Stachys annua*	Juli–September	+++	

++++ (sehr guter Ertrag), +++ (guter Ertrag), ++ (befriedigender Ertrag), + (ausreichender Ertrag)
* gute bis sehr gute Honigtauquelle

Die Bienenprodukte

Der Honig

Trotz der großen Bedeutung der Honigbiene für unsere Umwelt durch die Bestäubung wilder Flora und Kulturpflanzen bleibt die Honigproduktion für den einzelnen Imker ein wichtiges Kriterium seiner Imkerei. Ob Hobby- oder Berufsimker, eine gute Honigernte läßt die vielen Mühen der Bienensaison vergessen. Aber was ist das eigentlich, was da goldgelb, in trägen Tropfen aus der Schleuder läuft und sich Honig nennt? Eine Frage, die spätestens den Verbraucher und Honigkonsumenten interessiert, wenn er zum Frühstück in ein saftiges Honigbrot beißt.

Schon von alters her spricht man dem Honig mehr oder minder geheimnisvolle Heilkräfte zu. Vom Leberschaden bis zum Vitaminmangel soll Honig als Allheilmittel eingesetzt werden können. Ihm werden dabei in der Tat viele Eigenschaften zugesprochen, die er nicht hat. Honig ist mit Sicherheit als Allheilmittel gegen alles, was uns krank macht, ungeeignet. Den Honig umschwirrt hier ein Mythos, dem er auf Dauer nicht gerecht werden kann. In neuerer Zeit häufen sich allerdings auch Stimmen, die ihn unsachgemäß abqualifizieren. So hört man wiederholt auch Naturwissenschaftler, die rundheraus behaupten, er sei nichts anderes als eine hochkonzentrierte Zuckerlösung. Dies ist schlicht und einfach genauso falsch wie die Behauptung, Honig sei ein potentes Vitaminpräparat. Es handelt sich hierbei um extreme Meinungen und Betrachtungsweisen des Honigs. Beide Thesen sind, wie so oft bei extremen Ansichten, falsch. Richtig ist allerdings: Honig ist mit Sicherheit kein Arzneimittel und sollte nicht als solches eingesetzt und angepriesen werden. Es gibt nur sehr wenige Krankheitsbilder, bei denen Honig eine beschleunigte Genesung verspricht, auf der anderen Seite ist er aber sicher auch keine schlichte, hochkonzentrierte Zuckerlösung.

Honig ist ein äußerst hochwertiges Nahrungsmittel, das ausschließlich auf biologische Weise und ohne Zusatz von künstlichen Beistoffen gewonnen werden kann.

Von allen Nahrungsmitteln zeigt es mit weitem Abstand die geringsten Belastungen an Schadstoffen und Zusätzen. Besonders frisch geschleuderte Honige zeichnen sich durch eine Reihe von Fermenten aus, die antibakteriell wirksam sind. Frischer Honig verursacht daher keine Karies der Zähne und besitzt sogar Fermente, die die Bildung von Karies hemmen. Aber Honig ist keine Zahncreme und kann die Bildung der Karies durch mangelhafte Zahnpflege nicht verhindern! Wer also glaubt, durch Honigessen auf das Zähneputzen verzichten zu können, muß leider enttäuscht werden. Wer bereits Karies hat, der sollte wissen, daß die Zucker des Honigs dann dem Zahnverfall Vorschub leisten und die antibakterielle Wirkung nicht mehr bedeutsam ist.

Die Blüte und die Laus

Prinzipiell unterscheidet man zwei Typen von Honig. Der erste ist der Blütenhonig, der aus dem Nektar der Blüten gewonnen wird, eine meist helle Farbe aufweist und oft schnell auskristallisiert. Der zweite ist der dunkle Blatt- oder Waldhonig, der nur in solchen Jahren in großen Mengen geerntet werden kann, in denen es den Blattläusen gutgeht. Die Läuse sitzen dabei an den jungen Trieben von Nadel- oder Laubbäumen und saugen an den Säften, die in die jungen Triebe fließen. Was ihre Zuckerversorgung angeht, so befinden sie sich hier in einem wahren Schlaraffenland und haben an Kohlenhydraten keinen Mangel. Sehr wohl besteht aber ein Eiweißmangel für die Läuse. Die Baumsäfte sind äußerst eiweißarm. Um ihren Eiweißbedarf zu decken, müssen die Läuse sehr große Mengen an Futter umsetzen.

Sie nehmen dabei viel mehr Zucker auf, als sie verarbeiten können. Das überschüssige zuckerhaltige Futter scheiden sie daher unverdaut einfach wieder aus. Man kann dies als »Honigtau«tropfen an den Blättern oder Nadeln mit bloßem Auge erkennen. Besonders die Ameisen haben die Blattläuse als lohnende Kohlehydratquelle erkannt, und manche Arten halten sich Herden von Blattläusen, die bei Umzügen des Ameisennests von den Ameisen mitgenommen werden. So weit wie die Ameisen haben die Bienen ihre Nutzung der Blattläuse noch nicht entwickelt, aber auch sie wissen Honigtau mit großem Geschick zu finden und einzutragen. Der Waldhonig ist also nicht direkt das Produkt einer Pflanze, sondern besteht aus den eingedickten Exkrettropfen der Blattläuse. Der Zuckergehalt von Blütenhonig und Waldhonig muß nach der Verarbeitung durch die Bienen gleich sein und sollte mindestens bei 80% liegen, sonst gerät der Honig in Gefahr zu gären. Was aber unterscheidet den Honig nun wirklich von der Zuckerlösung? Zuerst ist es der Zucker, der grundlegend verschieden ist. Im Honig finden wir ein Gemisch von vielen Zuckern, wobei der Traubenzucker und der Fruchtzucker dominieren. Beide werden extrem leicht und schnell vom Körper aufgenommen und verarbeitet; wesentlich schneller als der klassische Tafelzucker, der in der Marmelade Verwendung findet. Wichtig sind aber auch noch die Säuren des Honigs. Man schmeckt nur wenig davon, da die Süße die Säure weitgehend verdeckt, dennoch ist der Säuregehalt ganz wesentlich für die Konservierbarkeit des Honigs.

Weiterhin findet man eine Reihe von Mineralstoffen und Spurenelementen im Honig. Vitamine gibt es jedoch kaum darin, und dem Honig wurde hier in der Vergangenheit zuviel angedichtet. Wichtig sind noch die Enzyme. Enzyme sind Stoffe, die unzählige chemische Reaktionen im Organismus kontrollieren und regulieren. Ein wichtiges Enzym im Honig ist z. B. die Invertase, die den Rohrzucker im Nektar zum Traubenzucker und Fruchtzucker im Honig spaltet. Für die antibakterielle Wirkung des Honigs ist die Glukoseoxidase von großer Bedeutung. Sie produziert eine hochaktive antibiotische Substanz, die Bakterien insbesondere im Rachenraum effizient abtötet. (Die untenstehende Tabelle gibt Aufschluß über die wichtigsten Bestandteile des Honigs.)

Bedingt durch den hohen Zuckergehalt, neigen viele Honige zum Kandieren. Dies ist nichts anderes als ein Auskristallisieren der Zucker in der wäßrigen Lösung. In einigen Ländern gilt kandierter Honig als ein Produkt minderer Qualität, und man versucht die Kandierung, z. B. durch hohe Erhitzung bei der Honigverarbeitung, zu vermeiden. In Europa hat der Verbraucher inzwischen erkannt, daß kandierter Honig eher ein Zeichen seiner Naturbelassenheit ist.

Das wesentliche Kriterium für den Verbraucher ist und bleibt der Geschmack des naturreinen Honigs. Hier wird er zu keinen Kompromissen bereit sein. Gerade hier macht sich aber die Erhitzung des Honigs stark negativ bemerkbar. Erhitzter Honig verliert schnell an Aroma und schmeckt dann fade.

Wasser	Zucker		Säuren	Enzyme u. a.	
17,2%	Fruchtzucker	38%	Glukonsäure	Invertase	
	Traubenzucker	31%	Zitronensäure	Diastase	
	Saccharide	1%	Apfelsäure	Katalase	
	Disaccharide	8%	Bernsteinsäure	Phosphatase	2%
	höhere Saccharide	2%	Ameisensäure	Inhibine	
				Aromastoffe	
				Vitamine	
				Mineralien	0,2%
17,2%	80%		0,6%	2,2%	

Wandern ist des Imkers Muß

Doch wie geht man vor, um möglichst viel Honig zu ernten? In den vorhergehenden Kapiteln haben wir gelernt, daß starke Völker für einen guten Ertrag notwendig sind. Genauso wichtig ist natürlich das Nektarangebot. Wo nichts ist, kann auch das stärkste Volk keinen Honig holen. Hier sind besonders die Bienenhausimker im Nachteil. Sie sind auf das lokale Trachtangebot angewiesen. Mobilität der Völker aber ist für eine effiziente Imkerei genauso wichtig wie ihre Gesundheit und Stärke. Wer an einer guten Honigleistung interessiert ist, sollte auf jeden Fall in der Lage sein, mit seinen Völkern reiche Trachtlagen anzuwandern. Die Wanderung ist ein essentieller Bestandteil der modernen Imkerei, und auch der Hobby-Imker wird Freude daran finden, seinen Völkern mit einer neuen Trachtlage etwas Gutes zu tun.

Die Anwanderung von Trachten hat nicht nur den Vorteil der großen Honigernte. Es gibt auch kaum einen stärkeren Reiz für ein Bienenvolk, sich zu vermehren, als eine reichhaltige Tracht, die mit einem guten Pollenangebot verknüpft ist. Besonders gut geeignet ist hierzu zum Beispiel im Frühjahr der Raps, der sich in den letzten Jahren erfreulich stark als Futterpflanze in der Landwirtschaft durchgesetzt hat. Hier profitieren wirklich alle Beteiligten. Der Landwirt hat einen guten Saatansatz, der Imker eine gute Honigernte; und die Bienenvölker legen einen gesunden Pollenvorrat an, der die Brutproduktion stimuliert. Berühmt sind daher in Imkerkreisen die großen Rapsfelder Norddeutschlands, die jährlich viele Imker aus der ganzen Bundesrepublik anziehen.

Später im Jahr ist die Sonnenblume eine der besten Trachten, die man für die gute Entwicklung des Bienenvolks anwandern kann. Sonnenblumen werden in Frankreich bereits in großem Umfang angepflanzt und erfreuen sich auch in Deutschland – langsam, aber sicher – einer steigenden Beliebtheit. Sie sind ideale Pollenspender und sichern die Eiweißversorgung der Bienen über den Winter.

Die Heideblüte ist eines der ältesten Wandergebiete der Imkerei. Auch hier profitiert nicht nur der Imker von der Tracht, sondern die Bienen haben auch die Gelegenheit, ihren Pollenvorrat für den Winter erneut aufzustocken. Wanderplätze in Heidegebieten sind oft von Imkern heiß umkämpft, und wer einen Standplatz für seine Völker hat, wird alles daransetzen, diesen auch in zukünftigen Jahren zu behalten. Nicht zuletzt deswegen, weil der Heidehonig mit Abstand die höchsten Preise im Verkauf erzielt. Es gibt allerdings auch Trachten, die die Völker eher belasten als zu ihrer Entwicklung förderlich beitragen. Hierzu zählen all die Trachten, die nicht gleichzeitig mit einem respektablen Pollenangebot verknüpft sind. Die Waldtracht ist hierfür ein klassisches Beispiel. Wer mit seinen Völkern spät in der Saison eine Waldtracht anwandert, sollte überlegen, ob er diese Völker nach dem Einsatz im Wald eher aufgibt und sie erst gar nicht winterfertig macht. In der Waldtracht ist das Pollenangebot naturgemäß äußerst karg, und die Völker verbrauchen sich stark. Der Pollenmangel macht sich im nächsten Frühjahr drastisch bemerkbar, und die Überwinterungsverluste solcher Völker sind immens.

Bei der Wanderung sollte man einige Vorkehrungen treffen, um die Bienen möglichst ohne Verluste am neuen Standort aufzustellen. Man schließt am Abend des Vortags die Fluglöcher auf dem alten Standplatz, um auch sicher zu sein, tatsächlich alle Flugbienen des Volks in der Beute zu haben. Man sollte nicht vergessen, die Belüftungsöffnungen hinter den sogenannten Wandergittern zu öffnen. Sonst verbrausen die Völker in kurzer Zeit. Der Transport findet am besten während der frühen Morgenstunden statt. Hohe Temperaturen sollte man während der Wanderung vermeiden. Die Bienen können ja nicht zum Wasserholen ausfliegen, um die Nesttemperatur abzukühlen. Am neuen Standort sollte man die Fluglöcher am besten am frühen Vormittag öffnen. Auf keinen Fall sollte man sich um eine Durchsicht der Völker bemühen. Diese sind nach dem Transport meist recht aggressiv und zeigen entsprechend wenig kooperatives Verhalten. Eine Kontrolle sollte erst nach einigen Tagen erfolgen, wenn die Völker sich am neuen Standort gut eingeflogen haben.

Die Ernte

Die Honigernte stellt mit Abstand die härteste Arbeit in der Imkerei dar, und auch der Hobby-Imker tut gut daran, hierfür Verstärkung von Freunden oder Verwandten anzufordern. Die wichtigste Regel bei der Honigernte ist, nur verdeckelte Honigwaben aus dem Volk zu nehmen. Der Honig auf den unverdeckelten Waben ist noch nicht reif und hat einen zu hohen Wassergehalt. Honig mit zu hohem Wassergehalt (>20%) fängt bei der späteren Lagerung leicht an zu gären. Schon oft sind komplette Ernten verdorben, weil der Imker die Honigwaben zu früh aus dem Volk genommen hat. Bevor man die Honigwaben entnimmt, wird man ordentlich Rauch in den Honigraum geben, der bereits einen Großteil der Bienen nach unten vertreibt. In großen Magazinimkereien werden die Honigzargen komplett abgenommen und die Bienen mit einem sogenannten »bee-blower« von den Waben geblasen. Es handelt sich dabei um ein transportables Gebläse, das in der Großimkerei wirklich hervorragende Dienste tut. Der Hobby-Imker wird es nicht brauchen. Er sollte mit einem Feger, der im Bienenhandel erhältlich ist, die Bienen von den Honigwaben abkehren.

Der Magazinimker kann die vollen Honigwaben gleich in den Zargen belassen und zum Schleuderraum bringen. Der Bienenhausimker wird hierzu eigens eine stabile Transportkiste benötigen. Auf dem Transport ist auf absolute Bienendichtigkeit zu achten. Zargen und Transportkisten müssen mit Deckeln versehen sein. Man sollte die Waben auf keinen Fall lange in der warmen Sonne stehenlassen. Sobald das Wachs weich wird, werden die Waben durch das schwere Gewicht des Honigs in sich zusammenbrechen.

Bei der Entnahme der Honigwaben aus dem Bienenvolk werden die Bienen mit einem „Bienenfeger" abgekehrt

Die Bienenprodukte

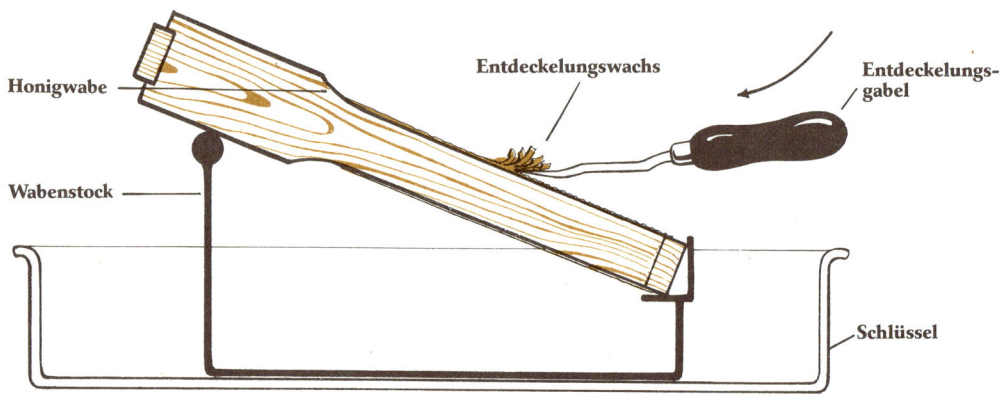

Die Entdeckelung der Honigwaben führt man am besten über einer Schüssel durch. Heruntertropfenden Honig kann man dann noch weiterverwerten

Meistens wird man die Waben schleudern und den Honig in handelsüblichen Gebinden abfüllen. Man kann aber auch sogenannten Scheibenhonig verkaufen. Dies ist neuer, jungfräulicher Wabenbau, der mit Heidehonig vollgetragen wurde. Die Waben können in handliche Stücke geschnitten werden, ohne daß der Honig ausläuft. Heidehonig hat eine geleeartige Konsistenz und erzielt in dieser Form Höchstpreise auf den Märkten Norddeutschlands und der Niederlande.

Wer nicht die Heide anwandert, kann sogenannten Wabenhonig erzeugen. Hierzu nimmt man kleine quadratische Plastikrähmchen (sogenannte Pfundrähmchen), in die man einen kleinen Mittelwandstreifen einlötet. Die Bienen bauen die Rähmchen aus und tragen bei guter Tracht (aber nur dann!) Honig ein. Die Rähmchen wird man dann einzeln verpackt zum Verkauf anbieten und zu respektablen Preisen Käufer finden.

Wachs ab, Honig raus!

Die meisten Imker werden jedoch den Honig mit der guten alten Honigschleuder ernten. Hierzu muß man zunächst die Wachsdeckel, mit denen die Bienen die Honigzellen mit viel Mühe verschlossen haben, entfernen. Die Entdeckelung ist eine langwierige Arbeit, die kaum jemand Freude bereitet. Entsprechend groß ist die Vielfalt der Bemühungen, Geräte und Hilfsmittel zu entwickeln, die das Entdeckeln erleichtern oder automatisieren. Die Palette reicht von einem schlichten Messer bis zur vollautomatischen Entdeckelungsanlage. Am weitesten verbreitet ist die bereits erwähnte Entdeckelungsgabel (siehe Seite 49). Es handelt sich dabei um eine Gabel mit vielen eng zusammenstehenden Zinken. Man fährt mit der Gabel leicht unter das Verdeckelungswachs und reißt sie hoch. Das Wachs bleibt auf der Gabel liegen, und der Honig ist in den darunterliegenden Zellen sichtbar. Wer mehr investieren möchte, kann sich elektrisch beheizte Entdeckelungsmesser anschaffen, aber die Zeitersparnis ist nicht sehr groß. Eine vollautomatische Entdeckelungsmaschine lohnt sich natürlich nur für eine Großimkerei und stellt eine Investition dar, die sich der Freizeitimker sicher ersparen kann. Die Entdeckelung führt man über einer Wanne durch, die den heruntertropfenden Honig und das Deckelwachs auffängt. Das Deckelwachs kann man dann noch in kaltem Wasser aus-

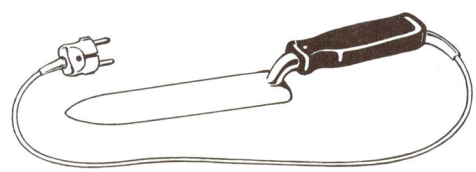

Elektrisches Entdeckelungsmesser

waschen und anschließend einschmelzen. Das Honigwasser kann man dann wieder an die Bienen verfüttern.

Das Schleudern
Im deutschsprachigen Raum wird meist noch die sogenannte *Tangentialschleuder* benutzt. Die Waben sind dabei senkrecht zum Radius des Zentrifugenrotors angeordnet. Dies führt dazu, daß der Honig zuerst auf der einen Seite der Wabe ausgeschleudert wird. Danach muß die Wabe gewendet werden, um den Honig auch auf der anderen Seite herausschleudern zu können. Durch die Anordnung der Waben passen nur vier bis maximal sechs Waben in die Schleuder. Sie werden dabei stark durch seitliche Kräfte belastet und brechen schnell, da ihre Architektur eher auf eine Belastung in der Längsrichtung ausgelegt ist. Vor dem ersten Wenden ist daher große Vorsicht geboten, und die Drehzahl muß gering gehalten werden. Nach dem Wenden kann man dann etwas schneller drehen. Generell sind solche Schleudern sehr arbeitsintensiv, und die Honigernte gestaltet sich recht mühselig. Zwar gibt es Geräte, die die Waben automatisch wenden (Selbstwendeschleudern), jedoch haben diese neben einem hohen Anschaffungspreis nach wie vor ein geringes Fassungsvermögen.

Einfacher und schneller kann man den Honig mit *Radialschleudern* ernten. Erstens passen in eine Zentrifuge von gleicher Größenordnung wie die Tangentialzentrifuge wesentlich mehr Rähmchen (12 oder 20) hinein. Zweitens braucht man die Rähmchen während des Schleuderns nicht zu wenden, was zu einer erheblichen Arbeitserleichterung führt. Die Waben werden dabei mit dem Träger nach außen gestellt. Da die Honigzellen leicht nach oben geneigt sind, zieht die Fliehkraft – aber auch die starke Luftströmung zwischen den Waben – den Honig aus den Zellen. Der Wabenbruch ist nicht groß, da die Waben in ihrer Längsrichtung belastet werden. Die Konstruktion der Wabe ist gerade bei solchen Belastungen sehr stabil.

Durch das Schleudern wird natürlich nicht nur der reine Honig aus den Zellen entfernt. Auch viele Wachspartikel werden sich im frisch geschleuderten Honig befinden. Klassischerweise wird man den Honig nun durch ein Doppelsieb filtrieren, bevor man ihn in Gläser oder Eimer füllt. Solche Siebe sind genormt im Handel erhältlich. Es empfiehlt sich in jedem Fall eine rostfreie Ausführung anzuschaffen. Da solche Honigsiebe schnell mit Wachspartikeln verstopfen, arbeitet man am besten mit zwei Sieben. Während man das verstopfte Sieb reinigt, filtriert das andere, und es gibt so keine Zwangspausen beim Abfüllen.

Mit beachtlicher Zeitersparnis geschieht die Reinigung des Honigs über einen sogenannten Siebkorb in der Honigschleuder. Die Fliehkraft preßt den Honig durch die engen Maschen. Allerdings gerät dadurch viel Luft in den Honig, was nach dem Abfüllen für Probleme sorgen kann.

Bevor man die Honiggefäße fest und am besten luftdicht verschließt, muß man den Honig noch einige Tage offen stehenlassen. Die Luft, die sich durch das Schleudern im Honig gesammelt hat, muß noch entweichen. Es bildet sich auf der Honigoberfläche ein weißer Schaum, den man mit einem Schaber vorsichtig entfernen kann (sogenanntes *Abschäumen*). Erst jetzt sollte man das Honiggebinde endgültig verschließen und in einem kühlen trockenen Lagerraum aufbewahren.

Wer Honig in größeren Gebinden aufhebt, sollte hierzu verzinnte Eisentöpfe oder lebensmittelechte Kunststoffeimer verwenden. Auf keinen Fall sollte man verzinkte Eisengefäße

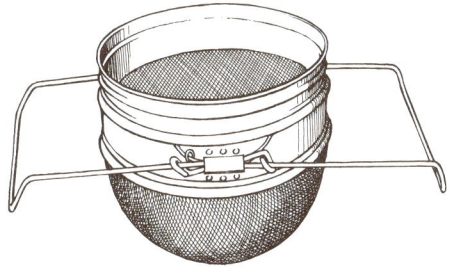

Am besten man hat zwei solcher Honigsiebe. Während das eine gebraucht wird, kann man das andere reinigen

Die Bienenprodukte

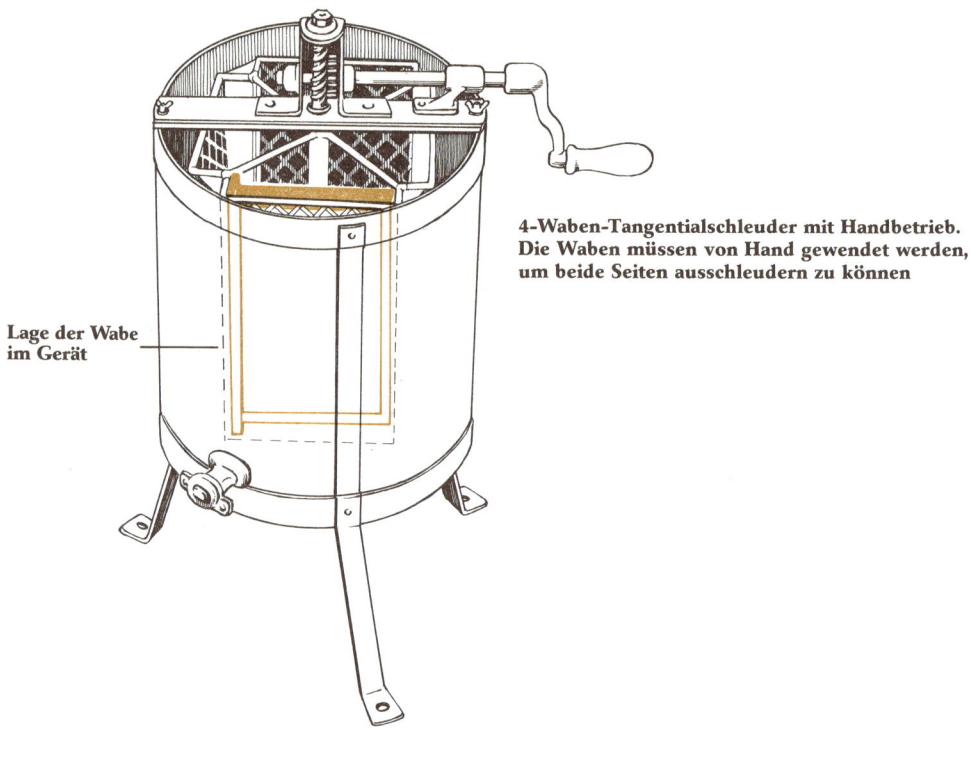

4-Waben-Tangentialschleuder mit Handbetrieb. Die Waben müssen von Hand gewendet werden, um beide Seiten ausschleudern zu können

Lage der Wabe im Gerät

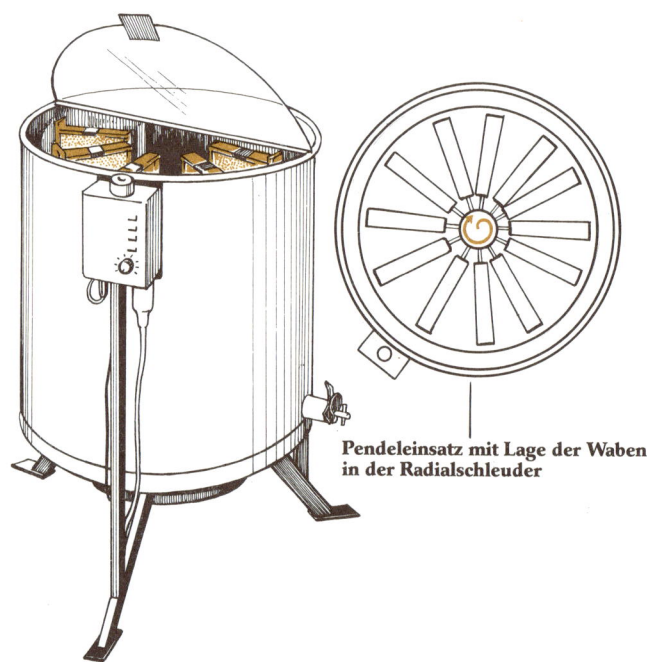

Schleudern mit Motorantrieb. Links Selbstwendeschleuder, rechts Radialschleuder mit Pendeleinsatz

Pendeleinsatz mit Lage der Waben in der Radialschleuder

benutzen, da Zink ein hochwirksames Gift ist und nicht mit Lebensmitteln in Kontakt kommen sollte. Man sollte vor dem Abfüllen in die Gefäße auf jeden Fall beachten, daß diese absolut trocken sind. Wasser ist nach dem Schleudern die größte Gefahr für den Honig.

Die Lagerung des Honigs

Obwohl Honig nicht schnell verdirbt, kann man ihn nicht beliebig lange aufbewahren. Gerade die antibakterielle Wirkung läßt bei der Lagerung rasch nach. Kühle Temperaturen sind für die Konservierung eher förderlich als warme. Dennoch besteht kein Anlaß, Honig tiefzufrieren. Bei 15° Celsius und 60% relativer Luftfeuchte kann der Honig bedenkenlos 2 Jahre gelagert werden.

Gefährlich wird es nur, wenn feuchte Räume als Lagerraum benutzt werden. Der Honig hat die Eigenschaft, Wasser aus der Luft anzuziehen. Dadurch kann ein zunächst reifer Honig mit einem ausreichenden Wassergehalt allmählich verderben: Sobald der Wassergehalt über 20% liegt, können Hefesporen keimen, die in jedem Honig enthalten sind. Unter sogenannten anaeroben Bedingungen (ohne Sauerstoff) vermehren sie sich mit Hilfe der Gärung. Sie bauen dabei den Zucker zu Alkohol ab und produzieren Kohlendioxidgas. Bei Herstellung von Wein und Bier ist diese alkoholische Gärung durchaus erwünscht, im Honigglas hat sie jedoch katastrophale Folgen. Große Gasblasen bewegen sich langsam an die Oberfläche, und der Honig schmeckt scheußlich sauer, da bei der Gärung auch noch Säuren erzeugt werden. Verkaufen kann man ein solches Produkt nicht mehr. Meist bleibt dann nur noch die Lösung, den Honig mindestens 10 Minuten lang auf 60° Celsius zu erhitzen, um eventuelle Keime abzutöten, und den Honig an die Bienen zu verfüttern.

In den USA und in Kanada erhitzt man den Honig, um diese Hefesporen zu vernichten. Bei dieser »Pasteurisierung« wird der Honig 6 Minuten auf 78° Celsius erhitzt. Er verliert dadurch jedoch viele seiner Eigenschaften und sieht nach der Erhitzung einem 100 Jahre gelagerten Honig sehr ähnlich. Sämtliche Fermente sind zerstört, und der Honig ist in der Tat nicht mehr weit von einer hochkonzentrierten Zuckerlösung entfernt. Im deutschsprachigen Raum besteht man daher zu Recht auf gewissen Qualitätsanforderungen, die einen naturbelassenen Honig garantieren. Diese Normen – gesichert durch den Gewährstreifen am Honigglas – sind ein wesentlicher Hauptgrund dafür, daß sich in Deutschland der Honigpreis trotz weltweiten Preisverfalls weiterhin stabil hält.

Man sollte Honig nur dann erwärmen, wenn man aus großen Gebinden kristallisierten Honigs kleine Mengen abfüllen will. Hierbei sollte man äußerst behutsam vorgehen und ihn auf keinen Fall zu hoch erhitzen. Es empfiehlt sich hier ein Wasserbad oder ein Wärmeschrank, den man auf maximal 40° Celsius einstellt. Kleine Mengen kann man noch schonender in modernen Mikrowellenherden erwärmen. Auch hier sollte man allerdings mit einem Kontaktthermometer überprüfen, daß der Honig nicht heißer als 35° Celsius wird. Dennoch sollte man sich durch die neue Technik nicht täuschen lassen; jede Erwärmung, auch die unter der Einwirkung von Mikrowellen, führt zu einer Verminderung der Qualität des Honigs.

Eine andere Möglichkeit, das rasche Kandieren zu verzögern, besteht im Rühren des Honigs. Ein Rührflügel an einer elektronisch regelbaren Bohrmaschine ist hier sehr hilfreich. Mit dem Rührer zerschlägt man die großen Kristalle in kleine Partikel. Wiederholt man das Rühren so lange, bis sich im Honig erste Kandierungsstreifen zeigen, so wird er im weiteren sehr feinkristallin kandieren und eine breiige Konsistenz erreichen, die vom Verbraucher oft bevorzugt wird. Am besten ist und bleibt es jedoch, den Honig gleich nach dem Schleudern in verkaufsfähige Gebinde abzufüllen. Jede (auch noch so vorsichtig durchgeführte) Erwärmung und/ oder Bearbeitung vermindert die Qualität des Honigs.

Frisch geschleuderter Honig ist der beste!

Pollen und Kitharz

Neben dem Honig sind auch der eingetragene Blütenpollen und das Kitharz für den Imker von Bedeutung.

Der *Pollen*, die einzige Eiweißnahrung, die die Bienen zu sich nehmen, wird in den letzten Jahren auch zunehmend zu diätetischen Zwecken in der menschlichen Ernährung eingesetzt. Man sollte dabei allerdings beachten, daß der Pollen im Gegensatz zum Nektar wesentlich stärker durch unsere heutige Umwelt belastet ist. Solange nur geringe Mengen (z. B. 1 Löffel pro Tag) eingenommen werden, dürfte sich hieraus kein schwerwiegendes Problem ergeben. Die Einnahme größerer Mengen Pollen kann jedoch nicht empfohlen werden. Es ist ohnehin fraglich, inwieweit Blütenpollen in diätetischen Konzepten eine Rolle spielen sollten, da die verschiedenen Inhaltsstoffe von Charge zu Charge extrem variieren können. Vor der Einnahme von Pollen oder Verwendung von Pollensalbe als Mittel gegen Krankheiten muß eindringlich gewarnt werden. Allergische Reaktionen sind gerade bei Pollen häufig (Heuschnupfen!), und der therapeutische Effekt ist meist unklar. Auf keinen Fall sollte eine Behandlung mit Pollenpräparaten ohne ärztlichen Rat erfolgen.

Pollen kann man den Bienenvölkern am leichtesten mit Hilfe sogenannter Pollenfallen entnehmen. Es gibt dabei mehrere Formen und Varianten, die jedoch alle nach dem gleichen Prinzip funktionieren. Die Bienen müssen bei der Rückkehr vom Sammelflug ein engmaschiges Gitter durchlaufen. Bei der Passage der Pollenfalle verlieren sie ihre Pollenhöschen, die in einer flachen Schale im Unterboden der Beute aufgefangen werden. Die Pollenfalle führt bei gutem Pollenangebot nicht unbedingt zu einer schlechteren Pollenversorgung des Bienenvolks, da nicht jede Biene ihren Pollen verliert, wenn sie zum Volk zurückkehrt. Einigen wird es gelingen, die Pollenfalle ungeschoren zu passieren. Zudem verstärken die Bienen beim Einsatz von Pollenfallen ihre Sammelaktivität für Pollen, so daß insgesamt keine Knappheit entsteht. Dies geht allerdings zu Lasten des Honigertrags. In guten Jahren kann man Pollenernten bis zu 30 kg pro Volk erwarten. Honig wird man von diesen Völkern allerdings nicht schleudern können, und oft muß noch viel zugefüttert werden.

Der Pollen ist sehr anfällig für Schimmelpilzbefall. Man sollte ihn daher erst trocknen und dann am besten in der Tiefkühltruhe bei $-20°$ Celsius in luftdichten Verpackungen lagern. Dabei besteht die Gefahr der Schimmelbildung nicht, und auch das Aroma des Pollens bleibt erhalten. Wer den Pollen ausschließlich als Eiweißreserve für die Bienenvölker im nächsten Frühjahr benötigt, sollte sich den Umweg über die Pollenfalle sparen. Die Entnahme von ganzen Pollenwaben erscheint in diesem Zusammenhang einfacher und effizienter. Man muß allerdings auch sie vor Schimmel schützen und sollte die Waben kühl und trocken lagern. Pollen-Honig-Teige, die man mit dem Pollen aus der Pollenfalle erstellen kann, sind für die Honigbienen äußerst unphysiologisch, nehmen sie unter natürlichen Bedingungen doch entweder Pollen oder Zucker auf. Die Mischung führt dazu, daß die Bienen das Futtergemisch gemäß ihrem »Zuckerhunger« aufnehmen und dadurch viel zuviel Pollen einnehmen. Dies belastet den Darm der Arbeiterinnen und kann bei Winterbienen zu einer regelrechten Eiweißvergiftung führen. Auch hier gilt es zu beachten, daß die imkerliche Betriebsweise möglichst nahe an den tatsächlichen biologischen Gegebenheiten im Bienenvolk zu orientieren ist.

Neben dem Pollen kann noch das *Kitharz* geerntet werden. Hierzu hat man bislang noch keine Fangvorrichtung entwickelt. Kitharz, auch Propolis genannt, besteht aus einer Vielzahl von chemisch hochkomplizierten Harzen, die von den Bienen an Pflanzenknospen und Nadelbäumen gesammelt werden. Sie tragen das Kitharz, ähnlich wie den Pollen, in ihren Körbchen an den Hinterbeinen ein. Die Sammlerinnen entledigen sich des Kitharzes niemals selbst. Sie bringen ihre Ladung meist direkt an den Ort, an dem er benötigt wird. Dort wird das Kitharz dann von einer »Zementierbiene« abgenommen und verbaut. Die Bienen benutzen das Kittharz, um Risse und Öffnungen in der Nisthöhle zu verschließen. Das kann so weit gehen, daß nahezu die gesamte Nesthülle aus Propolis gebaut wird. Bei afrikanischen Bienenvölkern kann man dies beobachten, wenn sie im dichten Gestrüpp nisten und keine natürliche Nisthöhle gefunden haben.

Bienen benutzen Kittharz aber nicht nur zur Verstopfung von Undichtigkeiten in der Nisthöhle. Gelegentlich sieht man, daß es auch zur Einbalsamierung toter Tiere (z. B. Mäuse) benutzt wird, die die Bienen in ihrer Beute getötet haben. Sie machen dies dann, wenn die Opfer zu groß sind, als daß man sie noch zum Flugloch hinausschieben könnte. Die Kadaver werden völlig luftdicht mit Propolis überzogen, die Verwesung wird dadurch ähnlich wie bei ägyptischen Mumien verhindert.

Das Verkitten der Beute wird normalerweise vom Imker nicht gern gesehen. Es bedeutet in der Regel erhebliche Mehrarbeit und Kosten. Nicht selten sind Rähmchen in stark kittenden Völkern nur noch mit rabiater Gewalt aus der Beute zu entfernen. Häufig gibt es dabei Wabenbruch und zerbrochene Rähmchen. In Auszugsbeuten gelangt man in Fällen starker Verkittung oft gar nicht mehr an die Bienen heran, ohne die ganze Beute auseinanderzunehmen.

Wie alle Produkte des Bienenvolks steht auch das Kittharz im Ruf, heilende Kräfte zu haben. Im Gegensatz zu den zweifelhaften Wirkungen des Pollens sind für Propolis solche Mechanismen tatsächlich zweifelsfrei nachgewiesen. Zum einen hemmt Propolis das Wachstum von Viren, zum anderen tötet es Pilze und Bakterien. Hauptsächlich verantwortlich für diese Wirkungen sind die chemisch komplexen Flavonoide. Allerdings gilt auch hier, daß Propolis von verschiedenen Bienenständen in seiner Wirkung sehr verschieden sein kann. Propolis ist nur so wirksam, wie das, was die Bienen haben sammeln können (dies ist ein grundlegender Unterschied zur antibakteriellen Wirkung des Honigs, die von den Bienen selbst erzeugt wird und unabhängig von Standortfragen ist!). Man kann Propolis daher erfolgreich als Salbe oder Tinktur bei der Behandlung von äußerlichen Entzündungen einsetzen. Allerdings gilt auch hier wieder: Wer eine ernsthafte Erkrankung hat, sollte zunächst den Arzt konsultieren und nicht blind auf die oft unklaren Heilwerte des Bienenvolks bauen. Irreparable Schäden könnten die Folge sein.

Kittharz spielt allerdings noch eine wesentliche Rolle in einem für viele Imker unbekannten Erwerbszweig. Geigenbauer präparieren nach wie vor ihre Instrumente mit Kittharz. Allerdings haben auch sie erkannt, daß es große Unterschiede zwischen den Produkten verschiedener Provenienz gibt, und jeder bevorzugt ein Kittharz nach »seinem« Geheimrezept. Auch benutzen manche Violinspieler Propolis statt Kollophonium, um den Bogen geschmeidiger zu machen. An all diesen Indikationen für Propolis sieht man, daß durchaus ein Markt für die Erzeugung von Kittharz besteht. Es kann sich also lohnen, das am Stockmeißel klebende Kittharz nicht wegzuwerfen, sondern sorgfältig aufzuheben. Wer gezielt Propolis ernten will, kann dies durch eine Kunststoff- oder Baumwollgaze erreichen, die er über die Waben legt. Wenn die Gaze mit Kittharz gefüllt ist, legt man sie 12 Stunden in den Kühlschrank und kann dann das Kittharz abschaben.

Gelée royale

Gelée royale, zu deutsch Weiselfuttersaft, zählt sicher zu den sagenumwobensten Produkten des Bienenvolks. Die Diät der königlichen Larven, das reine Sekret aus den Futtersaftdrüsen der Ammenbienen, steht im Ruf, als wahrer Jungbrunnen für den Menschen zu wirken. Entsprechend werden Gelée-royale-Präparate insbesondere von der kosmetischen Industrie in Form von Cremes, Pasten, Salben und Lösungen angeboten. Auch wenn es sich bei dem Weiselfuttersaft zweifelsohne um eine biologisch hochwertige Nahrung handelt, so sind die Auswirkungen auf den Menschen wissenschaftlich sehr schlecht oder gar nicht dokumentiert. Die Wirkungen sind meist unklar, und die Gefahr allergischer Reaktionen steht in keinem Verhältnis zu dem zweifelhaften Nutzen. Dennoch, es gibt Imker, die durch die Produktion von Gelée royale erhebliche Nebeneinkünfte erzielen, so daß zumindest der Vollständigkeit halber auf dieses Thema eingegangen werden soll.

Die Produktion großer Mengen Weiselfuttersafts ist recht arbeitsintensiv und zeitaufwendig. Prinzipiell verfährt man nicht anders als in der Königinnenzucht (siehe Seite 101 ff.). Man entfernt aus einem starken Bienenvolk, das über reichlich Jungbienen verfügt, die Königin. Zwei Waben werden aus dem Brutnest entfernt, zwei Rähmchen mit künstlichen Weiselbechern – in denen sich eintägige Larven befinden – werden an ihrer Stelle eingehängt. Die Bienen werden nun diese künstlichen Zellen mit dem begehrten Weiselfuttersaft verproviantieren. Nach 4 bis 5 Tagen nimmt man die Zellen aus dem Volk, entfernt die Königinnenlarven und kann den Futtersaft ernten. Man füllt ihn am besten in sterile (ausgekochte oder autoklavierte) Gefäße und hebt ihn in kleinen Gebinden (100 ml) in der Tiefkühltruhe auf. Steriles Arbeiten ist hierbei von zentraler Bedeutung, da sich Bakterien im Futtersaft äußerst wohl fühlen und rasant vermehren können. Sie verändern den weißen, milchigen Futtersaft innerhalb weniger Stunden in eine braune übel riechende Brühe.

Das Wachs

Jahrtausendelang stellte das Bienenwachs einen äußerst wertvollen Rohstoff für die verschiedensten Bereiche dar. Man benutzte es als Medikament, Dichtungsmaterial, Kosmetikum, Konservierungsstoff und vieles andere mehr. Der Einsatz von Bienenwachs in Kerzen bedeutete schon immer einen außergewöhnlichen Luxus. Den größten Verbrauch an Bienenwachs hatte die Kirche zu verzeichnen, die immense Summen investierte. Aus Luthers Zeiten wissen wir, daß allein in der Schloßkirche von Wittenberg pro Jahr über 35 700 Pfund Bienenwachs verbrannt wurden. Für die damalige Zeit waren das ungeheure Werte, mußte doch ein Handwerker 2 Tage für den Wert eines Pfundes Wachs arbeiten.

Heute hat das Bienenwachs nicht mehr diese große Bedeutung, und der Preis, den man dafür erzielt, ist leider auch nicht mehr das, was er einmal war. Für den Imker ist der Wachsverkauf eher ein unbedeutender Nebenaspekt geworden. Er wird sein Wachs entweder selbst verarbeiten oder einem Betrieb zur Wachsverarbeitung zuleiten, wo er dann im Austausch für seine Altwaben Mittelwände erhält. Obwohl der Wachspreis nicht sehr hoch ist, sollte der Imker dennoch alles anfallende Wachs sammeln und versuchen, es zu verwerten. Pro Volk wird er jährlich mit etwa 400 Gramm Mittelwänden zu rechnen haben. Eine beträchtliche Menge, so daß es sich lohnt, die Wachsgewinnung nicht zu vernachlässigen.

Der Schutz vor Motten

Das Wichtigste bei der Wachsgewinnung ist der Schutz des Wachses vor der großen Wachsmotte *(Galleria mellonella)*. Wachsmotten sind die einzigen Lebewesen, die in der Lage sind, Bienenwachs zu verdauen. Die Motten leben nur kurz und legen Eier auf die Waben. Die Larven fressen sich dann durch das Wachs und können nicht nur im Wabenlager, sondern auch in Bienenvölkern verheerende Schäden anrichten. Vitale Völker können die Wachsmotten eliminieren. Das Wachs im Wabenlager hat jedoch keine Bienen, die die Wachsmotten in Schach halten. Hier muß der Imker eingreifen und seine Wachsvorräte schützen.

Auf keinen Fall sollte man auf die Idee kommen, Mottenpulver oder -kugeln in den Wabenschrank zu legen. Dies tötet zwar die Motten, später aber, wenn man die Waben zu Mittelwänden verarbeitet oder sie doch noch einmal in das Bienenvolk zurückhängt, wird man erkennen, daß Mottenpulver nicht nur Motten, sondern auch Bienen mit größter Sorgfalt vernichtet. Ebenso sollte man die Waben nicht mit langwirkenden Insektenvernichtungsmitteln besprühen oder begasen.

Zur Abtötung der Wachsmotten hat sich bewährt, die Waben in einem dicht schließenden Kasten (der Magazinimker kann hier seine

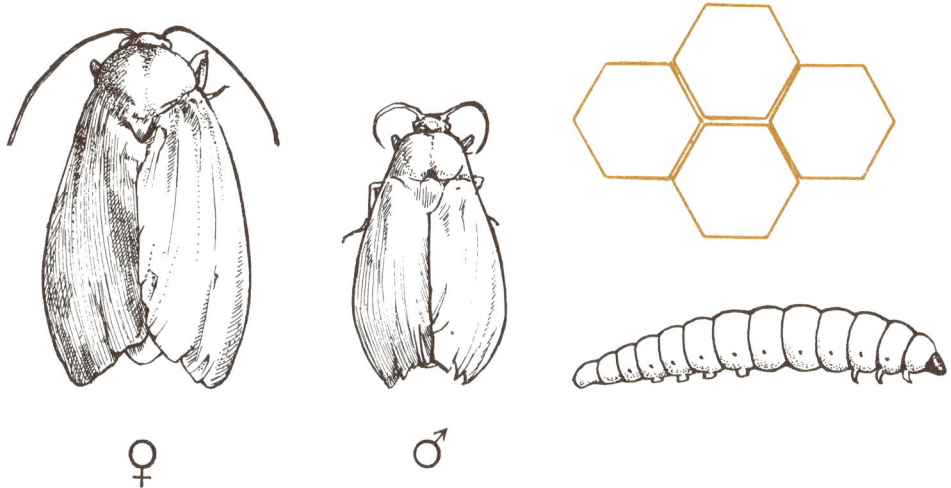

Wachsmotten können ganze Wabenbestände vernichten. Männchen, Weibchen und Larve der großen Wachsmotte (Galleria mellonella)

Zargen benutzen) mit Schwefel zu behandeln. Ein glühender Schwefelspan wird in einem feuerfesten Gefäß oben auf die Waben gestellt, und die Schwefeldämpfe töten alle Maden (nicht aber die Eier!) ab. Da Schwefeldämpfe auch für den Menschen hochgiftig sind, sollten diese Arbeiten im Freien durchgeführt werden. Auf gar keinen Fall sollte man sie in einem hölzernen Bienenhaus durchführen. Die Brandgefahr ist äußerst hoch, und so manches schmucke Bienenhaus wurde bereits ein Opfer der Flammen.

Die abgeschwefelten Waben kann man dann im Wabenlager noch den Dämpfen einer 60prozentigen Essigsäurelösung aussetzen. Dies tötet auch noch die Eier der Wachsmotten ab. Nach der Behandlung sollte allerdings mindestens 8 Tage gelüftet werden.

Die Wachsschmelze

Wo fällt in der Imkerei Wachs an? Wer den Völkern Baurahmen gibt und diese regelmäßig ausschneidet, hat eine erste sehr gute Wachsquelle, da es sich hier um jungfräuliches, ganz frisches Wachs handelt. Wachs ähnlich guter Qualität ist das, das bei der Entdeckelung anfällt. Weiterhin wird man Wachs aus den aussortierten Altwaben gewinnen können. Je nachdem, welches Wachs zur Verfügung steht, müssen verschiedene Verarbeitungsverfahren gewählt werden.

Das einfachste und billigste Verfahren, Wachs zu schmelzen, ist die Ausnutzung der Sonnenenergie. Der sogenannte Sonnenwachsschmelzer eignet sich besonders für die Aufarbeitung des neuwertigen Wachses aus den Baurahmen und von der Entdeckelung. Bei den Altwaben gibt es jedoch Probleme. Viel Wachs bleibt an die Puppenhäutchen in den Zellen gebunden, und die Ausbeute ist sehr gering. Dennoch empfiehlt sich die Anschaffung eines solchen Gerätes, das auch im Eigenbau leicht anzufertigen ist. Das anfallende Wachs kann schon während der Bienensaison ohne großen Aufwand gesammelt werden.

Das Gerät besteht hauptsächlich aus einem Kasten, dessen Oberseite mit einer gut isolierten Glasplatte versehen ist. Je besser die Glasplatte – aber auch die Seitenteile und die Unterseite – isoliert wird, desto besser funktioniert der Sonnenwachsschmelzer. Das Wachs wird dann auf eine schiefe Ebene unterhalb der Glasplatte

Die Bienenprodukte

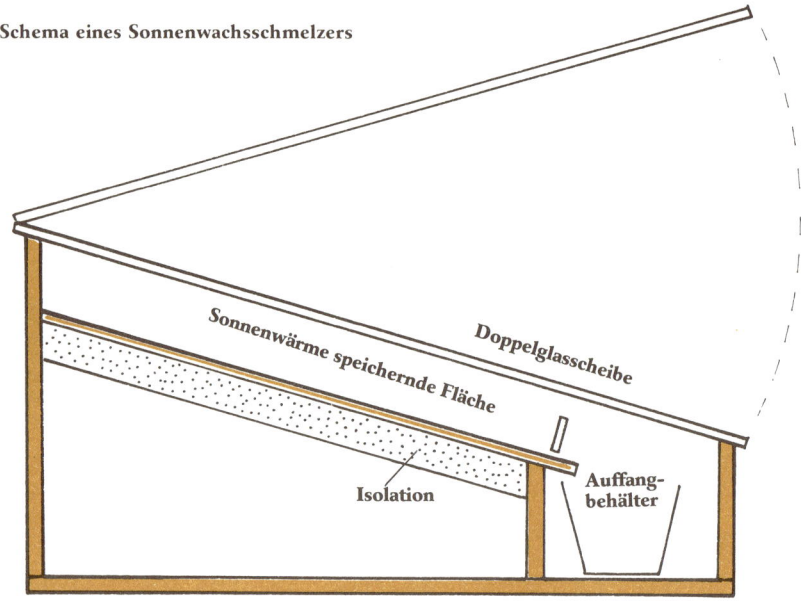

Schema eines Sonnenwachsschmelzers

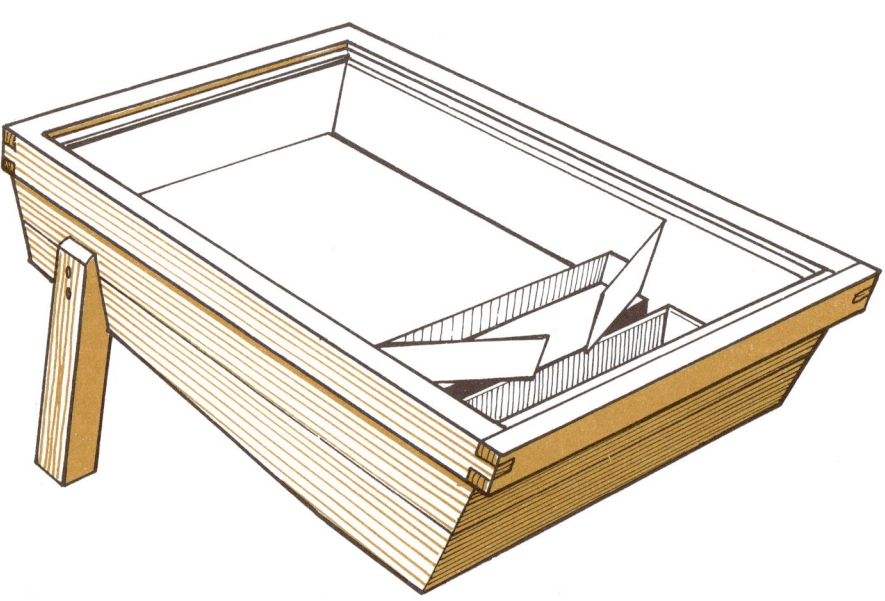

Sonnenwachsschmelzer

gelegt. Durch die Sonneneinstrahlung erwärmt sich der Schmelzraum schnell – auch bei moderaten Außentemperaturen – auf über 80° Celsius. Es liegt hier das gleiche Prinzip vor, das bei der derzeit aktuellen Sonnenenergieheizung ebenfalls angewandt wird.

Die Strahlungsenergie der Sonne und weniger die Lufttemperatur ist für die Temperatur im Sonnenwachsschmelzer ausschlaggebend. Man sollte das Gerät daher auf einen drehbaren Fuß stellen, so daß man es immer zur Sonne hin ausrichten kann. Am unteren Rand der schiefen Ebene bringt man einen Drahtbügel an, der das Wachs daran hindert herunterzufallen. Die Waben werden dabei flach aufgelegt, um den Zwischenraum zwischen schiefer Ebene und Glasplatte möglichst klein zu halten. Je kleiner der gesamte zu erwärmende Raum im Vergleich zur Fensterfläche ist, um so schneller kann er sich aufheizen. Man fängt das heruntertropfende Wachs in einer Sammeldose aus verzinntem Blech oder Kunststoff auf. Den Sammelbehälter sollte man etwa 1 cm hoch mit Wasser füllen, damit man den erhärteten Wachskuchen anschließend ohne Mühe entnehmen kann.

Die Altwaben sollte man nicht mit dem Sonnenwachsschmelzer behandeln, auch dann nicht, wenn man keine andere Möglichkeit der Wachsgewinnung hat. Da die Ausbeute des Wachses von Altwaben im Sonnenwachsschmelzer unter 30% liegt, ist es sinnvoller, die Altwaben zum Händler zu bringen und gegen Mittelwände umzutauschen. Wer Wachs aus Altwaben doch selbst gewinnen will, wird nicht umhinkommen, es mit Hilfe eines sogenannten »Naßschmelzverfahrens« zu schmelzen. Solche Verfahren sind auf keinen Fall für den Anfänger in der Imkerei gedacht. Die Investitionen für entsprechende Geräte lohnen sich erst bei einem größeren Betrieb oder dann, wenn sich mehrere Imker (z. B. im Verein) zusammentun und gemeinsam eine solche kostspielige Anschaffung tätigen.

Zunächst sollte man den Rähmchendraht aus den Altwaben entfernen. Eisen und Zink verfärben das Wachs und machen es unansehnlich. Man wirft die Wabenstücke dann in kochendes Wasser und wartet so lange, bis das gesamte Wachs geschmolzen ist. Da Wachs leichter ist als Wasser, wird es obenauf schwimmen. Die Verunreinigungen fallen auf den Boden des Gefäßes. Dieser Trester kann jedoch noch erhebliche Wachsmengen beinhalten, und man sollte ihn – wenn möglich – weiter verarbeiten.

Die höchste Wachsausbeute aus dem Trester erhält man durch Auspressen. Hierzu kann man die meisten Fruchtpressen, z. B. für Äpfel oder Trauben, gut zweckentfremden. Man gibt den heißen Trester in ein engmaschiges Tuch und preßt das Wachs aus. Eine weitere Möglichkeit besteht darin, das Wachs nicht durch Wasser, sondern durch kochende Wasserdämpfe zum Schmelzen zu bringen. Dies hat den Vorteil, daß man das Wachs nicht aus dem Wasserkübel schöpfen muß, sondern es gleich in einem geeigneten Gefäß auffangen kann. Die Ausbeute ist hier allerdings etwas geringer als beim Pressen. Die Kombination aus beiden Verfahren, sogenannte Dampfwachspressen, geben die besten Resultate, sind aber auch am teuersten in der Anschaffung.

Trotz all dieser Bemühungen werden immer noch feine Verunreinigungen im Wachs verbleiben; durch sogenanntes Klären kann man sie aus dem Wachs entfernen. Man erhitzt dabei einen mit Wachs gefüllten Topf auf etwa 80° Celsius und hält das Wachs möglichst lange flüssig. Die schwereren Verunreinigungen werden langsam nach unten sinken. Nach dem Erkalten nimmt man den Wachsblock aus dem Gefäß und schabt die verunreinigte Schicht an der Unterseite mit einem Messer ab. Nun hat man den Lohn der Arbeit in Händen: reines, hochwertiges Bienenwachs.

Will man das Wachs wieder den Bienen (z. B. Mittelwände) zukommen lassen, so empfiehlt es sich, es kurz auf 140–160° Celsius zu erhitzen. Dadurch werden die Sporen der bösartigen Faulbrut abgetötet (Kochen reicht hier nicht aus!). Man sollte die Temperatur des Wachses unbedingt mit einem Thermometer überprüfen und die Ausgaben hierfür nicht scheuen. Es ist hier größte Vorsicht geboten. Bei überhöhten Temperaturen besteht akute Brand- und Explosionsgefahr!

Die Bienenprodukte

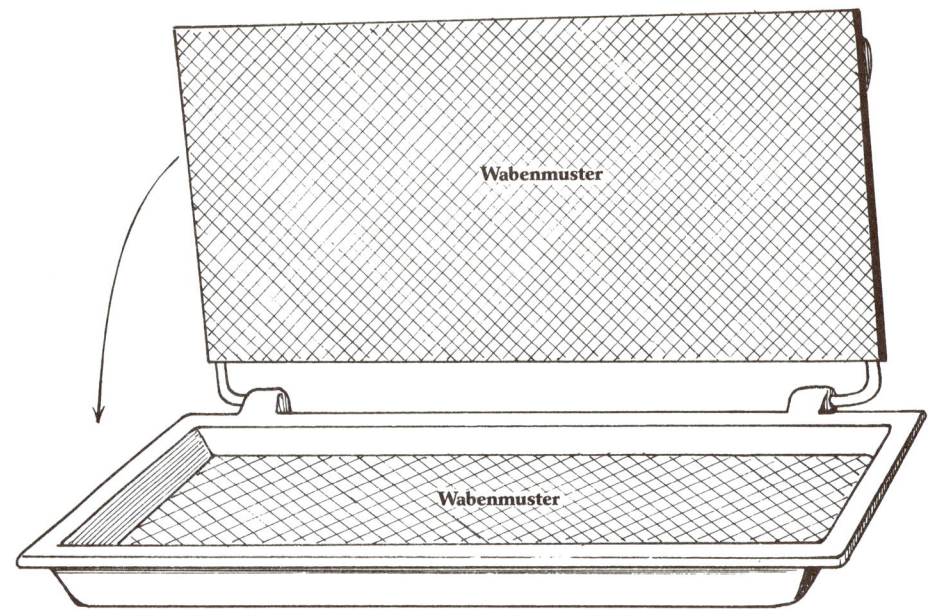

Gußform zur Herstellung von Mittelwänden

Die Herstellung von Mittelwänden

Wer sein Wachs nun bereits so weit verarbeitet hat, wird auch noch den letzten Schritt gehen wollen und seine eigenen Mittelwände erzeugen. Für den Hobby-Imker, der nur in bescheidenen Stückzahlen produziert, lohnt sich dabei nur die Anschaffung einer Gußform. Die Form hat auf Boden und Deckel ein Prägemuster, das den Arbeiterinnenzellen entspricht. Die Gußform sollte dabei etwas länger und breiter sein als das tatsächliche Rähmchenmaß. Am Rand wird die gegossene Mittelwand nämlich dicker als in der Mitte. Diesen dicken Rand schneidet man ab, um eine unnötige Wachsverschwendung zu vermeiden.

Das Herstellen der Mittelwände in der Gußform ist nicht sonderlich schwer. Vor jedem Guß muß man die Prägeform mit einer schwachen Detergenzlösung (ein Tropfen Spülmittel in Wasser) auswischen. Dies verhindert, daß das Wachs in der Form haftenbleibt. Das Wachs sollte nicht zu heiß sein, sonst dauert es sehr lange, bis die Mittelwand in der Form fest wird. 83° Celsius haben sich als günstige Temperatur erwiesen. Mit einem sogenannten »Gießbock«, in den man die Form einspannen und um die Längsachse drehen kann, wird die Arbeit weiter erleichtert. Man braucht die schwere Form dann nicht mehr zu heben, um die Detergenzlösung auszugießen. Die fertigen Mittelwände legt man vorsichtig zum Trocknen auf Fließpapier (alte Zeitungen erfüllen diesen Zweck auch). Am Ende der Arbeit sollte man die Form gründlich mit kochendem Wasser reinigen und auf jeden Fall alle Wachsreste entfernen.

Die wachsverarbeitende Industrie hat die Herstellung der Mittelwände selbstverständlich vollautomatisiert. Sie arbeitet nicht mit Gußformen, sondern stellt die Mittelwände in Walzwerken her. Solche Geräte lohnen allerdings auch in Großimkereien kaum. Daher kommt es, daß kommerziell orientierte Imker in der Regel auf größere Wachsarbeiten verzichten und ihre Altwaben unbehandelt gegen Mittelwände eintauschen.

Die Königinnenzucht

Die Königin ist in vielerlei Hinsicht das Zentrum des Bienenvolks. Sie produziert nicht nur die Nachkommen, sondern reguliert und kontrolliert durch ihre Duftstoffe viele soziale Verhaltensabläufe. Durch die Königin wird das Bienenvolk zu einem Ganzen, entfernt man sie, so bricht sofort Unruhe unter den Arbeiterinnen aus. Hat das Volk keine Möglichkeit, eine Königin nachzuziehen, so wird es schließlich zugrunde gehen. Mit der Königin muß daher immer mit größter Umsicht und Behutsamkeit umgegangen werden.

Trotz aller Vorsicht wird es aber auch der routinierte Imker nicht vermeiden können, daß gelegentlich ein Volk seine Königin verliert und weisellos wird. Dies muß nicht immer Unachtsamkeit des Imkers sein, denn auch Königinnen haben eine begrenzte Lebensdauer (4–5 Jahre). Die Natur hat das Bienenvolk gegen den Verlust der Königin gut abgesichert. In dem Moment, in dem das Volk bemerkt, daß keine Königinnenduftstoffe mehr im Nest vorhanden sind, werden die Arbeiterinnen sich eine neue Königin aus der Brut ziehen, die die alte zurückgelassen hat. Sie suchen sich hierzu einige Larven aus, die noch keine 2 Tage alt sind. Ursprünglich waren diese Larven als Arbeiterinnen vorgesehen. Die Bienen können sie jedoch noch umfunktionieren, so daß dennoch Königinnen daraus entstehen. Sie bauen dazu die kleinen Arbeiterinnenzellen zu vollwertigen Weiselzellen aus. Zudem bekommen die jungen Larven jetzt nicht mehr das gewöhnliche Arbeiterinnenfutter, sondern es wird ihnen eine Kraftnahrung besonderer Art geboten, der Königinnenfuttersaft oder »Gelée royale«. Die Larven wachsen wesentlich schneller als ihre Arbeiterinnenkolleginnen und erreichen kurz vor dem Verdeckeln ein mehr als doppelt so hohes Gewicht.

Die Diät bewirkt, daß aus den ursprünglichen Arbeiterinnen nun doch noch Königinnen werden. Dies funktioniert allerdings nur, wenn der Imker Larven wählt, die nicht älter als 3 Tage sind. Danach sind die Kasten festgelegt. Larven, die nach den ersten 3 Tagen weiterhin Arbeiterinnenfuttersaft bekommen, bleiben auch dann Arbeiterinnen, wenn man zu einem späteren Zeitpunkt die Diät wechselt.

Der Königinnenfuttersaft ist eine hochkonzentrierte Kraftnahrung und besteht nur zu 60% aus Wasser. Entsprechend gelartig ist die Konsistenz. Die restlichen 40% setzen sich zusammen aus Fetten (10%) und komplexen Eiweißen (38%) sowie aus wasserlöslichen Bestandteilen (52%; z. B. Zucker, Vitamine, Aminosäuren). Nicht nur die Qualität des Futtersafts ist jedoch bei Arbeiterinnen- und Königinnenlarven verschieden, sondern auch die Menge des verabreichten Futters. Die Königinnenlarve wird während ihrer Entwicklung insgesamt 1600mal gefüttert und bekommt insgesamt etwa 1,5 g Futter. Bescheiden nimmt sich im Vergleich dazu der Pflegeaufwand für Arbeiterinnenlarven aus, die mit 143 Fütterungen nicht einmal ein Zehntel der Aufmerksamkeit der Ammenbienen auf sich ziehen.

Die Aufzucht von Königinnen ist den Bienen also bestens vertraut, und die Völker sind wohl ausgerüstet, um den Verlust einer Königin zu verwinden. Während das Bienenvolk glücklich ist, wenn es nur irgendeine Königin nachziehen kann, hat der Imker meist deutliche Vorlieben für bestimmte Sorten von Königinnen. Auf keinen Fall möchte er solche haben, die zu stechlustigen, schwarmfreudigen, ertragsschwachen Völkern führen. Der Imker hat also ein vitales Interesse, Königinnen mit solchen Eigenschaften zu vermehren, die seiner Betriebsweise und seinen Anforderungen entsprechen. Die Auswahl, welche Königin nun nachgezogen wird, kann er damit nicht nur dem Bienenvolk überlassen, das in dieser Hinsicht nicht wählerisch ist und irgendeine Larve nimmt. Wie kann der Imker aber das natürliche Potential der Königinnennachzucht in Bienenvölkern so nutzen, daß auch er und nicht nur das Bienenvolk davon profitiert?

Wieder konnte man aus der genauen Kenntnis der Bienenbiologie heraus Methoden entwickeln, die es dem Imker ermöglichen, auf biologische Weise die Königinnen zu züchten, die er und nicht notwendigerweise das Bienenvolk für richtig hält. Die Verfahrensweise ist dabei so einfach, daß auch der Anfänger sich in dieser Technik üben kann, nachdem er die ersten Anlaufschwierigkeiten überwunden hat.

Ausgenutzt wird dabei der natürliche Trieb weiselloser Völker, aus der Brut eine Nachschaffungskönigin zu ziehen. Die Ammenbienen im weisellosen Volk werden sich schnell auf die Suche nach Larven im richtigen Alter machen, die sie dann durch entsprechende Fütterung zu Königinnen umbestimmen.

Der Imker kann die junge Brut des Volkes herausnehmen und junge Brut von einem besonders guten Volk seiner Wahl in das Zuchtvolk einhängen. Um möglichst viele Königinnen von der gewünschten Sorte zu erhalten, wird der Imker die Brut (auch Zuchtstoff genannt) nicht einfach als Arbeiterinnenbrutwabe zuhängen, sondern er wird versuchen, den Zuchtstoff für die Pflegebienen möglichst attraktiv zu gestalten. Er wird die jungen Larven aus den Arbeiterinnenzellen herausnehmen und sie in künstliche Königinnenzellen geben. Ein Vorgang, den man in Imkerkreisen »Umlarven« nennt.

Der Zuchtstoff

Die Auswahl der jungen Arbeiterinnenbrut, des Zuchtstoffs, ist das wesentliche bei der Königinnenzucht. Auf keinen Fall dürfen die vom Imker ausgewählten Larven älter als 3 Tage sein, sonst erhält man am Ende der Zucht keine vollwertigen Königinnen, sondern oft kleine Zwischenformen zwischen Königin und Arbeiterin, die weder zum einen noch zum anderen taugen. Große ältere Larven ergeben *keine* großen Königinnen! Je kleiner die Larven beim Umlarven, desto größer ist die Chance, eine vollwertige Königin zu erhalten. Oft kann man sie mit bloßem Auge kaum erkennen, und man orientiert sich am einfachsten am Futtersaft, der auf dem Zellboden liegt. Larven im Alter von 1–1½ Tagen sind am besten als Zuchtstoff geeignet.

Wer als Anfänger Schwierigkeiten hat, das richtige Alter der Larven abzuschätzen, kann die Königin auf einer Wabe oder im Honigraum für 1 Tag einsperren. Danach beläßt man die bestiftete Wabe 4 Tage im Honigraum und kennt dann genau das Alter der Larven. Einfacher ist es jedoch, zunächst einem erfahrenen Imker bei der Arbeit zuzuschauen. Man wird dann schnell lernen, welche Larven die richtigen sind.

Man sollte den Zuchtstoff auf keinen Fall zu lange außerhalb des Bienenvolks aufheben. Nur bis zu 6 Stunden sollte eine Zuchtstoffwabe ohne Bienenbesatz sein, danach kommt es zu ersten Verlusten. Nach 24 Stunden können dann bereits über ein Drittel aller Maden tot sein.

Der Bogenschnitt

Die einfachste Form, den Zuchtstoff zu verarbeiten, ist der sogenannte Bogenschnitt. Man nimmt hierzu die Wabe mit dem Zuchtstoff (in diesem Fall kann man auch eine Eiwabe nehmen) und schneidet mit einem warmem Messer an der jungen Brut entlang. Das Wabenstück unterhalb des Zuchtstoffs wird herausgeschnitten. Die Bienen werden mit Vorliebe solche Larven zu Königinnen heranziehen, die in Zellen am Rand der Wabe liegen. Dort ist in der Regel viel Platz, um die großen Königinnenzellen anzulegen. Der Bogenschnitt liefert zahlreiche Randzellenlarven im richtigen Alter, und die Bienen werden viele der Larven an der Schnittkante zu Königinnen großziehen. Wer mehr Königinnen braucht, der sollte diese Technik allerdings nicht benutzen. Zum einen ist die weitere Verarbeitung der Königin aufwendig, zum anderen wird man mit dieser Methode kaum mehr als 20 Königinnen pro Zuchtserie erhalten. Der Hauptnachteil des Bogenschnitts besteht jedoch darin, daß die

Königinnen in der Regel klein werden. Die Bienen können die Arbeiterinnenzellen nicht genügend ausweiten. Entsprechend klein bleiben die Weiselzellen und die daraus resultierenden Königinnen.

Künstliche Weiselbecher

In der Imkerei haben sich künstliche Weiselbecher aus Bienenwachs oder aus Kunststoff durchgesetzt. Der Imker muß mit einem kleinen Spatel, dem *Umlarvlöffel,* die junge Made aus ihrer ursprünglichen Zelle herausnehmen und in den künstlichen Weiselbecher hineinlegen. Der Weiselbecher wird dann in einem Zuchtrahmen im Bienenvolk aufgestellt, und die Bienen pflegen die Larven zu Königinnen. Für den Hobby-Imker werden am ehesten die Weiselbecher aus Bienenwachs in Betracht kommen, denn die kann er selbst mit einfachen Mitteln herstellen. Man braucht hierzu einen runden Holzstab mit einem Außendurchmesser von 8–9 mm. Der Stab wird an der Spitze abgerundet und sorgfältig glattpoliert. Vor Gebrauch muß man den Stab etwa ½ Stunde in kaltem Wasser einweichen. Wenn man diesen Stab nun einige Male mit der Spitze 8–10 mm tief in flüssiges Wachs (70° Celsius!) eintaucht, wird

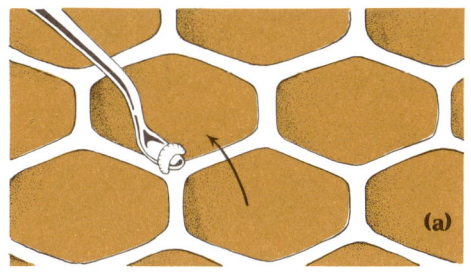

Beim Umlarven nimmt man mit dem Umlarvlöffel eine junge Made aus der Arbeiterinnenzelle heraus (a) und legt sie in ein künstliches Weiselnäpfchen (b)

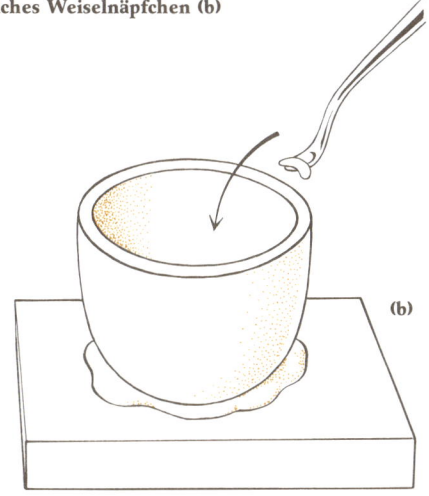

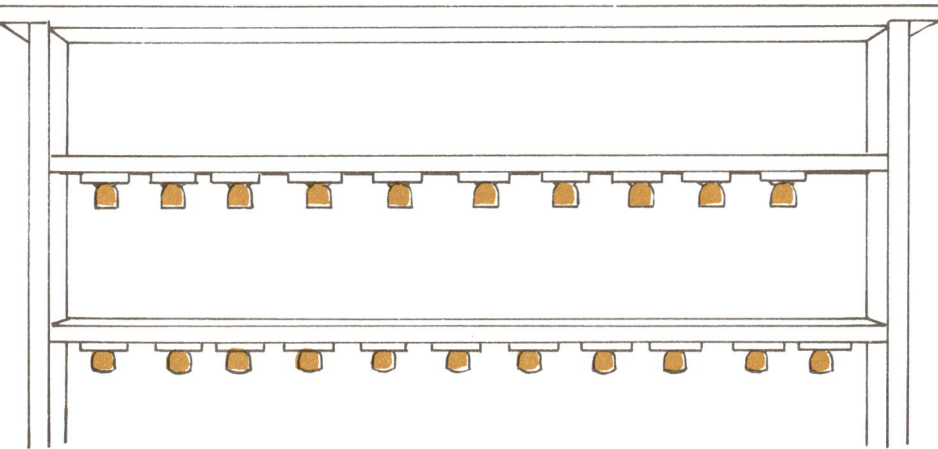

Zuchtrahmen mit künstlichen Weiselnäpfchen, die im Pflegevolk zu vollwertigen Weiselzellen ausgebaut werden

Die Königinnenzucht

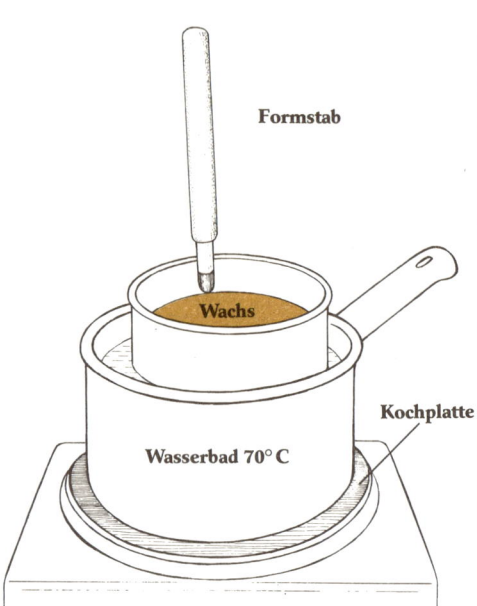

**Herstellung von künstlichen Weiselnäpfchen.
Das Wachs darf nicht zu heiß sein, und der
Formstab muß regelmäßig in Wasser eingetaucht
werden, sonst lassen sich die fertigen Näpfchen
nicht ablösen**

sich eine kleine Wachskapsel bilden. Durch mehrmaliges Eintauchen erhält man die gewünschte Wanddicke (etwa 0,5 mm). Solange das Wachs noch nicht völlig ausgehärtet ist, kann man es leicht vom Holzstab nehmen. Fertig ist der künstliche Weiselbecher! Bevor man den Stab wiederverwendet, sollte man ihn kurz in kaltes Wasser tauchen, sonst läßt sich das Weiselnäpfchen nicht von der Spitze ablösen. Wer viele Weiselbecher produzieren muß, der kann zahlreiche Stäbe nebeneinander an ein Tauchgestell montieren und dann Dutzende Näpfchen gleichzeitig herstellen. Der Fachhandel bietet solche Geräte, die dann aber aus Metall bestehen sollten, zum Verkauf an. Die Wachsnäpfchen lötet man dann mit einem kleinen Wachstropfen an einen Holzstopfen (Zuchtstopfen), den man sich entweder selbst herstellt oder aber im Fachhandel kauft. Die Zuchtstopfen befestigt man dann wiederum mit einem Tropfen Wachs am Zuchtrahmen. Die Zuchtrahmen sind leere Rähmchen, in denen drehbare Längsleisten angebracht sind. An diesen Leisten befestigt man die Zuchtstopfen. Nach unten hin haben die Bienen somit ausreichend Platz, um die Weiselzellen auszubauen.

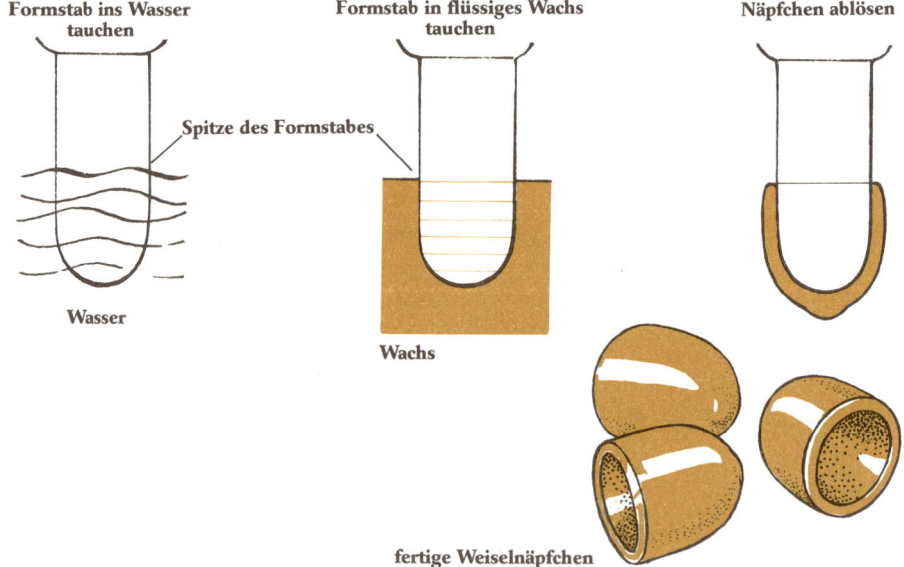

Das Umlarven

Hat man die Zuchtstoffwabe zur Hand und sind die Zuchtrahmen mit Weiselbechern vorbereitet, so kommt der Teil der Arbeit, der das meiste Fingerspitzengefühl abverlangt. Die kleine Larve muß aus dem Futtersaft genommen und in das Weiselnäpfchen übertragen werden. Die Larve darf hierbei natürlich nicht beschädigt werden. Der Imkereifachhandel bietet hierfür einen sogenannten »Umlarvlöffel« an. Dies ist ein an der Spitze umgebogener, kleiner Spatel. Man fährt mit ihm unter die Larve und hebt sie – am besten noch in einem Tropfen eigenen Futtersafts liegend – aus der Zelle heraus. Die Larve wird im Weiselnäpfchen in der Zellmitte vom Umlarvlöffel abgestreift. Bei Wachsbechern geht dies oft einfacher als bei Kunststoffbechern. Ein Tropfen Weiselfuttersaft, den man aus unverdeckelten Königinnenzellen gewonnen hat, wird auf dem Zellboden aufgebracht und erleichtert das Abstreifen.

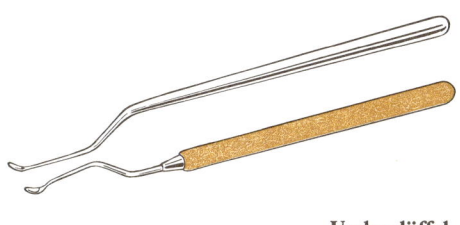

Umlarvlöffel

Das Pflegevolk

Das Volk, das die jungen Larven pflegen soll, bedarf einiger imkerlicher Vorbereitung. Der einzige Stimulus, außerhalb der Schwarmzeit Königinnenzellen anzusetzen, ist die Weisellosigkeit. Man sollte also die Königin suchen und aus dem Volk herausnehmen. Der Imker wünscht sich natürlich, daß das Volk nur die

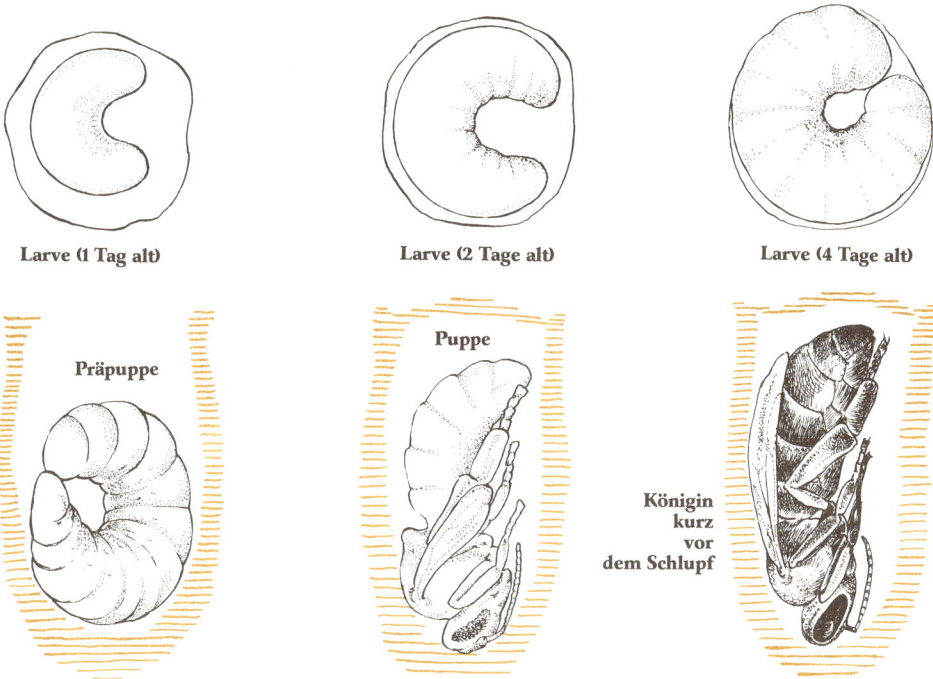

Bei sachgerechtem Umlarven wächst die junge Larve innerhalb zwei Wochen zur Königin heran

Larven im Zuchtrahmen zu Königinnen heranzieht und nicht die eigene Brut. Es empfiehlt sich daher, zusammen mit der Königin auch junge Brut aus dem Pflegevolk zu entfernen. Magazinimker können hierbei eine sehr einfache Betriebsweise realisieren. Sie können das Volk ohne großen Aufwand nach der Zucht noch für andere Zwecke (Honig) benutzen. Man teilt das Volk und gibt die junge offene Brut und die Königin in die Honigraumzarge. Man stellt diese Zarge mit dem Flugloch in entgegengesetzte Richtung neben das weisellose Restvolk. Zwischen Waben mit alter offener Brut im Brutraum des weisellosen Volksteils hängt man die Zuchtrahmen ein. Die schlüpfenden Jungbienen aus der verdeckelten Brut werden die Königinnenzellen bestens versorgen. Die alte Königin geht inzwischen in der Zarge nebenan ihrem Brutgeschäft weiter nach, und es entsteht kein Verlust an Bienenmaterial. Sobald die Weiselzellen verdeckelt sind, stellt man das Volk wieder zusammen: Die Königin in den Brutraum, die verdeckelten Zellen in den Honigraum. Die Zellen müssen jetzt nur noch auf 34° Celsius temperiert werden und bedürfen keiner besonderen Pflege. Das Absperrgitter zwischen Brut- und Honigraum muß allerdings gut abschließen, sonst wird die alte Königin alle mühsam gezogenen Zellen zerstören. 10 Tage nach dem Umlarven, kurz vor Schlupf, sollte man die Zellen in Schlupfkäfige setzen. Am einfachsten und preiswertesten werden hierzu Lockenwickler benutzt. Die Zuchtstopfen müssen genau auf die Lockenwicklereröffnung passen, und es muß genügend Platz für die schlüpfende Königin vorhanden sein. Am einfachsten ist es, die Königinnen im Honigraum des Pflegevolks schlüpfen zu lassen. Man braucht dann allerdings ein sogenanntes Hürdenrähmchen, in dem man die Schlupfkäfige/Lockenwickler aufstellen kann. Die Königinnen werden nach dem Schlupf von den Arbeiterinnen durch das Gitter gefüttert und verhungern nicht. Wer die Königinnen im Brutschrank schlüpfen läßt, sollte auf ausreichende Luftfeuchtigkeit (mindestens 60% relative Feuchte) und ein ausreichendes Nahrungsangebot in Form von Honig oder Zuckerteig achten.

Viele kommerzielle Königinnenzüchter benutzen mehrere Völker für die Königinnenzucht: einen sogenannten weisellosen »Starter« und einige weiselrichtige »Finisher« (Endpflegevölker). Wie man aus der Namensgebung sieht, hat sich diese Methode hauptsächlich im englischsprachigen Raum durchgesetzt. Dem Starter (im deutschen auch Anbrüter genannt) werden nur die frisch umgelarvten Zellen eingehängt. Die angenommenen Zellen werden dann nach 48 Stunden in den Honigraum eines Finisher gegeben, der die Zellenpflege weiterführt. Da sich hauptsächlich während der ersten 48 Stunden entscheidet, ob eine Zelle gepflegt wird oder nicht, kann in diesem Verfahren die zur Verfügung stehende Völkerzahl effizienter ausgenutzt werden. Das weisellose Startervolk wird dabei sehr stark gemacht (z. B. durch Vereinigung mehrerer Völker) und im Raum klein gehalten. Dies soll die Schwarmneigung und damit die Annahmerate erhöhen.

Lockenwickler eignen sich gut als Schlupfkäfige für die Königinnenzucht

In solchen Rähmchen kann man viele Königinnen gleichzeitig in Pflegevölkern schlüpfen lassen

Es versteht sich, daß nur starke Völker mit einer genügenden Anzahl von Ammenbienen für die Königinnenzucht geeignet sind. Unter guten Bedingungen kann man eine Annahmerate von bis zu 60 Zellen pro Volk und Zuchtserie erhalten. Dies erreicht man jedoch unter unseren klimatischen Bedingungen nur selten. Man kann froh sein, wenn man mit einem Pflegevolk insgesamt 60 Königinnen erzeugt hat. Dann nämlich erst lohnt es sich für den Königinnenzüchter, auf die Honigeinbußen zu verzichten. Der Hobby-Imker wird freilich nicht in diesen Dimensionen operieren. Aber auch er sollte sich darüber im klaren sein, daß das Bienenvolk nicht alles gleichzeitig machen kann. Es kann entweder Honig oder Pollen oder Königinnen erzeugen. Alles zugleich kann es nicht.

Wohin mit den Königinnen?

Schon bevor man die Zucht ansetzt, sollte man sich überlegen, was man mit den Königinnen später machen will. Der Anfänger wird die Königinnen zunächst benutzen, um Verluste zu ersetzen und Ableger zu bilden. Er wird hierzu die unbegatteten Königinnen verarbeiten und sie an seinem Standort begatten lassen. Er weiß dabei natürlich nicht, mit welchen Drohnen sich seine Königin paart. Der fortgeschrittene Imker wird jedoch ein Interesse haben, nicht nur gute Königinnen auszulesen. Er wird auch interessiert sein, daß sich seine mit viel Mühe gezogenen Exemplare mit ordentlichen Drohnen paaren, um so zu leistungsfähigen Völkern zu kommen. Die Auslese der Königin ist nur die Hälfte der Zuchtbemühungen, die Auslese der Drohnen ist genauso wichtig.
Wer die Vaterseite seines Bienenvolks kontrollieren will, muß Vorkehrungen treffen, damit die Königin sich nicht mit jedem beliebigen Drohn paart. Nur bienenfreie Areale, in die man Drohnen und Königinnen einbringt, kön-

nen solche kontrollierten Paarungen unter natürlichen Bedingungen garantieren. Kein leichtes Unterfangen, wenn man sich den großen Flugradius von Drohnen und Königinnen auf ihren Paarungsflügen ansieht. Für solche kontrollierten Paarungen ist es sinnvoll, die unbegatteten Königinnen zunächst in kleinen Völkchen zu halten, bis sie erfolgreich begattet wurden. Diese kleinen Einheiten sind leicht transportabel und können in Gebiete verbracht werden, in denen der Drohnenbestand kontrolliert wird. Auf diesen sogenannten Belegstellen fliegen die Königinnen zur Paarung aus. Nachdem sie in ihren Völkchen (»Begattungsvölkchen«) erfolgreich mit der Eilage begonnen haben, kann man sie ihrer endgültigen Bestimmung (z.B. durch Einweiseln in Vollvölker) zuführen.

Das Begattungsvölkchen

Es sind inzwischen eine Vielzahl von Kästchentypen für Begattungsvölkchen auf dem Markt. Jeder Hersteller behauptet, mit seinem Kästchentypus die meisten Vorteile realisiert zu haben. Weltweit setzt sich inzwischen das Kirchhainer Begattungskästchen aus Styropor durch, in dem man die Königinnen nach der Begattung noch längere Zeit stehenlassen kann, ohne daß das Volk mangels Bienen zusammenbricht. Dies ist insbesondere für kommerzielle Königinnenzüchter von Bedeutung, die begattete Königinnen bei geringem Aufwand an Bienenmaterial über längere Zeit bis zum Verkauf aufheben müssen. Wer lediglich die Begattung will und danach sofort die Königin weiterverarbeitet, kann auch kleinere Einheiten als Begattungsvölkchen benutzen. Die großen Königinnenzüchter der USA und Australiens kennen solch kleine Begattungskästchen nicht. Sie benutzen »Babynuks«, die für unsere Verhältnisse von der Bienenmenge her schon respektable Ableger liefern könnten.

Das Füllen der Begattungskästchen muß gelernt sein, und auch dem Fachmann passiert hier noch so manches unerwartete Mißgeschick. Man erstellt zunächst einen Kunstschwarm mit einer ausreichenden Menge Bienen, um alle Kästchen zu füllen. Dann bereitet man die Kästchen vor. Sie müssen mit ausreichend Zuckerteig (Puderzucker-Honig-Gemisch oder Fertig-

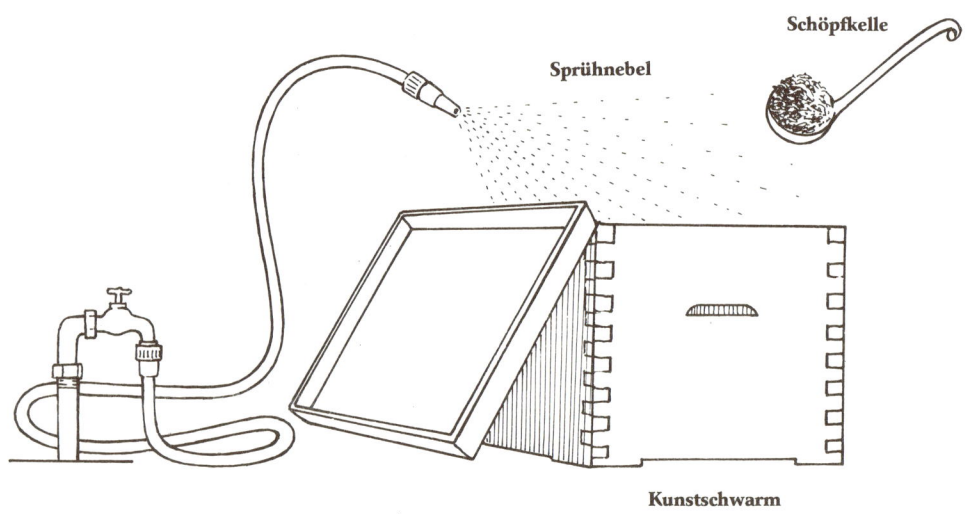

Füllen der Begattungskästchen. Der Sammelschwarm wird kurz mit einem feinen Wassernebel besprüht (nicht zu stark!).

Das Begattungsvölkchen

zuckerteig) versorgt sein. Die Wabenträger sollten mit Mittelwandstreifen (etwa 2 cm breit am Oberträger angelötet) versehen sein. Es empfiehlt sich, zwischen Deckel und Kästchen ein Stück Plastikfolie einzulegen. Der Deckel verklebt dann nicht mit dem Kästchen, und die Einheit läßt sich jederzeit leicht öffnen.

Das Füllen der Kästchen geht am besten zu zweit. Während der eine aus der Schwarmkiste mit einem Schöpflöffel die Bienen herausnimmt und in die Kästchen füllt, kann der andere die Königin in einem Auslaufkäfig zuhängen und das Kästchen verschließen. Die Käfigöffnung sollte reichlich mit Zuckerteig verschlossen sein. Die Bienen werden im Laufe etlicher Stunden den Teig abfressen, und die Königin wird in der Regel ohne Probleme vom Völkchen akzeptiert, da sie den Volksgeruch durch die Käfighaft inzwischen angenommen hat und somit »dazugehört«.

Damit nicht zu viele Bienen des Kunstschwarms davonfliegen, sollte man sie mit einem Wasserzerstäuber leicht naßsprühen. Dies stellt die kritische Phase dar. Nimmt man zuviel Wasser, so werden die Bienen am Kästchenboden verklumpen. Die Ventilationsöffnungen werden dadurch blockiert, und das Völkchen wird schließlich verbrausen. Nimmt man zuwenig Wasser, so wird man viele Bienen verlieren, die aus dem Schwarmkasten auf und davon fliegen auf der Suche nach ihrem Heimatstock. Wenn man die Kästchen fernab des Standes der Kunstschwarmbienen füllt, hat man keine Probleme mit den davongeflogenen Bienen, man stellt einfach das schwächste Begattungskästchen mit einer Königin und offenem Flugloch am Abfüllplatz auf. Die umherfliegenden Bienen werden sich in kurzer Zeit in diesem Kästchen sammeln. Es ist daher besser, lieber etwas zuwenig Wasser als zuviel zu benutzen. Auch hier gilt: weniger iat mehr.

Bevor man die Kästchen im Freien aufstellen kann, sollte man sie noch 3 Tage in einen dunklen, kühlen Raum stellen (10–15° Celsius). Die Lüftungsgitter müssen dabei auf jeden Fall von innen und außen frei sein, um ein Verbrausen

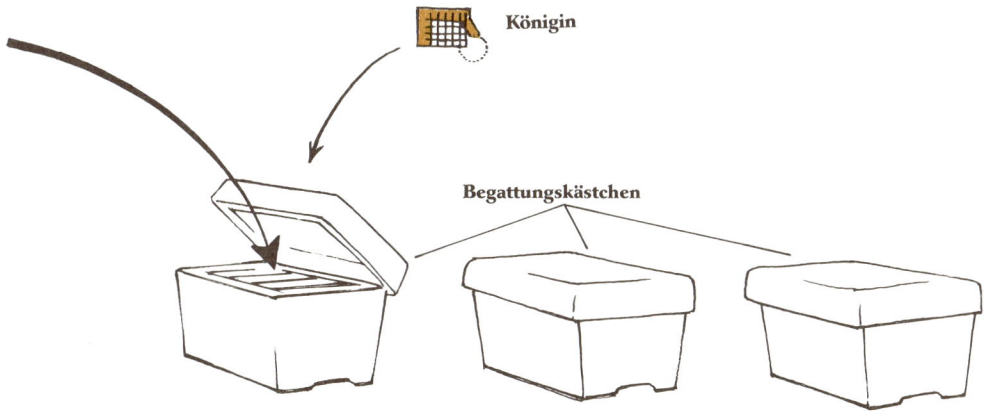

Dann werden die Bienen mit einem Schöpflöffel in die Kästchen gefüllt. Zu zweit geht's besser

zu vermeiden. Die Bienen finden während dieser Zeit zu einer Volkseinheit zusammen und werden die Anfangsstreifen zu Waben ausbauen. Nach 3 Tagen kommen die Kästchen ins Freie, wobei man sie nicht in die Nähe des Standes der Muttervölker der Kunstschwarmbienen stellen sollte. Dies würde zu Kahlfliegen und Räubereien führen. Bemerkt man bei der ersten Kontrolle der Völkchen, daß die Bienen nicht gebaut haben, so wird das betreffende Völkchen in der Regel weisellos sein. Man muß dann eine neue Königin zugeben oder es mit einem Nachbarkästchen vereinigen. Solange die Völkchen noch nicht auf der Belegstelle stehen, sollten vor den Fluglöchern Königinnenabsperrgitter angebracht sein. Die Königinnen könnten sonst vorzeitig zur Paarung ausfliegen und die ganzen Mühen zunichte machen.

Die Belegstellen

Die Belegstelle ist ein idealerweise bienenfreies Gebiet, in das man die unbegatteten Königinnen und die Vatervölker, die die Drohnen für die Paarung liefern, bringt. Am besten sind hierzu bienenfreie Inseln (z.B. in der Nordsee und im Wattenmeer) geeignet. Bei den Landbelegstellen können Fehlpaarungen in der Regel kaum ausgeschlossen werden. Zu groß ist das Einzugsgebiet der Drohnensammelplätze ($\cong$ 450 km^2), als daß man tatsächlich mit letzter Sicherheit ausschließen könnte, daß sich nicht doch ein falscher Drohn auf die Belegstelle verirrt. Aber auch wenn man keine garantierte Reinpaarung erhält, ist die Landbelegstelle dann sinnvoll, wenn die überwiegende Mehrzahl der Drohnen im betreffenden Gebiet von den Vatervölkern auf der Belegstelle stammen. Wenn von den 10–15 Drohnen, die eine Königin paaren, einer nicht zu den Vatervölkern gehört, so ist dies für die Praxis meist unerheblich. Im Mittel werden die Völker, vorausgesetzt man hat Vater- und Muttervölker vernünftig ausgelesen, dennoch in ihren Leistungen über dem Durchschnitt liegen.

Inselbelegstellen garantieren eine Reinpaarung. Nicht jeder Imker wird allerdings Zugang zu Inseln haben, und vielfach stehen die Transportkosten in keinem Verhältnis zum zu erwartenden Gewinn. Wer allerdings ohnehin seinen Urlaub auf Nordseeinseln verbringt und gleichzeitig Hobbyzüchter ist, der sollte mit den lokalen Imkerverbänden Kontakt aufnehmen und die dortigen Möglichkeiten nutzen.

Die instrumentelle Besamung

Wer keine Inselbelegstelle zur Verfügung hat, kann dennoch exakt die Paarung kontrollieren. Die Lösung heißt »instrumentelle Besamung«, eine Technik, die sich seit 1950 als Routinemethode in der Bienenzucht etabliert hat. Zahlreiche kommerzielle Königinnenzüchter benutzen bereits diese vielversprechende Methode, die inzwischen einen weitaus höheren Begattungserfolg aufweisen kann als die natürliche Paarung. Ein erfahrener Besamungstechniker erreicht einen Besamungserfolg von über 95%, während bei der natürlichen Paarung, abhängig von der Witterung, im Mittel nur 70% aller Königinnen erfolgreich begattet werden. Die Besamungsapparate sind inzwischen so weit entwickelt, daß auch Anfänger nach kurzer Übung beachtliche Besamungserfolge verbuchen können.

Das Prinzip der instrumentellen Besamung ist einfach: Man nimmt einen geschlechtsreifen Drohn am Hinterleib zwischen Daumen und Zeigefinger und drückt so lange, bis er seinen Begattungsschlauch ausstülpt. An der Spitze des Geschlechtsapparats sieht man einen milchig trüben Tropfen, das Sperma. Man nimmt das Sperma von 8–10 Drohnen in die dünne, zugespitzte Kapillare einer Besamungsspritze auf und injiziert den Samen in die Geschlechtsöffnung der Königin. Der ganze Vorgang findet unter einem Präparationsmikroskop statt, und der Anfänger hat meist einige Schwierigkeiten, die Vaginalöffnung der Königin zu finden, da sie von einer Hautfalte – der Scheidenklappe – verdeckt ist. Man muß die Hautfalte zur Seite schieben und kann dann die Besamungsspritze

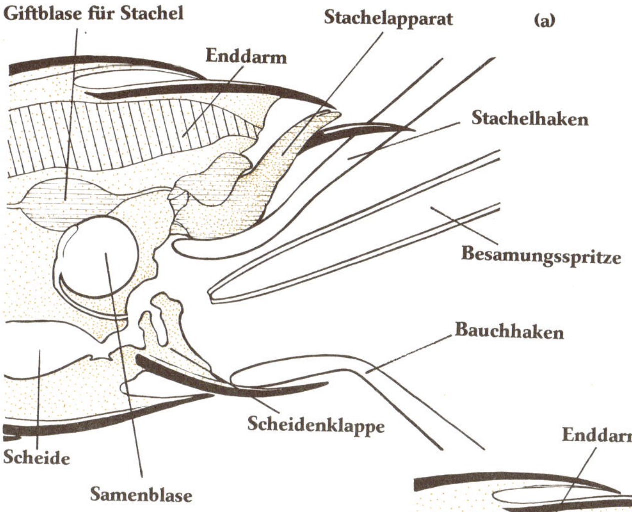

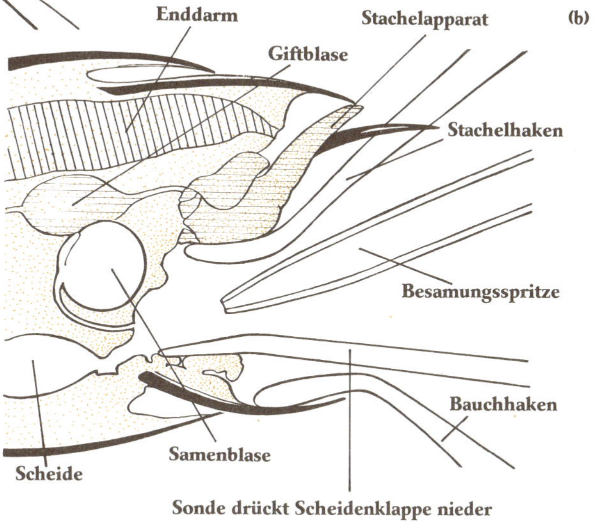

Die instrumentelle Besamung

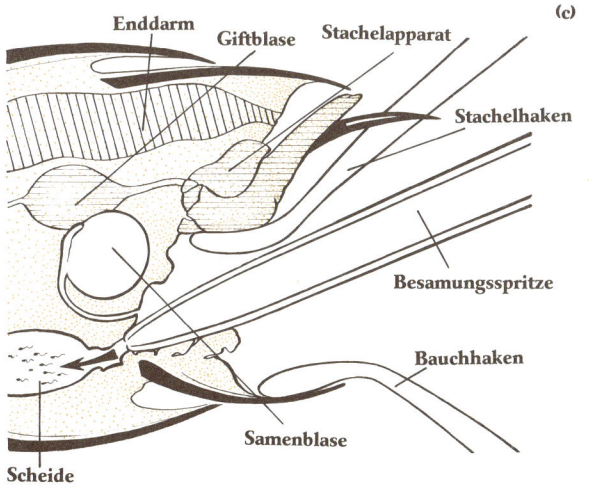

Instrumentelle Besamung der Bienenkönigin schematisch dargestellt.
Mit einem Bauch- und einem Stachelhaken wird die Geschlechtsöffnung aufgehalten. Das Sperma befindet sich in der Besamungsspritze. Die Scheidenklappe verhindert die direkte Einführung der Besamungsspritze (a). Mit einer Sonde muß die Scheidenklappe weggedrückt werden (b), erst dann wird die Besamungsspritze eingeführt (c)

ohne Schwierigkeiten einführen. Während der Besamung wird die Königin mit Kohlensäuregas betäubt. Dies hat zum einen den Vorteil, daß sie sich während des Eingriffs ruhig verhält, zum anderen wird sie nach der Besamung in Eilage gehen. Die Narkose setzt die Entwicklung der Eierstöcke in Gang. Während der Narkose hat man eine gute Gelegenheit, die Königin mit Nagellack in der Jahresfarbe, siehe untenstehende Tabelle, oder mit einem kleinen Nummernplättchen zu markieren und den Vorderflügel zu beschneiden. Geht die Farbmarkierung verloren, so kann man die Königin durch den Flügelschnitt dennoch später leicht als künstlich besamtes Tier identifizieren.

rot	grün	blau	weiß	gelb
1988	1989	1990	1991	1992
1993	1994	1995	1996	1997

Bedingt durch die hohen Produktionskosten, wird man künstlich besamte Königinnen besonders fürsorglich behandeln. Sie sollten möglichst gleich nach dem Schlupf in Begattungskästchen kommen und nicht lange in Honigräumen von Pflegevölkern gehalten werden. Nach der Besamung sollten sie frei im Völkchen umherlaufen können und nicht über längere Zeit gekäfigt sein. Das überschüssige Sperma wandert sonst schlecht aus dem Geschlechtsapparat aus und kann die Eilage behindern. Lange gekäfigte Königinnen zeigen ohnehin Schäden an Beinen und Fühlern. Man sollte bei den hohen Investitionen, die man bei der künstlichen Besamung hat, nicht an imkerlichen Grundlagen sparen.

Während die künstliche Besamung für den Berufsimker als Honigproduzent eine kaum rentable Sache ist, kann der Hobby-Imker an der Technik sehr wohl Freude haben. Man sollte aber auf jeden Fall den Anspruch vermeiden, die Rentabilität der eigenen Honigimkerei durch die künstliche Besamung zu vergrößern. Das gelingt mit Sicherheit nicht. Die Produktion der Drohnen und Königinnen, die man für die künstliche Besamung benötigt, zehrt an den Völkern, und man wird Pflegevölker für Geschlechtstiere nur noch sehr begrenzt für die Honigerzeugung einsetzen können.

Insbesondere die Erzeugung geschlechtsreifer Drohnen erfordert große Opfer. Oft pflegen die Völker ihre Drohnen nur mangelhaft, und obwohl Drohnen im entsprechenden Alter von 10–12 Tagen reif sein sollten, ist die Spermaentnahme meist mühselig, da schlecht gepflegte Drohnen in ihrer Entwicklung weit zurückbleiben. Die einzige Alternative ist oft, daß man die Drohnen in weisellosen Pflegevölkern hält, in denen sich die Arbeiterinnen auch in schlechten, trachtarmen Zeiten ausreichend um das Wohlergehen ihrer männlichen Kollegen kümmern können.

Der Arbeitseinsatz, den die künstliche Besamung dem Imker abverlangt, ist ganz erheblich und nicht zu unterschätzen. Wer künstliche Besamung – ob als Hobby oder als Nebenerwerb – durchführt, sollte daher auf eine große Honigernte verzichten und sich stärker auf die Produktion von Königinnen konzentrieren. Für die Allgemeinheit gesehen, ist der Königinnenzüchter ohnehin von wesentlich größerer Bedeutung als der reine Honigproduzent. Der Königinnenzüchter betreibt die Auslese und bestimmt damit, wie sanftmütig, wie ertragsstark und wie vital unsere Bienenvölker sind. Versagen die Züchter, so ist die Krise in der Imkerei vorprogrammiert.

Die Zuchtauslese

Da die Paarung je nach Methode mehr oder minder gut kontrolliert werden kann, fragt man sich natürlich nun, nach welchen Kriterien ausgelesen werden soll. Wie soll die gewünschte Honigbiene denn bitteschön aussehen? Eine Frage, die seit mehreren Jahrzehnten an Imkerstammtischen zu gewaltigen und vernichtenden Wortschlachten führte. Heutzutage haben sich die Wogen weitgehend geglättet, obwohl immer noch einzelne erbitterte Gefechte auf der Suche nach der besten Biene gefochten werden. Am einfachsten tut man sich hier mit einer pragmatischen Einstellung zum Problem Zucht. Bedingt durch die Struktur der Imkerschaft mit

Die Zuchtauslese 113

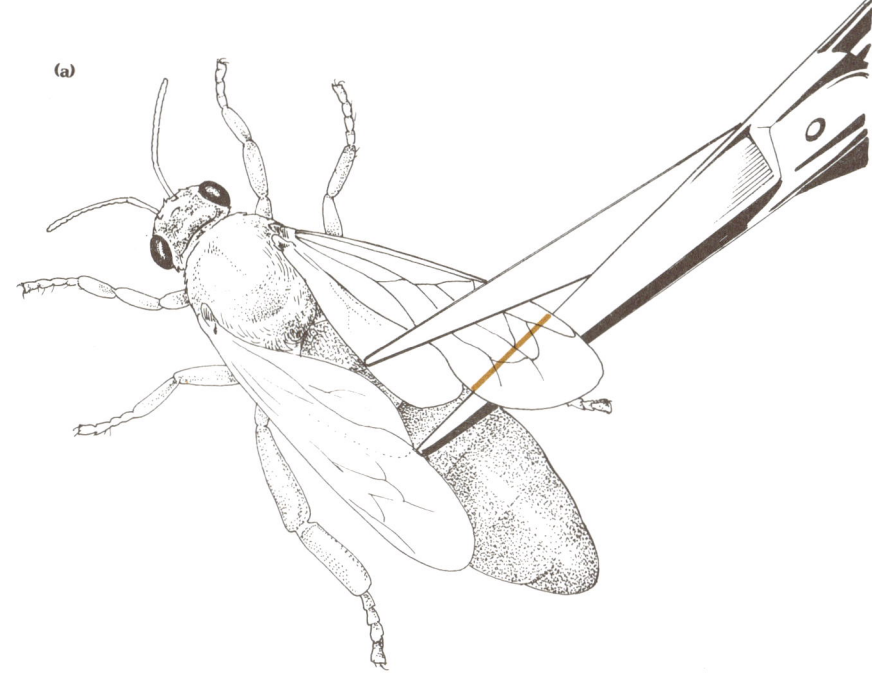

Schneiden des Flügels (a) und Markierung der Königin (b)

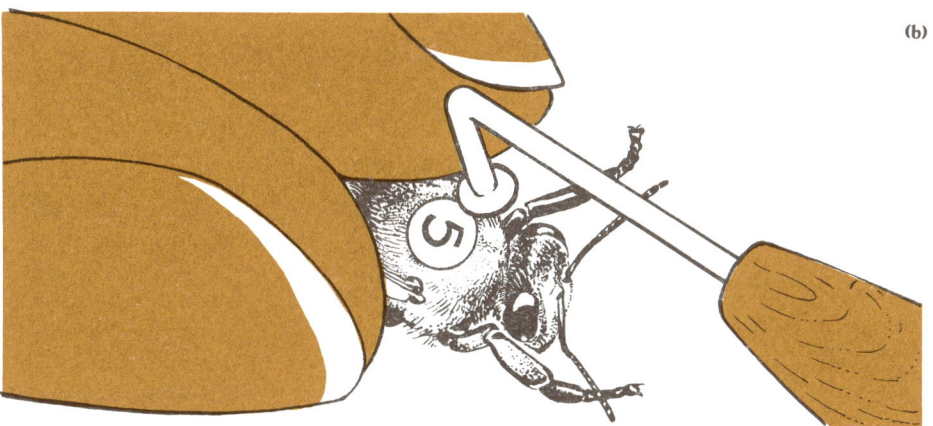

Die Königinnenzucht

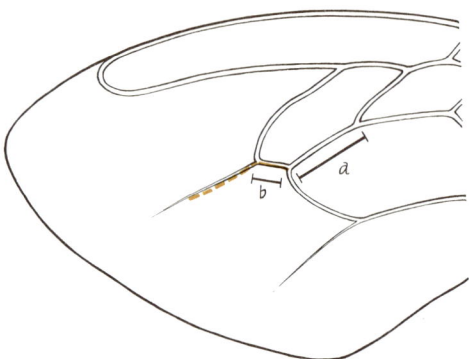

Vorderflügel einer Arbeiterin. Das Verhältnis der Strecken a und b bestimmt den Cubitalindex

kleinen bis kleinsten Betrieben bei gleichzeitig minimalen wirtschaftlichen Profiten, erscheint als das einzig realistische Zuchtverfahren die Zucht innerhalb eines Reinzuchtgebiets. Nur so profitiert ein Imker von der Zuchtarbeit des Nachbarn, und das Problem der Rassenhybriden (siehe Kapitel Bienenrassen auf Seite 61 ff.) wird nicht entstehen. Da es nun aber leider immer wieder Imker gibt, die trotz dieser Erkenntnis (oder in Unkenntnis) wiederholt neue, fremde Rassen in ein solches Reinzuchtgebiet einbringen, ist es notwendig, Kontrollen durchzuführen, ob z. B. auf Landbelegstellen gepaarte Königinnen tatsächlich von den gewünschten Drohnen oder aber auch von Drohnen einer unerwünschten Rasse begattet wurden. Die Merkmalskörung der Biene, ein Verfahren, das insbesondere in der Bundesrepublik intensiv (manchmal zu intensiv) von Züchtern betrieben wurde und wird, ist eine Möglichkeit, solche Fehlpaarungen zu enttarnen. Am Beispiel der *Apis mellifera carnica,* der Kärntner-Biene, und der *Apis mellifera mellifera,* der ursprünglichen Landrasse nördlich der Alpen, soll kurz aufgezeigt werden, wie eine solche Merkmalskörung vor sich geht.

Man entnimmt einem Volk 50–100 Arbeiterinnen und tötet sie durch Einfrieren im Tiefkühlfach. Nach 24 Stunden entnimmt man die Bienen und untersucht drei Körpermerkmale, die sehr genau eine Unterscheidung zwischen den beiden Rassen erlauben. Mit einer Lupe und einem Stück Wabendraht kann man die Haarlänge der Rückenbehaarung am Hinterleib messen. Sind die Haare länger als die Dicke des Wabendrahts (0,35 mm), so handelt es sich nicht um eine Carnica. Ein weiteres Merkmal ist die Breite der dritten Filzbinde auf dem Hinterleib. Sind zwei Drittel des vierten Hinterleibsrings von der Filzbinde bedeckt, so ist dies ein Indiz für eine Carnica. Am genauesten kann man die beiden Rassen jedoch am sogenannten *Cubitalindex* des Vorderflügels unterscheiden. Zur Messung klebt man den Vorderflügel auf ein Dia-Rähmchen und projiziert den Flügel auf eine Leinwand. Nun mißt man die Strecken a und b, wie in der nebenstehenden Abbildung gezeigt, aus und setzt diese ins Verhältnis. Der Cubitalindex errechnet sich aus CI = a : b und sollte im Fall der Carnica nicht kleiner als CI = 2,5 sein. Da man viele Arbeiterinnen pro Volk untersucht hat, kann man die Verteilung der einzelnen Arbeiterinnen in Merkmalsklassen untersuchen.

Findet man mehrgipfelige Verteilungen, (siehe Abbildung rechts oben), so deutet das auf Fehlpaarungen der Königinnen hin.

Trotz aller Merkmalskörung sollte der interessierte Züchter jedoch sein Hauptziel nicht aus den Augen verlieren: Es geht darum, eine vitale, aber sanftmütige Honigbiene zu züchten. Ein hoher Cubitalindex mag zwar typisch für die Carnica sein, aber dies allein garantiert noch lange nicht, daß die Biene nun auch tatsächlich im Verhalten die gewünschten Eigenschaften zeigt. Hier wurden in der Vergangenheit oftmals schmerzhafte Irrwege gegangen, da man glaubte, die »schöne« Biene mit den »richtigen« Körpermerkmalen sei auch automatisch in ihrem Verhalten dem Ideal entsprechend. Dies ist leider nicht so, und der Irrweg war tatsächlich schmerzhaft im Sinne des Wortes: Auch schöne Bienen können stechen!

Die Zuchtauslese 115

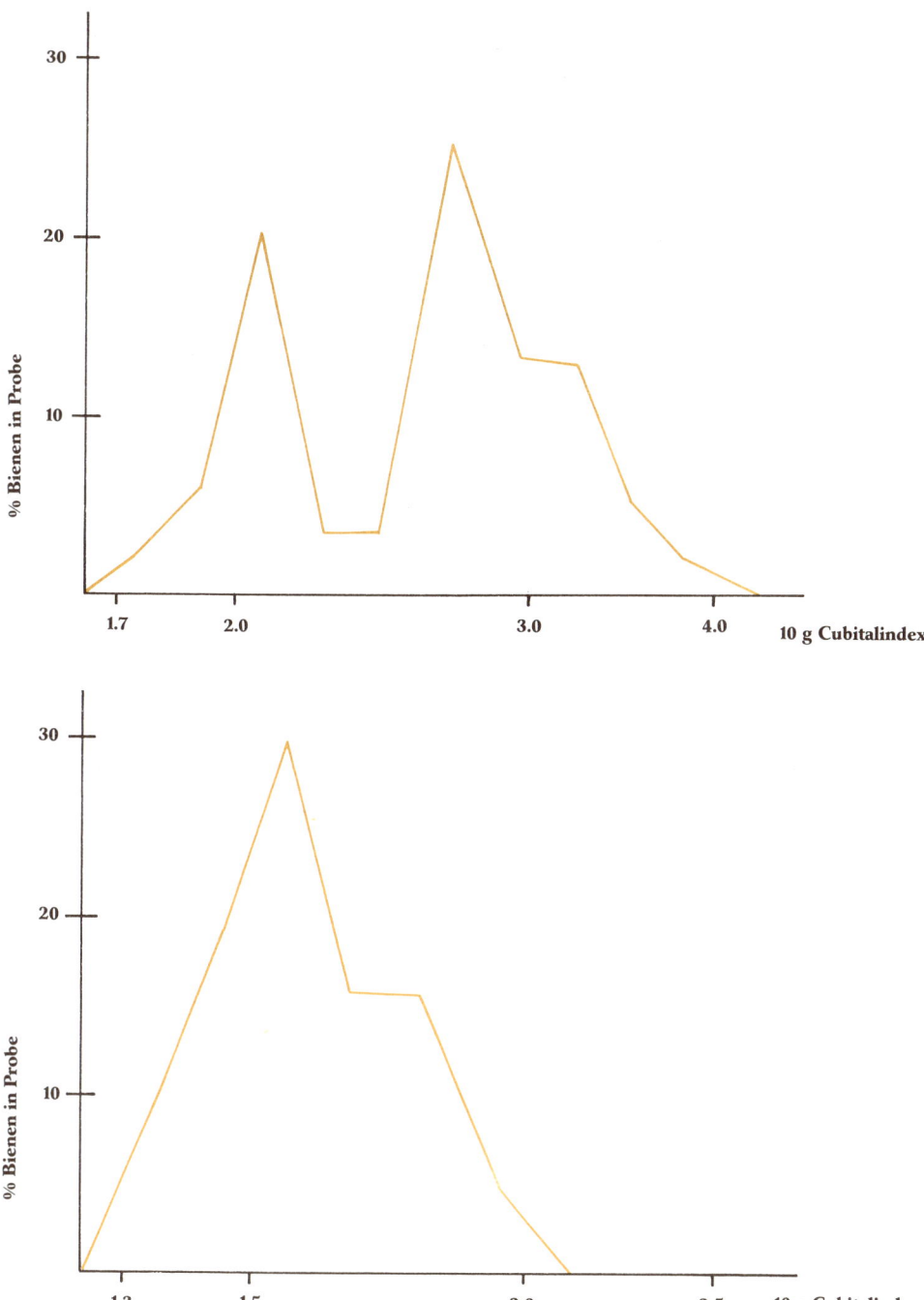

Auswertung des Cubitalindexes (X-Achse, logarithmische Skala) in zwei Bienenvölkern. Die Y-Achse zeigt an wie viele Bienen mit dem entsprechenden Index gefunden wurden. Oben ein Volk mit uneinheitlichem Merkmalsbild. Unten ein reines Volk mit Apis mellifera mellifera

Krankheiten der Bienen

Kein Organismus ohne Parasit! So lautet eine Grundregel in der Biologie. Auch die Honigbienen bleiben davon nicht verschont, und zahlreiche Krankheitserreger, Parasiten und Schädlinge können die Freude an der Imkerei verderben. Die meisten Krankheiten sind heute jedoch in ihrer Ursache und Biologie gut verstanden, und es gibt zahlreiche Möglichkeiten, sie zu vermeiden und zu bekämpfen.

Erkrankungen der Brut

Die Brut der Honigbiene ist insbesondere durch bakterielle und mykotische Infektionen gefährdet. Pilze und Bakterien fühlen sich bei Temperaturen um 35° Celsius extrem wohl und vermehren sich ungehemmt. Zudem fördert die hohe Luftfeuchte im Bienenvolk den Wuchs dieser Erreger.

Kalkbrut

Die häufigste Bruterkrankung ist die sogenannte Kalkbrut. Es handelt sich um eine Pilzerkrankung, die insbesondere die Streckmaden befällt. Der Pilz *(Ascosphaera apis)* durchwuchert den Körper der Larven und bricht kurz vor der Verdeckelung durch die Larvenhaut. Die Larve ist meist schon tot. Der Pilz wird dann weiter auf der Oberfläche wuchern. Die Larve trocknet schließlich ein und bleibt dann weißlich oder schmutzig grün gefärbt in der Zelle liegen.

Äußerlich kann man die Kalkbrut daran erkennen, daß die Bienen die toten, vertrockneten Larven aus dem Volk räumen. In schweren Fällen wird man vor dem Flugloch viele tote, mumifizierte Larven finden. Auf der Bodeneinlage wird man schon bei schwächerem Befall Larvenmumien finden. Zieht man eine Brutwabe und schüttelt sie leicht, so kann man bei starkem Befall hören, wie die ausgetrockneten Larven an die Zellwände stoßen und ein Klappern verursachen.

Meist wird die Krankheit einen gutartigen Verlauf nehmen, wenn man die Bienen an einen trockenen, trachtreichen Standort bringt. Bei starken Völkern ist der Putztrieb meist so gut ausgebildet, daß die erkrankten Larven schnell und rechtzeitig aus dem Volk entfernt werden. Dadurch tritt die Erkrankung gar nicht offen in Erscheinung. In schweren Fällen versagt allerdings diese Selbstheilung, besonders an feuchten Standorten mit mäßiger Trachtlage. Da es zur Zeit keine befriedigenden Fungizide gegen den Kalkbruterreger gibt, bleibt als einzige Lösung, stark befallene Brutwaben aus dem Volk zu entfernen. Man sollte die Königin des Volkes gegen eine aus einer kalkbrutrobusten Linie austauschen. Auf jeden Fall sollte man alle Werkzeuge und Gerätschaften gründlich desinfizieren.

Steinbrut

Obwohl es sich auch hier um eine Pilzinfektion handelt, läßt sich das Krankheitsbild der Steinbrut meist leicht von dem der Kalkbrut unterscheiden. Die Pilzwucherungen sind nicht nur auf den Larvenkörper begrenzt, sondern überziehen die ganze Zelle mit einem Pilzgeflecht. Zunächst hat die infizierte Larve eine graugrünliche Färbung und wird später eher bräunlich. In der Regel werden nur schwache Völker von der Steinbrut befallen. Gelegentlich befällt der Erreger *(Aspergillus flavus)* auch erwachsene Bienen. Der Imker wird diese allerdings nicht im Volk beobachten können, da es die erkrankten Bienen vor ihrem Tod meist verlassen.

Schimmelpilze und andere Aspergillus-Arten sind bekannt durch die Produktion der sogenannten Aflotoxine. Dies sind hochgiftige Stoffe, die auch für den Menschen gefährlich sind. Zudem ist erwiesen, daß diese Stoffe

Erkrankungen der Brut 117

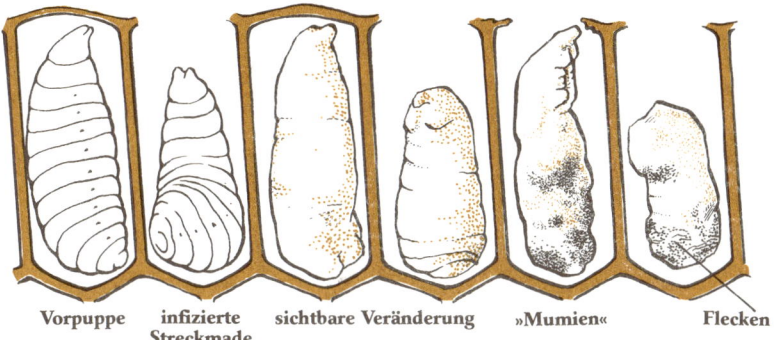

Vorpuppe infizierte sichtbare Veränderung »Mumien« Flecken
Streckmade

Schadbild im Querschnitt

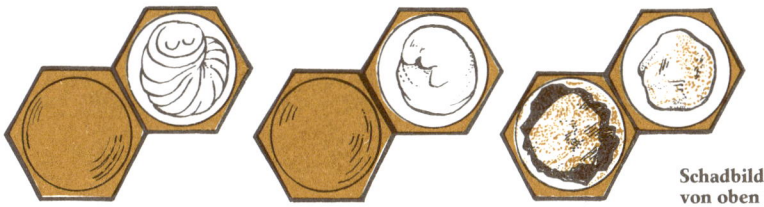

Schadbild von oben

Am Kalkbruterreger erkrankte Larven in der Wabe

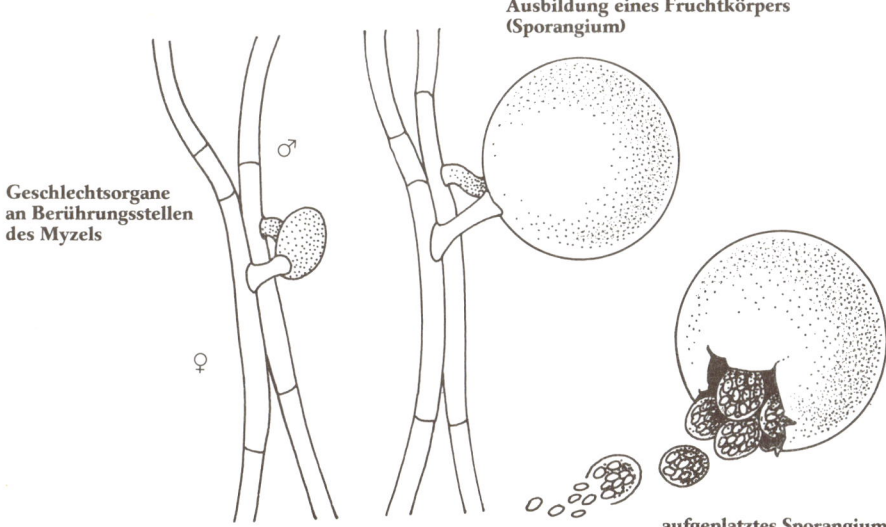

Ausbildung eines Fruchtkörpers (Sporangium)

Geschlechtsorgane an Berührungsstellen des Myzels

aufgeplatztes Sporangium entläßt Sporenballen, die Sporen freigeben

Vermehrungsprinzip des Kalkbruterregers

Krankheiten der Bienen

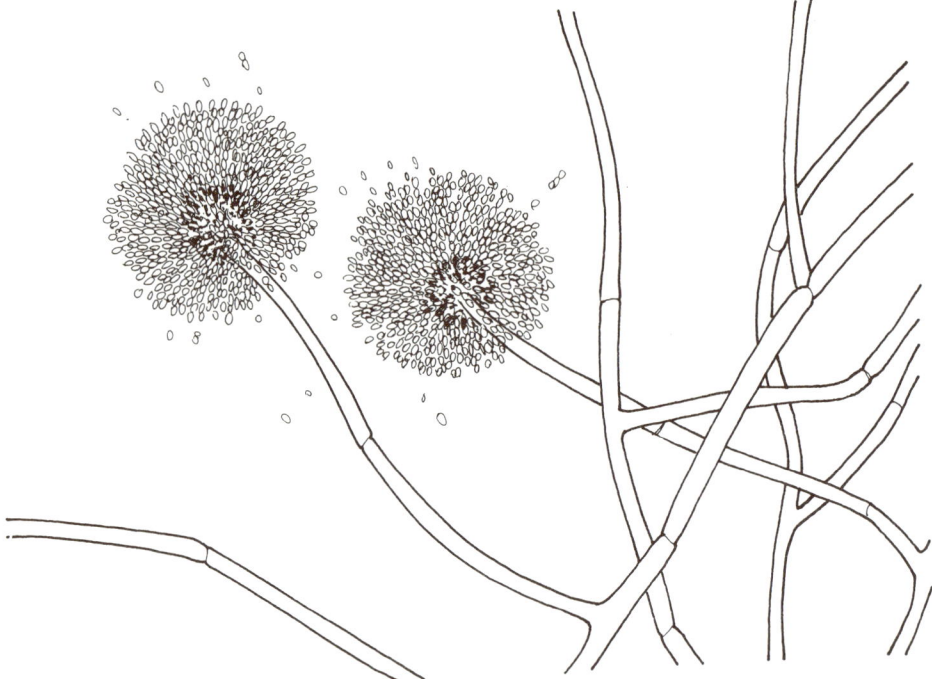

Der Erreger der Steinbrut, Aspergillus flavus, im mikroskopischen Präparat

krebserregend sind. Entsprechend rigoros muß man bei der Bekämpfung der Steinbrut vorgehen und die Völker mitsamt den Waben vernichten. Die Beuten sollte man mit scharfen Mitteln, z. B. 2prozentiger heißer Natronlauge, gründlich desinfizieren.

Amerikanische Faulbrut (AFB)

Die amerikanische Faulbrut, auch bösartige Faulbrut genannt, gehört zu den anzeigepflichtigen Krankheiten des Bienenvolkes. Es handelt sich um eine bakterielle Infektion, die die Brut innerhalb kurzer Zeit zu einer übelriechenden, fauligen Masse werden läßt. Ein sicheres Indiz für eine Faulbrutinfektion ist die sogenannte »Streichholzprobe«. Wenn man mit dem Hölzchen in die braunen Reste der Larve stößt und es dann wieder herauszieht, bilden sich bei der amerikanischen Faulbrut lange, schleimige Fäden. Erreger dieser Krankheit ist der *Bacillus*

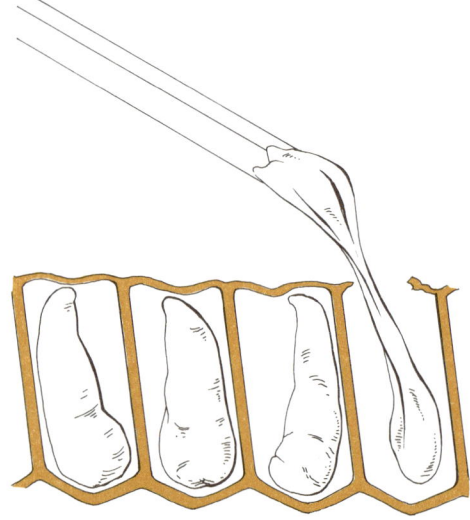

Die Streichholzprobe. Die erkrankten Larven ziehen schleimige Fäden und haben einen charakteristischen, süßlichen Geruch. Typisch sind auch die eingefallenen Wachsdeckel verdeckelter Zellen mit erkrankter Brut

larvae, ein Stäbchenbakterium mit einer Länge von 5 μm und einem Durchmesser von 0,8 μm (1 μm = ¹⁄₁₀₀₀ mm). Die Bakterien können äußerst resistente Dauerformen, sogenannte Sporen, bilden, die dann auch ganz entschieden die Therapie der Krankheit erschweren. Einige Kenngrößen der Sporen sollen dies verdeutlichen.

- 100° Celsius überleben die Sporen bei geringer Luftfeuchtigkeit mehrere Stunden, ohne daß sie ihre Virulenz verlieren.
- Im Honig bleiben die Sporen über 1 Jahr virulent.
- Bevor sie endgültig abgetötet sind, muß man sie mindestens ½ Stunde bei 95° Celsius in Wasser kochen.
- Antibiotika sind völlig unwirksam gegen die Sporen der amerikanischen Faulbrut.
- Erst hohe Dosen extrem harter Röntgenstrahlung sind geeignet, die Sporen abzutöten.

Die Vernichtung der Sporen ist in der Therapie deshalb besonders wichtig, weil sich die Larve über die Sporen im Futter infiziert. Die Stäbchen selbst sind für die Larven völlig ungefährlich und werden bei der Verdauung zerstört.

Nur die jungen Larven sind für eine Infektion mit Faulbrutsporen empfänglich, ältere sind weitgehend resistent. Erst nach der Verdeckelung findet die erste Vermehrungsphase des Erregers statt. Die Bakterien durchdringen den Darm und lösen den Larvenkörper auf. Wenn man die Streichholzprobe durchführt, ist die Sporenbildung bereits in vollem Gange.

Der Imker kann erst dann eingreifen, wenn sich das Krankheitsbild eindeutig darstellt. Die Bienen werden schon viel früher eingreifen und haben mehrere hocheffiziente Mechanismen, um die bösartige Faulbrut in Schach zu halten. Der erste besteht in der Eigenschaft der Bienen, infizierte Larven unter dem Wachsdeckel zu erkennen und – noch bevor sich die gefährlichen Sporen bilden – aus dem Volk zu entfernen. Hierzu werden die Zellen zunächst entdeckelt und – im Fall einer Infektion – die Larven herausgeholt. Es gibt hierbei sehr große genetische Unterschiede zwischen den Honigbienen verschiedener Herkunft und Rasse. Man unterscheidet sogenannte hygienische und unhygienische Bienen, die entsprechend unterschiedlich empfindlich auf die bösartige Faulbrut reagieren. Die hygienischen Bienen haben einen ausgeprägten Putztrieb, der rechtzeitig für die Beseitigung der infizierten Larven sorgt. Bei den unhygienischen Bienen ist dieser Putztrieb weniger stark ausgeprägt, so daß die Erkrankung ihr volles Bild entfalten kann.

Weiterhin können die Bienen offensichtlich die Sporenpassage durch den Ventiltrichter in ihrem Honigmagen regulieren. Aufgenommene Sporen werden dabei fast nicht an die Larven weiterverfüttert oder im Honig eingelagert, sondern nahezu ausschließlich in den Darm abgesondert. Dort keimen die Sporen zum Teil in die ungefährliche Stäbchenform aus oder werden außerhalb des Nestes abgesetzt.

Auch bei den Larven gibt es deutliche genetische Unterschiede bezüglich der Empfänglichkeit für Faulbrutinfektionen. Es gibt nahezu resistente Linien, bei denen die jungen Larven nur während einer sehr kurzen Periode infiziert werden können und bereits wenige Stunden nach dem Schlupf aus dem Ei resistent sind.

Solange die Infektion im Volk nicht sehr stark verbreitet ist, können die Bienen selbst den Erreger beseitigen. Probleme tauchen allerdings dann auf, wenn die ersten stark sporenhaltigen Schleime aus den Zellen entfernt werden müssen. Jetzt werden die hochvirulenten Sporen durch das Putzen der Zellen im ganzen Volk verteilt, und die Chance auf eine Selbstheilung schwindet dahin. Die Zeitspanne zwischen initialer Infektion bis zum Auftreten des ersten Krankheitsbildes kann von einigen Wochen bis zu mehreren Jahren dauern.

Die bösartige Faulbrut verbreitet sich einerseits durch verfliegende und räubernde Bienen, zum anderen kann aber auch der Imker sehr effizient zur Verbreitung beitragen. Extrem gefährlich ist hierbei die Honigschleuder, in die infizierte und nicht infizierte Waben hinein- und aus der ausschließlich infizierte herauskommen. Gibt man die Waben den Völkern zurück, hat man die Krankheit wirkungsvoller verteilt, als dies mit der übelsten Räuberei jemals möglich wäre. Nicht selten setzt der Imker selbst die Faulbrutinfektion, indem er Honige unbekannter Herkunft an seine Bienen füttert.

Die beste Behandlung besteht – wie bei allen Krankheiten – in vorbeugenden Maßnahmen. Der Imker sollte bei seiner Arbeit streng auf Hygiene achten und sein Gerät immer wieder gründlich desinfizieren. Der Wabenbau sollte regelmäßig erneuert werden, Honige unbekannter Herkunft dürfen nicht an die Bienen verfüttert werden.

Wenn trotz aller Vorsorge dennoch eine Infektion auftritt, so muß der erste Schritt des Imkers die Meldung der Krankheit an die Veterinärbehörde sein. Er sollte im Verdachtsfall eine Brutprobe an die nächstliegende Untersuchungsstelle schicken. Man schneidet dabei ein Stück befallene Brutwabe ohne Honigzellen aus und packt es – in Zeitungspapier gewickelt (nicht in luftdichte Plastikfolien!) – in einen Karton.

Bei erkanntem Faulbrutbefall muß ein Sperrgebiet errichtet werden, Bienenbewegungen innerhalb des Sperrgebiets werden untersagt. Das hohe Infektionsrisiko befiehlt eine solche Vorgehensweise, um ein Ausbreiten der Krankheit zu vermeiden. Die Veterinärbehörde wird im Sperrgebiet alle bekannten Bienenstände auf Faulbrut untersuchen und entsprechende Behandlungen anordnen.

Generell gibt es zur Zeit zwei Wege vorzugehen. *Der erste* führt über die Vernichtung des ganzen Volkes. Das Flugloch wird verstopft und ein glimmender Schwefelspan in die Beute gehängt (Achtung! Brandgefahr!). Die toten Bienen kehrt man dann in einen Plastiksack. Das Gewicht der Bienen muß bei der Versicherung für die Vergütung angegeben werden. Die Waben sollte man mitsamt Rähmchen und allen alten Beuten verbrennen. Bei einer gründlichen Desinfektion lösen sie sich sowieso meist in ihre Bestandteile auf. Auf jeden Fall sollte man hier mit einem gesonderten Paar von Imkerhandschuhen arbeiten. Alles Gerät sollte nach der Arbeit gründlich sterilisiert werden. Bei gut erhaltenen Beuten sollte man ebenfalls zunächst eine Desinfektion versuchen. Man wäscht die Geräte und Beuten zunächst in heißer Ätznatronlauge (2%). Danach flämmt man die Materialien gründlich (das Holz muß eine tiefbraune Färbung bekommen) mit einem Gasbrenner ab. Wer Kunststoffkästen hat, hat hier einen entscheidenden Nachteil. Solche Kästen sind kaum zu sterilisieren.

Im zweiten Verfahren versucht man, die Bienen der befallenen Völker noch über ein Kunstschwarmverfahren zu retten. Die Entscheidung hierüber obliegt dem eingeschalteten Seuchenwart oder der Veterinärbehörde. Man kehrt alle Bienen in eine Schwarmkiste, gibt den Schwarm 3 Tage in Dunkelhaft und kann ihn dort entweder mit einer Zuckerlösung (1:1, man kann hier auch Antibiotika – z. B. Terramycin® – beifügen) füttern oder ganz ohne Futter stehenlassen. Danach gibt man den Schwarm am alten Standort in eine nicht infizierte Beute mit neuem Wabenbau.

Nicht nur das Bienenmaterial, auch der Bienenstand muß entseucht werden. Um die Beuten herum muß der Rasen möglichst kurz gemäht und das Gras mit den Waben verbrannt werden. Die gemähte Fläche wird zusätzlich mit Chlorkalk bestreut. Wer ein Bienenhaus hat, den trifft ein Faulbrutbefall besonders hart. Es gilt, das gesamte Bienenhaus zu entseuchen. Der kleinste Kotspritzer einer Biene kann einen neuen Infektionsherd darstellen. Überall wo Bienenflug möglich ist, muß man gründlich mit mindestens 6prozentiger Sodalösung auswaschen. Die Flugfront versieht man am besten mit einem neuen Anstrich.

Solche Maßnahmen sind natürlich nur dann sinnvoll, wenn alle Imker im Sperrgebiet sich gemeinsam an der Bekämpfungsaktion beteiligen. Nur wenn die tierseuchenpolizeilich vorgeschriebenen Maßnahmen von allen durchgeführt werden, ist mit einer Ausmerzung der Seuche zu rechnen. Die Schäden, die dem Imker durch die Faulbrutbehandlung entstehen, werden in der Regel ersetzt. Allerdings nur dann, wenn er das Auftreten der Krankheit rechtzeitig der entsprechenden Behörde meldet.

Europäische Faulbrut (EFB)

Das Krankheitsbild der europäischen Faulbrut, auch Sauerbrut genannt, ist dem der amerikanischen sehr ähnlich. Der Hauptunterschied besteht darin, daß bereits die Rundmaden stark betroffen sind und man sie in entdeckelten Zellen eingetrocknet findet. Im Gegensatz zur amerikanischen Faulbrut lassen sich Schorfe und Rückstände in den Brutzellen leicht entfernen. Wenn man Zelldeckel aufklappt, so findet man auf ihrer Unterseite lackartige Rückstände (»Deckellack«).

Der Erreger der europäischen Faulbrut ist bakteriologisch noch nicht eindeutig geklärt. Zwei Erreger stehen hierbei im Vordergrund: *Bacillus alvei* und *Streptococcus pluton*. Meist findet man Mischinfektionen, und man nimmt an, daß erst S. pluton die Made infiziert und später B. alvei die Made zu der säuerlich riechenden Masse zersetzt.

Die Infektiösität der europäischen Faulbrut ist nicht ganz so groß wie die der amerikanischen Faulbrut und stark von Standorten abhängig. Während die Infektion vielerorts glimpflich verläuft, kann sie andernorts zu extremen Verlusten führen und sich äußerst hartnäckig jeglicher Therapie widersetzen.

Die Vernichtung von befallenen Völkern erwies sich als zwecklos. Immer wieder kommt es zu schweren Rückschlägen, weil die Krankheit bei vielen infizierten Völkern nicht ausbricht. Das Kunstschwarmverfahren mit entsprechenden seuchenhygienischen Maßnahmen bietet sich an. Die europäische Faulbrut ist in der Schweiz anzeigepflichtig. Generell empfiehlt es sich, auf jeden Fall bei einer Bruterkrankung eine Brutprobe an eine Untersuchungsstelle zu schicken, um den Befall mit amerikanischer Faulbrut ausschließen zu lassen.

Sackbrut

Diese Brutkrankheit wird durch Viren verursacht. Die Larven sterben dabei im Streckmadenstadium ab. Zieht man eine infizierte Larve mit einer Pinzette aus der Zelle, so fällt sie wie ein mit Wasser gefüllter Sack in sich zusammen. Eine klare oder bernsteinfarbige Flüssigkeit befindet sich in der Larvenhaut, und die inneren Organe sind völlig aufgelöst. Später vertrocknen die Larven zu schwarzbraunen Schorfen. Eine Bekämpfung der Sackbrut gibt es nicht. Da es sich um eine Virusinfektion handelt, sind Antibiotika weitgehend wirkungslos. Die einzige Maßnahme, die der Imker treffen kann, besteht in der Umweiselung des Bienenvolks mit einer Königin aus einer wenig empfindlichen Rasse (z. B. Carnica).

Erkrankungen der erwachsenen Bienen

Nicht nur die Brut, auch die erwachsenen Bienen können von Krankheiten befallen werden. Milben, Einzeller, Bakterien und Viren setzen als Parasiten ausgewachsener Arbeiterinnen dem Bienenvolk genauso zu wie die oben genannten Brutkrankheiten.

Nosema

Der weltweit häufigste – und damit schlimmste – Parasit der Honigbiene ist *Nosema apis,* ein kleiner Einzeller, der in die Gruppe der Microsporidia gehört. Mit Nosema infizierte Völker zeichnen sich durch einen extrem hohen Verlust an Altbienen aus. Dies macht sich insbesondere nach der Auswinterung bemerkbar. Im Frühjahr gehen stark infizierte Völker mangels Sammlerinnen zugrunde.

In Österreich können bei großflächigem, starkem Nosema-Befall Sperrgebiete eingerichtet werden.

Ähnlich wie der Erreger der amerikanischen Faulbrut in der Larve, ist auch Nosema außerhalb der Biene auf ein Sporenstadium angewiesen. Im Darm keimt die Spore, und die Keimlinge dringen in die Zellen der Darmwand ein. Hier teilen sie sich und wachsen als Parasitenzellen weiter, bis man schließlich bis zu 500

Nosemazellen pro Darmzelle findet. Die Darmzelle platzt dann auf, und Sporen werden freigesetzt, die erneut als Infektionsherd fungieren. Kranke Bienen neigen dazu, Kottröpfchen im Nest abzusetzen und dadurch andere Bienen im Volk zu infizieren. Schlechtes Wetter verstärkt dieses Verhalten, und die Infektion wird sich im Volk schneller ausbreiten. Brut und frischgeschlüpfte Bienen werden nicht von Nosema befallen. Zwischen Völkern verbreitet sich die Krankheit über verfliegende Bienen oder durch mangelnde Hygiene bei der imkerlichen Arbeit. Typisch ist hier z.B. Umhängen verkoteter Waben oder Weiterfütterung unverbrauchten Winterfutters ohne vorherige Erhitzung an andere Völker.

Trotz der großen Schäden, die die Nosematose in jedem Frühjahr setzt, gelingt es dem Volk doch häufig, sich selbst von der Infektion zu befreien. Besonders wirksam ist dabei eine Tracht, bei der die alten Bienen schnell verbraucht werden und viele Jungbienen im Bienenvolk vorhanden sind. Starke Völker sind daher die beste Vorsorge gegen eine Nosema-Infektion. Eine Waldtracht dagegen sollte möglichst schnell geerntet werden, da sie den Darm der Bienen stark belastet und sie bei schlechtem Wetter dazu veranlaßt, im Stock abzukoten.

Wenn die Bienen im Winter mit dem Brutgeschäft beginnen und damit Pollen zur Herstellung des Futtersaftes aufnehmen müssen, wird der Darm belastet. Dies ist die entscheidende Phase im Infektionszyklus der Nosematose. Können die Bienen nach der Pollenaufnahme nicht bald auf einem Reinigungsflug abkoten, so werden sie das im Stock tun, und die Infektion nimmt ihren Lauf. Ein geschützter Standplatz, der auch bei mäßigen Wetterbedingungen noch einen Reinigungsflug ermöglicht, wirkt daher der Nosema-Infektion entgegen. Wer regelmäßig den Wabenbau der Völker erneuert, jährlich durch neue Ableger und Vereinigung von Altvölkern seinen Bestand verjüngt und starke Völker produziert, sollte nur wenig Probleme mit der Nosematose bekommen. Fumidil B gegen den Nosema-Parasiten, in der Schweiz und in Österreich im Handel käuflich, ist derzeit aber in der Bundesrepublik nicht mehr zugelassen und somit nicht erhältlich. Die Vorbeugung durch konsequente Erneuerung des Bienenmaterials und Desinfizierung des imkerlichen Geräts und der Beuten sind ohnehin die besten Möglichkeiten, die dem Imker derzeit zur Bekämpfung der Nosematose zur Verfügung stehen.

Amöbenseuche

Ein anderer Parasit der inneren Organe der erwachsenen Biene sind Amöben *(Malpighamoeba mellificae)*. Das Krankheitsbild ist dem der Nosematose sehr ähnlich: Es finden sich Kotflecke im Bereich des Fluglochs und innerhalb der Beute. Starke Altbienenverluste treten insbesondere nach den ersten Reinigungsflügen im Frühjahr auf.

Im Gegensatz zu Nosema parasitieren die Amöben in den Nierenkanälchen der Honigbienen. Die Biologie der Amöben ist immer noch ungeklärt. Sie bilden viele verschiedene Formen, und es gibt sie als freie Schwimmamöbe, als Kriechamöbe oder als eine der vielen Zystenformen (starre Form, oft mit einer Schutzhülle). Die Infektion findet, wie bei der Nosematose, über den Kot infizierter Bienen statt.

Im Sommer stellt die Amöbeninfektion kein Problem dar. Erst nach 3–4 Wochen bilden sich die infektiösen Stadien in der Biene. Bis dahin ist die infizierte Sommerbiene längst außerhalb des Volkes gestorben. Bei guter Tracht tritt daher eine Selbstheilung schnell ein. Die Bekämpfung sieht denn auch der Nosematose sehr ähnlich, und man wird meist durch allgemeine imkerhygienische Maßnahmen die Amöbenseuche gut unter Kontrolle halten können.

Schwarzsucht

Die Schwarzsucht steht als Sammelbegriff für ein Krankheitsbild, das sehr verschiedener und meist unklarer Genese ist. Bei einem schwarzsüchtigen Volk zeichnen sich die kranken Bienen durch einen schwarzen, glänzenden, haarlosen Panzer aus. Sie sind flugunfähig, und man findet sie häufig mit gespreizten Flügeln zitternd vor dem Flugloch. Die biologischen Ursachen dieser meist nicht infektiösen Krankheit sind völlig unklar. Man weiß allerdings, daß sie gehäuft bei starker Waldtracht auftritt. Als einzige Maßnahme zur Behandlung der Schwarzsucht bleibt daher, aus einer bestehenden Waldtracht wegzuwandern.

Noch weniger kann man bei allen Viruserkrankungen und bakteriellen Infektionen erwachsener Bienen tun. Die Symptome bestehen meist in krabbelnden und toten Bienen am Flugloch. Solche Infektionen spielen in der Regel nur dann eine Rolle, wenn bereits andere Krankheiten das Volk ohnehin geschwächt haben. Die Bekämpfung der primären Krankheit hilft mit, das Volk auch von den Effekten der Sekundärinfektionen zu befreien.

Ruhr

Ähnlich wie bei der Nosematose und der Amöbenseuche werden an der Ruhr erkrankte Bienen im Volk oder am Flugloch abkoten. Es handelt sich dabei in erster Linie um eine Überlastung oder Funktionsstörung des Darms ähnlich dem menschlichen Durchfall. Bakterien oder Amöben sind dabei nicht Ursache der Erkrankung, und sie ist nicht infektiös. Große Kälte, lange Winter, früh einsetzendes Brutgeschäft sind Parameter, die eine Ruhr auslösen können.

Zur Vorbeugung der Ruhr muß man im Wesentlichen die gleichen Maßnahmen treffen wie zur Nosematose-Prophylaxe. Das Winterfutter sollte den Darm möglichst wenig belasten. Reiner Rohrzucker ist hier am besten. Starke Völker werden weniger schnell an Ruhr erkranken als schwache. Heilen kann man die Ruhr kaum. Man kann auf günstige Flugtage hoffen und dann durch Fütterung einer warmen Zuckerlösung den Reinigungsflug verstärkt stimulieren. Auf jeden Fall sollte man Bienen zur Untersuchung auf Amöbenseuche einschicken. Sobald es die Witterung erlaubt, sollten Waben und Beute ausgetauscht werden, um eventuellen Infektionen vorzubeugen.

Maikrankheit

Im Maien, im Maien, da wird es manchmal noch einmal recht kalt! Dann kann es passieren, daß ein akuter Wassermangel im Volk eintritt. Die jungen Bienen zeigen in einem solchen Fall Zeichen einer akuten Verstopfung. Sie torkeln bei der ersten Schönwetterphase an das Flugloch und versuchen abzukoten. Man sieht dann oft breiige Kotwürstchen an der Flugfront.

Die Bienen erholen sich vom Abkoten allerdings nicht, sondern gehen oft massenweise zugrunde, eine Schwächung des Volkes, die man gerade vor den ersten Trachten auf jeden Fall vermeiden möchte. Um dem Risiko der Maikrankheit zu entgehen, kann man entweder Wasser in einer Bienentränke oder – bei langen Schlechtwetterperioden – direkt dünne Zuckerlösungen anbieten.

Tracheenmilbe

Bei der Tracheenmilbe *(Acarapis woodi)* handelt es sich um ein winziges, achtbeiniges Tierchen, das in den Tracheen, den Luftröhren, der Bienen lebt. Es kann sich dabei so zahlreich vermehren, daß die Biene unter akuter Atemnot leidet. Am Bienenvolk erkennt man den Milbenbefall durch das Auslaufen flugunfähiger Bienen. Manche fliegen noch einige Meter, stürzen dann aber zu Boden. Bei Verdacht auf eine Tracheenmilbeninfektion muß man eine Probe an die entsprechende Untersuchungsbehörde schicken. Die Krankheit ist – bedingt durch ihre hohe Infektionsgefahr – anzeigepflichtig.

Bei einer Neuinfektion dringt das Milbenweibchen in den Hauptstamm der ersten Trachee am Bruststück einer Arbeiterin ein und legt innerhalb von 2 Tagen bis zu zehn Eier. Innerhalb von 12 Tagen entwickeln sich die Eier zu neuen Weibchen, die von den kurz zuvor geschlüpften

Krankheiten der Bienen

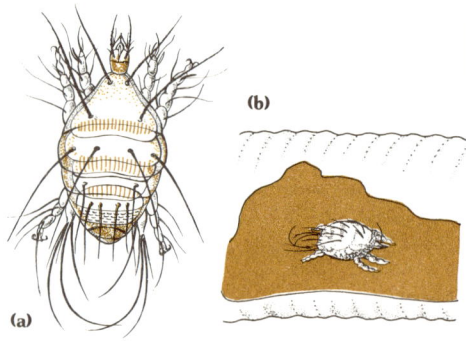

Weibchen der Tracheenmilbe im Detail (a) und in der Trachee (b)

Männchen begattet werden. Die Milben durchbohren die Tracheenwand und leben vom Blut, der Haemolymphe, der Bienen. Dabei kleckern sie des öfteren, und das Bienenblut tritt aus, trocknet und nimmt eine schwarze Farbe an. Unter dem Mikroskop kann man daher an vielen Stellen schwarze Schorfe in den Tracheen finden, ein sicheres Zeichen für eine Infektion mit der Tracheenmilbe. Nach mehreren Generationszyklen wird es einigen Weibchen in der Trachee zu eng, und sie krabbeln an die äußersten Spitzen der Bienenbehaarung. Sie nehmen dabei eine richtige Lauerstellung ein, indem sie sich mit den hinteren Beinpaaren festhalten und mit dem vorderen hin und her pendeln auf der Suche nach einem neuen Wirt.

Die Milbe muß dabei allerdings auf junge Bienen stoßen, die noch keine 10 Tage alt sind. Danach sind die Bienen resistent. Die Haarkranzreuse, die die Tracheenöffnung umgibt, ist dann so starr, daß die Milbe nicht mehr eindringen kann.

Aus der Vermehrungsbiologie der Milbe ergibt sich schon das Konzept für die Behandlung: eine reichhaltige Sommertracht mit guter Pollenversorgung. Die Bienen werden hierbei im Mittel nur 2 Wochen alt, und der Umsatz an Jungbienen ist hoch. Wenn die Altbienen jedoch abgehen, bevor sie infektiöse Milbenweibchen haben, so wird die Infektion zurückgedämmt und schließlich ganz verschwinden. Umgekehrt kann eine Milbeninfektion vor der Überwinterung für ein Volk das Aus bedeuten. In den langlebigen Winterbienen können sich die Milben zu astronomischen Zahlen vermehren und das Volk vernichten. Klimabedingungen und Standort sind somit entscheidend für den Verlauf einer Tracheenmilbeninfektion.

Wer infolge einer hohen Infektion zu einer ungünstigen Jahreszeit die Milben bekämpfen muß, kann dies mit Akariziden (Milbenvernichtungsmitteln) tun. Man muß dabei allerdings beachten, daß der Honig nicht durch die Akarizide verunreinigt wird. Die Behandlung sollte daher am besten in der trachtfreien Zeit im Winter durchgeführt werden. Derzeit steht Folbex VA, ein Räuchermittel, für die Behandlung der Tracheenmilbeninfektion zur Verfügung. Eine Desinfektion der Geräte und Beuten ist für die Bekämpfung der Milbe nicht sinnvoll. Dennoch sollte die Beutenhygiene zu den Routinearbeiten des Imkers gehören.

Varroatose

Während sich die bisherigen Parasiten meist den Blicken des Imkers entziehen und nur mikroskopisch erkennbar sind, hat der Imker bei der Milbe *Varroa jacobsoni* erstmals selbst die Möglichkeit, den Parasiten zu erkennen und die Krankheit eindeutig zu diagnostizieren. Die Milbe ist bereits mit dem bloßen Auge gut sichtbar, und man kann sie besonders zwischen den Bauchschuppen der Bienen finden. Während die bisher aufgeführten Krankheiten meist im Frühjahr zu Problemen führen, bringt die Varroatose die meisten Völkerverluste im Spätsommer. Dann vermehrt sich die Milbenpopulation explosionsartig. Findet man mehr Milben als Bienen im Volk, so ist sein Zusammenbruch vorprogrammiert.

Schon dies zeigt, daß die Varroatose eine Krankheit besonderer Art ist. Die Milbe befällt als Blutsauger nämlich sowohl die Brut als auch die erwachsenen Bienen. Die Vermehrung findet in der Brut statt, die Verbreitung von Volk zu Volk über die Bienen.

Das Varroa-Weibchen kriecht kurz vor der Verdeckelung in eine Brutzelle und setzt sich

Erkrankungen der erwachsenen Bienen 125

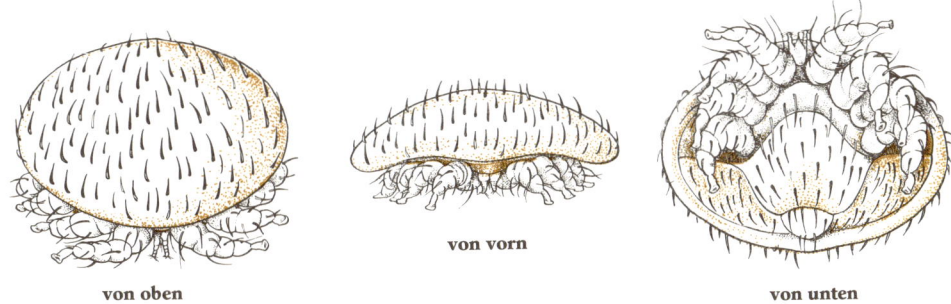

von oben von vorn von unten

Das Weibchen des derzeit gefährlichsten Parasiten unserer Honigbienen, die Milbe Varroa jacobsoni. Sie befällt Brut und erwachsene Bienen gleichermaßen

auf die Larve. Die Larve spinnt sich und die Milbe ein, so daß die Milbe weiterhin an ihr saugen kann. Die Milbe wird bald mit der Eilage beginnen und in täglichen Abständen zunächst ein weibliches, dann ein männliches und danach nur noch weibliche Eier legen. Bereits 10 Tage nach dem Verdeckeln wird das erste begattete, infektiöse Weibchen auf der bald schlüpfenden Puppe herumkrabbeln. Die Paarung findet dabei in der Zelle statt. In den 2 weiteren Tagen bis zum Schlupf der Biene werden noch mehr Weibchen der Varroa-Milbe das infektiöse Stadium erreicht haben. Besonders gerne und gut vermehren sich die

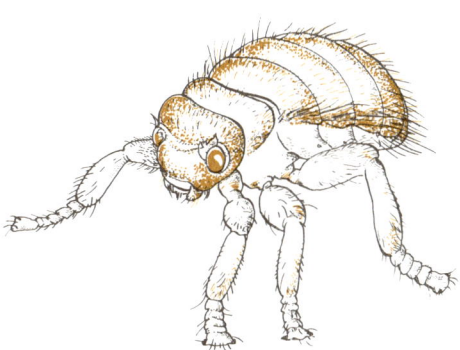

Nicht verwechselt werden sollte die harmlose Bienenlaus, »Braula coeca«, mit der Varroa-Milbe. Sie hat im Gegensatz zur Varroa, die einen stark abgeflachten Körperbau aufweist, einen runden Körper. In Körperfarbe und -größe sind sich Braula und Varroa jedoch sehr ähnlich

Milben in der Drohnenbrut. Die Entwicklungszeit der Drohnen ist länger, und entsprechend mehr Milben können hier entstehen. Mit der schlüpfenden Biene gelangen die Milben aus der Zelle heraus. Sie wechseln danach erst einmal über auf andere Bienen, bevor sie zu einem neuen Vermehrungszyklus in eine Brutzelle gehen. An der Biene setzen sie sich mit Vorliebe zwischen den Bauchschuppen fest, stechen die Biene an und saugen Blut. Nicht umsonst wird im Volksmund auch von der Vampirmilbe gesprochen. Durch Verflug und Räuberei werden die Milben von Volk zu Volk verbreitet. Nicht verwechseln sollte man die harmlose Bienenlaus mit der gefürchteten Varroa-Milbe. Die Laus lebt als Schmarotzer im Bienenvolk und richtet keinen größeren Schaden an. Man findet sie häufig auch auf der Königin. Mit ihrer runden Körperform kann man sie leicht von den flachen Milben unterscheiden.
Die Wirkungen der Varroatose auf das Bienenvolk können verheerend sein und kommen oft sehr plötzlich. Zunächst wird man beobachten, daß die schlüpfenden Bienen Verkrüppelungen an den Flügeln und am Körper aufweisen. Die Lebensdauer der Bienen ist verkürzt. Durch die Stichwunden etablieren sich häufig bakterielle oder virale Sekundärinfektionen. Der Untergang des Volks wird dadurch noch beschleunigt. Im späten August kommt es dann oft zum Zusammenbruch innerhalb weniger Stunden. Völker, die erst noch in scheinbar gutem

Zustand waren, sind plötzlich kahlgeflogen, und Massen toter Bienen liegen vor dem Flugloch.

Die Varroatose ist inzwischen auf dem europäischen Festland flächendeckend verbreitet. Regelmäßige Diagnosen sind daher zu einem festen Bestandteil der imkerlichen Betriebsweise geworden. Die Kontrolle der Bodenunterlage im Winter (dies kann auch mit einer diagnostischen Akarizidbehandlung mit Perizin® einhergehen) ist dabei am wirksamsten. Die Varroatose ist in den meisten Ländern anzeige- und behandlungspflichtig.

Bei einem starken Befall wird eine Behandlung unumgänglich. Prinzipiell gibt es derzeit zwei Verfahren, die Varroatose zu bekämpfen. Die erste Möglichkeit ist eine Akarizidbehandlung, die zweite ein Verfahren, das ohne den Einsatz von Medikamenten auskommt und sich gerade für den Hobby-Imker besonders eignet.

Derzeit gibt es drei Präparate auf dem bundesdeutschen Markt, die für die Bekämpfung der Varroatose zugelassen sind (Folbex-VA®, Perizin® und Ameisensäure). Alle drei sind in ihrer Wirkung hervorragend und stellen bei sachgemäßer Anwendung keinerlei Gefahr für den Honig dar. Insbesondere Perizin® ist dabei sehr einfach zu verwenden, da man eine kleine Menge des Medikaments in die Wintertraube der Bienenvölker träufelt. Die Bienen verteilen das Medikament dann gleichmäßig im gesamten Bienenvolk.

Die Ameisensäure, die in Form von getränkten Dämmplatten im Bienenvolk als Verdunstungspräparat angeboten wird, kann auch in der Brutsaison angewandt werden. Die Ameisensäure wirkt dabei auch auf die Milben in der Brut, ist in seiner Wirkung auf Milben außerhalb der Brut jedoch nicht so effizient wie die beiden anderen Präparate. Manchmal wird als Folge der Behandlung über Königinnenverluste geklagt.

Für Klein- und Hobby-Imker stellt das sogenannte Bannwabenverfahren eine echte Alternative dar. Das Prinzip ist denkbar einfach. Man weiß, daß spätestens nach 4 Wochen alle weiblichen Milben wieder in eine Brutzelle gehen. Man sperrt die Königin daher auf eine Wabe und läßt sie dort Eier legen. Sobald die Wabe verdeckelt ist, entnimmt man sie und sperrt die Königin auf eine neue Leerwabe. Das Ganze wiederholt man 4mal und vernichtet die entnommene Brut. Diese beinhaltet alle reproduktionswilligen Milbenweibchen, und somit hat man die gesamte Milbenpopulation eliminiert. Für Imker, die nur eine Frühtracht ausnutzen, wird das Verfahren sogar keine merklichen Einbußen im Honigertrag bringen. Auch die Mehrarbeit hält sich in Grenzen, da man gemeinsam mit dem Bannwabenverfahren auch eine effiziente Schwarmverhinderung betreibt. Wer allerdings eine Spättracht ausnutzen will, sollte dieses Verfahren nicht anwenden. Für Imker im Neben- oder gar Vollerwerb ist das Verfahren ohnehin zu aufwendig und erscheint nicht rentabel.

Vereinzelt wird man immer wieder Stimmen hören, die die Abtötung infizierter Völker propagieren. Dies ist im Falle der Varroatose als völliger Unsinn zu bewerten. Die Diagnose hinkt der tatsächlichen Verbreitung leider immer ein erkleckliches Maß hinterher. Reinfektionen würden bald die alte Infektionslage wieder herstellen. Zudem ist eine Ausmerzung einzelner Infektionsherde, wie z.B. bei der Faulbrut, bei der Varroatose unmöglich. Die Bienen haben keinen natürlichen Abwehrmechanismus, mit dem sie einen schwachen Befall selbst eliminieren könnten.

Im Gegensatz zu den meisten anderen Krankheiten müssen wir bei der Varroatose erkennen, daß die Bienen keinen biologischen Mechanismus zur Verhinderung der Krankheit oder gar zur Selbstheilung haben. Dies hat seine Gründe. *Varroa jacobsoni* ist kein natürlicher Parasit unserer Honigbiene. Es hat während der langen Evolution der westlichen Honigbiene und der Milbe keine Anpassung von Wirt und Parasit gegeben. Der ursprüngliche Wirt der Milbe ist die östliche Honigbiene, *Apis cerana*. Für die östliche Honigbiene ist die Varroa-Milbe ein eher unbedeutender Schmarotzer als ein ernstzunehmender Parasit. Apis cerana hat höchst effiziente Methoden entwickelt, sich der lästigen Krabbler und Blutsauger zu erwehren. Sie haben ein extrem ausgeprägtes Schüttelverhalten, mit dem sie jede frisch aufgestiegene Milbe sofort herunterwerfen können, außerdem verfügen sie über ein gegenseitiges Putzverhalten. Die Arbeiterinnen entlausen sich regelrecht, wobei die Milben oft zerbissen werden. Das wichtigste ist jedoch, daß die Milben sich nicht in der Arbeiterinnenbrut vermehren können. Sie erzeugen nur in der Drohnenbrut Nachkommen und erzielen dadurch nie die Populationsgrößen, die bei unserer heimischen Apis mellifera zum Zusammenbruch der Bienenvölker führt.

Durch unverstandene Entwicklungshilfe wurde unsere Honigbiene nach Asien in das Gebiet der Apis cerana transportiert. Ein dummes und leichtfertiges Unterfangen, wie sich bald zeigte. Zum einen wurden die Königinnen oft fehlbegattet: Cerana-Drohnen und Mellifera-Drohnen fliegen auf den gleichen Drohnensammelplatz und begatten Königinnen beider Arten. Es kommt dadurch oft zu Fehlpaarungen (Cerana x Carnica und umgekehrt), und fehlgepaarte Königinnen sind unfruchtbar. Die Völker werden dadurch bald eingehen.

Wesentlich schlimmer als diese Fehlpaarungen, die nur lokal ein Problem für die Imkerei darstellen, sind die globalen Schwierigkeiten, die durch den Transport von *Apis mellifera* in das tropische Asien entstanden. Die Parasiten wechselten in beide Richtungen ihre Wirte. Die östliche Honigbiene geht in Asien jetzt an den »harmlosen« Parasiten der westlichen Honigbiene (z. B. Tracheenmilbe) zugrunde, und in unseren Breiten haben wir mit den Parasiten der östlichen Honigbiene zu kämpfen. Auch hier zeigt sich wieder die generell große Gefahr, die darin liegt, Tierarten in fremde Umwelten einzuführen. Die Folgen können katastrophal sein und ganze Ökosysteme binnen weniger Jahre aus den Angeln heben.

Gesetze, Steuern und Finanzielles

Im Gegensatz zur Regelung des sozialen Zusammenlebens im Bienenvolk bedarf das soziale Zusammenleben in menschlichen Staaten einer Rechtsprechung. Gesetze sind erlassen, um die Sozialstruktur als ein stabiles Gesellschaftssystem zu erhalten. Auch die Imkerei bleibt nicht hiervon verschont. Hauptsächlich das Bürgerliche oder Zivile Gesetzbuch bestimmt die Spielregeln in der Imkerei. Dem Imker sind dabei einige besondere Rechte zugebilligt, allerdings sind ihm auch eine Reihe von Pflichten auferlegt, damit er in den Genuß der Rechte kommen kann.

Der Standort

Das wichtigste für die Imkerei ist der Standort. Zum Glück herrscht gerade hier größere Freizügigkeit, als manch einer glauben mag. Die Imkerei ist überall dort erlaubt, wo die Bienenhaltung »ortsüblich« ist. Bestehende Imkereien können daher nicht von neuen Bebauungsplänen verdrängt werden. Zudem bedeutet dies, daß in allen ländlichen Gebieten die Bienenhaltung nicht untersagt werden kann. In dicht bebauten Stadtkernen kann es zu Schwierigkeiten kommen, aber schon in Schrebergärtengebieten wird in der Regel der Bienenhaltung nichts im Wege stehen. Auch wenn formal die Nachbarn nicht über die Imkerei informiert werden müssen, empfiehlt es sich dennoch, sie vor der Errichtung des Standes zu unterrichten. Das erspart in der Regel eine Menge Ärger.

Wer ein Bienenhaus auf seiner Wiese im Grünen bauen möchte, muß sich schon näher mit den Gesetzesbestimmungen auseinandersetzen. Man sollte auf keinen Fall versuchen, über den Umweg eines Bienenhauses ein Wochenendhaus im Grünen erstellen zu wollen. Dies würde einen eindeutigen Mißbrauch der Rechte der Imkerei darstellen, und regelmäßig werden zweckentfremdete »Bienenhäuser« abgerissen. Weder staatliche Behörden noch die Imkerorganisationen haben für solche Gebäude Verständnis, die in der Tat nur die ohnehin schon stark strapazierte Natur noch weiter belasten. Das Bienenhaus im Außenbereich (Amtsdeutsch), wenn man überhaupt eines bauen will, sollte daher so klein und unauffällig wie möglich gestaltet sein. In der Bundesrepublik Deutschland sind die maximale Breite (2,8 m bei Flugfronten an beiden Seiten, sonst nur 2,4 m) und die maximale Höhe der Innenräume (2,2 m) genau vorgeschrieben. Nur Holz darf als Baustoff verwandt werden. Von bunten Farben am Haus muß man absehen, lediglich dunkle Holzschutzmittel sind erlaubt. Mit Fenstern muß man sparen, nur 10% der Grundfläche sind als Fensterfläche erlaubt. Eine Heizung oder sonstige Feuerungsanlagen sind prinzipiell untersagt. Das Bienenhaus muß wieder entfernt werden, wenn keine Bienenhaltung mehr betrieben wird. Dies geht sogar so weit, daß mindestens drei Viertel der in der Genehmigung bewilligten Völkerzahl im Bienenhaus vorhanden sein muß. Ein kleiner Schleuderraum darf noch angebaut werden; dieser darf jedoch nicht größer als 8 m² sein.

Für Bienenhäuser im Innenbereich, also in der bebauten Zone, gelten diese Vorschriften natürlich nicht. Hier kann man ohne die obigen Einschränkungen bauen und geht den normalen Baugenehmigungsweg.

In der Schweiz sind die Bauvorschriften kantonal geregelt und sehr unterschiedlich. In Österreich informiere man sich vor Baubeginn bei den zuständigen Behörden.

Generell sollte man allerdings beim Bau eines Bienenhauses vorsichtig sein. Wer eines erbt, der wird im Bienenhaus weiterimkern und die alte Betriebsweise weiterführen. Ein Neubau sollte aber doch eher an die Bedürfnisse der Magazinimkerei angepaßt sein. Magazine werden im Außenbereich frei aufgestellt, während man im Innenbereich einen Schleuder- und einen Lagerraum benötigt.

Die Haftung

Wenn Haustiere Schaden anrichten, z. B. der Hund den Postboten ins Hosenbein beißt, so wird der Halter zur Verantwortung herangezogen. Bei Bienenstichen, sicher der häufigste Schaden, den Bienen anrichten, ist die Rechtslage prinzipiell genauso. Nur wenn der Halter festgestellt werden kann, kommt eine Haftung in Betracht. Dies kann bei Bienen in der Regel nicht mit absoluter Sicherheit festgestellt werden. Es gibt immer noch wildlebende Bienen, und die Dichte von Bienenständen ist meist so hoch, daß es oft nicht möglich ist, eine einzelne, fliegende Biene einem Bienenstand zuzuordnen. Wenn allerdings Personen auf dem Bienenstand gestochen werden, kann das anders aussehen. Generell sollte man im Zweifelsfall nicht auf das Gesetz pochen, sondern eher diplomatisch vorgehen. Ein Glas Honig und ein klärendes Gespräch über Bienenstiche und das Verteidigungsverhalten von Bienen trösten über so manchen Stich hinweg.

Um dem Ärger eines Schadensfalls zu entgehen, empfiehlt es sich, einem Imkerverein beizutreten. Dieser versichert seine Mitglieder automatisch über die Beiträge in einer Imkerversicherung. Dabei ist nicht nur die Haftpflicht abgedeckt, sondern auch eine Versicherung der Bienen und des Inventars. So ist man gegen Unwetter-, Brand-, Diebstahl- und Frevelschäden gesichert. Nicht abgedeckt sind Schäden, die durch unsachgemäßen Gebrauch von bienengefährlichen Pflanzenschutzmitteln hervorgerufen werden. Hierfür haftet der Verursacher, der leider nicht immer leicht ausfindig zu machen ist.

Das Finanzamt

Der Hobby-Imker mit wenigen Völkern im Garten wird sich über die Einnahmen aus dem Honigverkauf keine Gedanken machen müssen. Wer allerdings seinen Honig in großem Stil verkauft, muß diese Einnahmen bei der jährlichen Steuererklärung angeben. Der Kleinimker braucht sich jedoch keine Sorgen zu machen. Seine Ausgaben sind in der Regel im Verhältnis zu den Einnahmen so hoch, daß ohnehin kein Profit anfällt. Das Finanzamt wird erst hellhörig, wenn die Imkerei zum Neben- oder gar zum Haupterwerb wird. Derzeit müssen in der Bundesrepublik Deutschland ab DM 2400.– (Verheiratete DM 4800.–) die Einnahmen versteuert werden.

Ab 30 Völkern kann die Gemeinde einen sogenannten Einheitswert der Imkerei festsetzen, und der Imker wird zur Grundsteuer herangezogen. Gewerbesteuer muß in der Regel nicht gezahlt werden, da die Imkerei zu den landwirtschaftlichen Betrieben zählt. Ab 30 Völkern ist die Imkerei dann aber der Liebhaberei entwachsen, und der Verdienst steht im Vordergrund. Die Betriebsweise wird sich an ökonomischer Effizienz orientieren, und insbesondere die Buchführung will und muß dann gelernt sein. Neben den Einkünften sind selbstverständlich auch die Investitionen und Ausgaben zu berücksichtigen.

In der Schweiz und in Österreich informiere man sich bei den Imkerverbänden oder bei den zuständigen Finanzämtern.

Das Imkern im Nebenerwerb

Ab 30 Völkern beginnt die Imkerei mehr Zeit zu fordern, als eine Arbeitskraft allein in der Freizeit schaffen könnte. Die Familie muß dann schon kräftig anpacken, um die anfallenden Arbeiten – insbesondere zur Zeit der Honigernte – erledigen zu können. Im Nebenerwerb lohnt es sich, einen Schleuderraum sowie ein

Honig-, Waben- und Gerätelager einzurichten. Die Schleuder sollte ausreichend groß konzipiert sein und mindestens zwölf Waben fassen. Bei dieser Größenordnung sollte man auf jeden Fall eine motorgetriebene Version wählen.

Im Nebenerwerb ist die Wanderung von großer Bedeutung, und man sollte schon deshalb ausschließlich eine Magazinimkerei betreiben. Dabei muß man sich allerdings vorher genau überlegen, inwieweit Fahrstrecke und Arbeitsaufwand der zu erwartenden Honigernte gegenüberstehen (Übernachtungsgelder in der Kalkulation mitberücksichtigen!). Es lohnt sich nur, mit solchen Völkern zu wandern, die auch tatsächlich einen ordentlichen Honigertrag versprechen. Schwache Völker haben auf dem Wagen nichts verloren. Mit ihnen wären finanzielle Verluste vorprogrammiert.

Wer wandert, benötigt einen Lastwagen oder einen PKW-Anhänger mit ausreichender Zuladekapazität. Das Zugfahrzeug sollte im Falle der Anhängerlösung kräftig sein und am besten über Allradantrieb verfügen. Oft liegen günstige Wanderstandorte weitab gepflasterter Straßen in unwegsamem Gelände. Wer 20 Völker transportiert, hat schnell – nach guter Tracht – über 1 t Ladung. Nur wenige PKW dürfen mit Anhängelasten bis zu 1,5 t gefahren werden.

Es wird von der Arbeitsbelastung im Hauptberuf abhängen, wie sehr man sich in der Nebenerwerbsimkerei engagieren kann und will. Etwa 10 Stunden wird man pro Jahr und Volk an effektiver Arbeitszeit rechnen müssen. Nicht viel, wenn die Arbeit gleichmäßig über das Jahr verteilt wäre. Es ist aber eindeutig ein Saisongeschäft. Die Zeit der Honigernte stellt dabei den Hauptengpaß dar. Hier rechnet man mit ½ Stunde Arbeitszeit pro Volk, und die Ernte muß innerhalb weniger Tage eingebracht werden. Mehr als 20 Völker pro Tag sind hier kaum von einer Person allein zu bewältigen. Der Nebenerwerbsimker ist daher entweder auf die Mitarbeit von Familienmitgliedern oder bezahlten Aushilfskräften angewiesen. Schüler verdienen sich beim Honigschleudern – wobei man von Bienenstichen verschont bleibt – gerne ein Taschengeld.

Diese Ausgaben schlagen natürlich in der Buchführung negativ zu Buche. Generell sollte man sehr genau über die Ausgabenseite Buch führen, die oft schwerer zu erfassen ist als die Einnahmen aus Honig und Wachs. Ausgaben sind auch die Kosten für Futterzucker, für Fachliteratur und Vereinsbeitrag, Reisekosten zu Imkerversammlungen und für Wanderungen, Winterverluste, Abschreibung eines Fahrzeugs, Anhängers und anderer Großgeräte, Heizkosten für Wachsschmelzen und Zuckerlösen, Imkerversicherungen etc. Erst nachdem man alle Ausgaben abgezogen hat, erhält man den steuerpflichtigen Reingewinn, der nicht immer positiv sein muß. Auf jeden Fall sollte man bei der Abfassung der Steuererklärung einen Fachmann zu Rate ziehen, der auch über die neuesten Veränderungen im Steuerrecht informiert ist. Steuerrechte sind häufigen Änderungen unterworfen, und was in einem Jahr absatzfähig ist, muß es im nächsten Jahr noch lange nicht sein.

Die Stockkarte

Doch nicht nur für das Finanzamt muß Buch geführt werden. Bei einer größeren Völkerzahl verliert man schnell die Übersicht, was an imkerlichen Eingriffen an den verschiedenen Völkern notwendig ist. Über jedes einzelne Volk muß daher Buch geführt werden. Es gilt zu notieren, ob die Königin gesehen wurde, ob Brut im Volk vorhanden war, wie viele Waben mit Bienen besetzt waren und wie viele Futtervorräte im Volk vorhanden sind. Am einfachsten geschieht dies mit einer sogenannten Stockkarte, in die man alle Eingriffe und Manipulationen am Bienenvolk einträgt. Im Sommer kann man zudem eine Stockkarte direkt an der Beute befestigen und hat so während der Arbeit immer einen Überblick über den Zustand der Völker. Stockkarten werden vom Fachhandel angeboten, aber man kann auch eigene Buchführungssysteme entwickeln.

STOCK-KARTE

Betriebsjahr 19............

Imker: .... Standmaß: ....

KÖNIGIN Zuchtb. Nr.: .... VATERVÖLKER Zb.-Nr.: .... Vorjahrs-Ho-Leistung: .... kg

Zeichen: .... Jahrg.: .... oder deren gemeinsame Mutter: .... Vorjahrs-Standmittel: .... kg

Rasse/Linie: .... Schwarm-Z. .... oder Großmutter: .... diesj. Ho-Leistung: .... kg

Belegstelle: ....

Züchter: .... Nachsch.-Z. Rasse/Linie: .... zugesetzt: .... diesj. Standmittel: .... kg

Beute Nr.	Datum	allgemeiner Befund							gegeben +, genommen −					Anmerkungen (Wanderung, Honigraum, Schwarm, ♀, Fütterung usw.)
		bel. W	Brut*			Futter kg	Wa- ben- sitz*	Sanft- mut*	W	MW	Brut	Bienen kg	Honig kg	Zucker kg	
			W	Ei o v										
														Einwinterung:
														Totenfall:

* 4 = sehr viel (gut); 3 = viel (befriedigend); 2 = mäßig; 1 = gering bis fehlend

Beispiel für eine Stockkarte

Die Rendite

Wer mit der Imkerei beginnt, sollte ohnehin wissen, daß eine großartige Rendite gerade in der Aufbauphase nicht zu erwarten ist. Oftmals schwärmt der Imker von den Einkünften aus der Honigernte, aber nur zu leicht vergißt er die harte Arbeit, die nötig war, um die Ernte einzubringen. Der Honigpreis muß die Völkerverluste ausgleichen, die Arbeit an Wochenenden und Feiertagen, die Neuanschaffung von Beuten und Material, die Fahrtkilometer zwischen Bienenstand und Wohnung und vieles mehr. Der Hobby-Imker mit einer begrenzten Völkerzahl hat kaum eine Chance, hier jemals ein wirtschaftliches Plus zu erzielen.

Aber muß dies denn sein? Ist der wirtschaftliche Gewinn das Ziel der Freizeitimkerei? Sicher nicht! Es soll Ausgleich sein für den streßgeplagten Büromenschen. Bewegung an der frischen Luft, in freier Natur, die sich nicht in oft sinnlos verpulverten Joggingkilometern ergeht, sondern aktiv für die Erhaltung der Natur genutzt wird. Der Honigertrag wird damit zur Nebensächlichkeit degradiert. Imkerei soll primär Spaß machen und die Freude am gut gedeihenden Bienenvolk kann manches Kilo Honig aufwiegen.

Der Hobby-Imker sollte denn auch in allererster Linie seinen Bienenstand so organisieren, wie es seinen eigenen Vorstellungen entspricht. Eigene Ideen und Kreativität sind hier gefragt. Die Freude an der Imkerei muß das wichtigste Ziel bei der Bienenhaltung bleiben. Der Freizeitimker sollte sich nicht um die Buchführung scheren, und bei 10 Völkern sind auch die Stockkarten nicht so wichtig. Der Imker wird seine Völker individuell kennen und rechtzeitig die richtigen imkerlichen Maßnahmen ergreifen können, auch ohne eine detaillierte Buchführung. Welchen Kasten er benutzt und welches Wabenmaß er nimmt, ist dabei völlig unerheblich. Ob Bienenhaus oder Freiaufstellung muß letztendlich jeder Freizeitimker im stillen Kämmerlein für sich selbst entscheiden und ganz nach seinem Geschmack organisieren. Der Freizeitausgleich muß beim Hobby-Imker im Vordergrund stehen, und eines sollten wir nicht vergessen: Der Natur ist es reichlich egal, wie die Bienen gehalten werden. Hauptsache sie stehen rechtzeitig und in ausreichender Anzahl als Bestäuber für die Blütenflora zur Verfügung. Deshalb ist es für uns alle wichtig, möglichst viele Mitmenschen für dieses Hobby zu begeistern, eine kleine Mühe mit großer, unschätzbarer Wirkung.

Anhang

Glossar

Ableger
Kleines Bienenvolk, das vom Imker aus beispielsweise fünf Waben zusammengesetzt wird. Ableger dienen zur Völkervermehrung und spielen eine wichtige Rolle bei der Schwarmverhinderung

Abschäumen
Im frisch abgefüllten Honig befindet sich noch viel Luft, die sich im Laufe der Zeit als Schaum an der Oberfläche absetzt. Dieser Schaum wird mit einem Schaber vorsichtig entfernt, bevor der Honig zum Verkauf angeboten werden kann

Abschwefeln
Abtöten eines Bienenvolks mit Hilfe eines glimmenden Schwefelspans. Der Schwefelspan sollte oben in der Beute plaziert werden, da die Schwefeldämpfe nach unten sinken

Absperrgitter
Kunststoff- oder Metallgitter mit einer Maschenweite nicht über 7 mm. Es verhindert die Passage von Drohnen und Königinnen, erlaubt jedoch Arbeiterinnen freien Durchgang. Der Honigraum im Bienenvolk wird in der Regel durch ein Absperrgitter vom Brutraum getrennt

Aflotoxine
Giftstoffe des Steinbruterregers, *Aspergillus flavus*. Die Gifte sind auch für den Menschen gefährlich; Honig aus an Steinbrut erkrankten Völkern sollte vernichtet werden

Akarizid
Milbenvernichtungsmittel

Alarmierungsverhalten
Verhalten der Wächterbienen, wenn der Stock von Feinden angegriffen wird. Die Wächterbienen setzen einen Duftstoff (Isopentylacetat) frei, der stark nach Bananen riecht. Dies alarmiert andere Arbeiterinnen im Nest, die zur Nestverteidigung rekrutiert werden

Alarmpheromon
Isopentylacetat ist die Hauptkomponente des Alarmpheromons. Es wird von den Wächterbienen freigesetzt, um Nestgenossinnen zur Nestverteidigung zu alarmieren

Ammenbiene
Biene im Alter von 3–7 Tagen mit stark entwickelten Futtersaftdrüsen. Sie ist als reine Stock- oder Innendienstbiene für Bruternährung und -pflege verantwortlich

Amöbenseuche
Infektionskrankheit erwachsener Bienen

Apis
Wissenschaftlicher Name für die Honigbiene

A. cerana – die indische oder östliche Honigbiene. Eine höhlenbrütende Honigbiene, die ihr Verbreitungsgebiet ausschließlich im asiatischen Raum hat
A. dorsata – die Riesenhonigbiene. Eine freibrütende Honigbiene im asiatischen Raum
A. florea – die Zwerghonigbiene. Freibrütende Honigbiene im asiatischen Raum
A. laboriosa – die Felsenbiene. Freibrütende Honigbiene im Himalaya. Der Riesenhonigbiene Asiens sehr ähnlich
A. mellifera – die westliche Honigbiene. Ursprüngliches Verbreitungsgebiet Europa, Kleinasien, Afrika. Inzwischen durch Transport durch den Menschen weltweit verbreitet

Bacillus larvae
Erreger der amerikanischen Faulbrut

Bannwabe
Wabe auf der die Königin gesperrt wird (z.B. durch Absperrgitter). Bannwaben sind für die biotechnische Behandlung der Varroatose von Bedeutung. Die Brut auf der Bannwabe zieht die Varroa-Milben an. Durch regelmäßige Entnahme der Bannwaben kann man den Befallsgrad des Volkes deutlich reduzieren

Baurahmen
Wabenrähmchen mit einem schmalen Anfangsstreifen Mittelwand. Die Arbeiterinnen werden bei günstiger Volksentwicklung im Frühjahr den Baurahmen mit Drohnenbau erweitern

Bauschied
Schied, das man zwischen Unterboden und Brutraum legt, damit die Bienen nicht die Waben am Boden festbauen

Begattungsvölkchen
Kleines Volk (2000–3000 Arbeiterinnen), in dem unbegattete Königinnen bis zur Paarung gehalten werden

Begattungszeichen
Weißlicher Schleimpfropf in der Geschlechtsöffnung frisch gepaarter Königinnen. Es sind Teile des Begattungsapparates des Drohns, die nach der Paarung in der Scheidenöffnung der Königin hängenbleiben

Belegstelle
Standort, an dem kontrollierte Paarungen durchgeführt werden können

Berlepsch, Baron August von (1815–1877)
Deutscher Bienenforscher. Propagierte die Imkerei mit beweglichen Rähmchen

Beute
Vom Imker gefertigte Bienenbehausung

Blatthonig
Honigtau an Laubgewächsen. Wird von Läusen, die an den Pflanzen parasitieren, ausgeschieden und von den Bienen eingetragen

Blätterstock
Hinterbehandlungsbeute, in der die Waben im Kaltbau orientiert sind. Die Waben sind wie die Blätter eines Buches zugänglich

Bodeneinlage
Einlage im Unterboden zur Untersuchung des Wintergemülls oder zu Diagnosezwecken bei Verdacht auf Krankheiten

Bogenschnitt
Einfaches, aber wenig wirksames Verfahren in der Königinnenzucht. In einer Eiwabe wird ein bogenförmiges Stück Wabe ausgeschnitten und die Wabe in das Pflegevolk eingehängt. Entlang der Schnittkante werden die Bienen nun bevorzugt Königinnenzellen anlegen

Brutnest
Bereich im Bienenvolk, in dem die Brut angelegt ist

Brutraum
Der Brutraum ist durch ein Absperrgitter vom Honigraum abgetrennt. Die Königin legt nur im Brutraum, so daß der Honigraum von jeglicher Brut frei bleibt und die Honigernte erleichtert wird

Brutwabe
Wabe, auf der sich hauptsächlich Brut befindet

Brutzarge
Zarge, in der sich das Brutnest befindet

Buckelbrut
Drohnenbrut, die sich in Arbeiterinnenzellen entwickelt (z. B. in Folge drohnenbrütiger Königinnen oder legender Arbeiterinnen). Da die Drohnenlarven zu groß sind für die kleinen Arbeiterinnenzellen, werden die Brutzellen stark nach oben gewölbt verdeckelt, was zu einem »buckligen« Erscheinungsbild führt

Carnica-Biene
Honigbienenrasse, die im deutschsprachigen Raum am häufigsten als Wirtschaftsbiene eingesetzt wird

Citral
Gemeinsam mit Geraniol ein wichtiges Pheromon bei der Orientierung des Schwarmes. Es wird aus der Nasanoffschen Drüse der Arbeiterinnen freigesetzt. Duftet stark nach Zitronen

Dämmschied
Schied, das beim Einengen in das Volk eingehängt wird; meist aus gut isolierendem Material. Es soll einen günstigen Wärmehaushalt im Volk gewährleisten

Dampfwachspresse
Gerät zur Gewinnung von Bienenwachs aus alten Waben

Deckelwachs
Hochwertiges Wachs, das bei der Entdeckelung der Honigwaben vor dem Schleudern anfällt

Drohnenbau
Waben, in denen Drohnenzellen angelegt sind

Drohnenbrütigkeit
Königin, die nicht in der Lage ist, befruchtete Eier zu legen, und daher auch Drohneneier in Arbeiterinnenzellen legt. Führt zu Buckelbrut

Drohnensammelplatz
Paarungsareal von Königinnen und Drohnen

Dzierzon, Johannes (1811–1906)
Deutsch-polnischer Bienenforscher. Erfand unabhängig von Langstroth die Imkerei mit beweglichen Rähmchen

Einengen
Verminderung des Beutenvolumens durch Einhängen von Schieden oder Abnahme von Zargen

Einfliegen
Orientierungsphase neu aufgestellter Bienenvölker

Einfüttern
Futtergabe vor der Winterruhe

Einlöten
Mittelwände werden in die gedrahteten Rähmchen »eingelötet«. Der Wabendraht wird dabei mit Hilfe eines schwachen Stromes erhitzt, so daß der Draht in die Mittelwand einschmilzt

Einwinterung
Vorbereitung eines Bienenvolks für die Winterphase

Eiweißfettkörper
Dieses Organ übernimmt bei der Honigbiene viele Leberfunktionen. Der Eiweißfettkörper ist bei den langlebigen Winterbienen besonders stark ausgebildet

Eiweißteig
Puderzuckerteig, der mit Pollen oder Pollenersatzmitteln versetzt ist

Entdeckelungsgabel
Gerät zur Entfernung des Deckelwachses auf Honigwaben

Erweiterung
Vergrößerung des Beutenvolumens durch Entnahme von Schieden oder Aufsetzen neuer Zargen

Fächeln
Verhalten von Arbeiterinnen bei heißen Tagen am Flugloch. Die Bienen stehen mit dem Kopf zum Flugloch und schwirren heftig mit den Flügeln. Dadurch entsteht ein Luftstrom im Bienenvolk, der zur Kühlung der Nesttemperatur führt

Faulbrut
Ansteckende Bruterkrankung

Flugbiene
Außendienstbiene, die in der Regel älter als 10 Tage ist. Sammelbienen und Kundschafterbienen gehören hierzu

Folbex VA
Räucherpräparat zur Bekämpfung der Varroatose und der Tracheenmilbe

Freiaufstellung
Aufstellung der Bienenvölker außerhalb eines Bienenhauses oder anderer Schutzvorrichtungen

Frisch, Karl von (1886–1982)
Österreichischer Biologe, 1972 Nobelpreis für seine Arbeiten auf dem Gebiet der Tanzsprache der Bienen

Frühtracht
Tracht im Frühjahr

Fungizide
Pilzvernichtungsmittel

Futtergeschirr
Je nach Beutenart verschiedene Vorrichtung zur Fütterung des Bienenvolks mit Zuckerlösung

Futterteig
Geschmeidiger Teig aus Puderzucker und Honig. Kann statt mit Honig auch mit Wasser + Invertase angesetzt werden. Die Invertase verhindert das Aushärten des Teiges

Futterwabe
Wabe mit Honig, der nicht unbedingt für den Menschen zum Verzehr geeignet ist

G*eraniol*
Wichtiges Pheromon bei der Orientierung des Schwarmes. Es wird gemeinsam mit Citral aus der Nasanoffschen Drüse der Arbeiterinnen freigesetzt. Duftet stark nach Geranien

Glucoseoxidase
Wichtiges Enzym im Honig, das maßgeblich für seine antibakterielle Wirkung verantwortlich ist

Heidehonig
Honig, der im Spätsommer von der Besenheide *(Calluna vulgaris)* eingetragen wird

Herbizid
Unkrautvernichtungsmittel

Hinterbehandlungsbeute
Beute, bei der die Waben von der Rückseite zugänglich sind

Hochzeitsflug
Paarungsflug der Königin zum Drohnensammelplatz

Honigmagen
Organ der Arbeiterinnen zur Speicherung des Nektars auf Sammelflügen und während des Schwärmens

Honigraum
Raum in der Beute, durch Absperrgitter vom Brutraum abgetrennt. Die Königin legt daher nur Eier in den Brutraum, was die Honigernte erleichtert

Honigsieb
Doppelsieb zum Filtrieren des frisch geschleuderten Honigs vor dem Abfüllen

Honigtau
Zuckerhaltige Ausscheidungen von Blatt- und Schildläusen

Honigwaben
Waben, die ausschließlich Honig enthalten

Honigzarge
Zarge, in der sich der Honigraum befindet

Höselschalen
Schalen, in denen den Bienen gemahlener Pollen oder Pollenersatzmittel angeboten werden. Die Bienen höseln das Pollenpuder und tragen es in das Volk ein. Bei fehlendem Pollenangebot kann es nützlich sein, auf diese Weise Eiweiß zuzufüttern

Huber, François (1750–1832)
Schweizer Bienenforscher

I*nsektizide*
Insektenvernichtungsmittel

Inselbelegstelle
Belegstelle auf einer Insel. Hier können garantierte Reinpaarungen gewährleistet werden

Instrumentelle Besamung
Besamung der Königin mit Hilfe eines Besamungsapparats. Neben der Inselbelegstelle die einzige Möglichkeit, kontrollierte Paarungen zu erzielen

Invertase
Substanz, die den Rohrzucker (Saccharose) in Glukose und Fruktose spaltet

Inzucht
Paarung von verwandten Individuen

Italiener-Biene (Apis mellifera ligustica)
Eine gelbe Biene, die insbesondere von Berufsimkern in den USA und Australien als Wirtschaftsbiene eingesetzt wird

J*anscha, Anton (1734–1773)*
Österreichischer Bienenforscher und Imkermeister Maria Theresias

Jungvolk
Volk, das sich aus einem Ableger mit junger Königin zu einem Vollvolk entwickelt hat

K*alkbrut*
Pilzerkrankung der Brut

Kaltbau
Waben sind in der Beute senkrecht zum Flugloch orientiert

Kandierung
Kristallisieren des Honigs

Kanitzkorb
Spezieller Bienenkorb, der hauptsächlich in Norddeutschland als Beute eingesetzt wurde

Kellerhaft
Frisch gefüllte Begattungskästchen sollten, bevor sie im Freien aufgestellt werden, zunächst 48 Stunden in einem dunklen, kühlen Keller gehalten werden

Kittharz
Wird von Arbeiterinnen an Pflanzen und Bäumen gesammelt und im Volk für die Versiegelung von Fugen und Ritzen in der Nisthöhle verwandt. Kittharz kann eine hohe antibiotische Wirkung haben

Klotzbeute
Altertümliche Beute. Man arbeitete eine Höhlung in einen abgesägten Baumstumpf und verschloß diese mit einer Tür an der Rückseite

Königin
Einziges weibliches Geschlechtstier im Bienenvolk

Königinnendetermination
Königin und Arbeiterin sind genetisch prinzipiell nicht verschieden und stammen beide aus befruchteten Eiern ab. Welches Ei Königin bzw. Arbeiterin wird, bestimmen ausschließlich die Arbeiterinnen. Eier, die sich zur Königin entwickeln sollen, werden mit dem Königinnenfuttersaft aus den Futtersaftdrüsen der Arbeiterinnen ernährt. Nur diese Diät bestimmt, daß aus einem befruchteten Ei eine Königin entsteht

Königinnenfuttersaft
Futtersaft, mit der die Königinnenbrut ernährt wird (Gelée royale, Royal jelly)

Königinnensubstanz
Pheromon der Königin, das beim Schwärmen, bei der Paarung und für die soziale Koordination im Bienenvolk eine entscheidende Rolle spielt

Königinnennäpfchen
Wachs- oder Kunststoffbecher, die bei der Königinnenzucht als künstliche Königinnenzellen verwendet werden

Körbchen (Corbicula)
Struktur an den Hinterbeinen zum Sammeln von Pollen. Typisch für alle Bienen

Korbimkerei
Alte Form der Imkerei. Sie wird heute noch an wenigen Stellen in der Lüneburger Heide betrieben

Korbschleuder
Siehe Tangentialschleuder

Kotblase
Struktur im Enddarm der Biene. Winterbienen müssen in der Kotblase während der gesamten Überwinterung ihren Kot lagern

Kunstschwarm
Bienen, die von einem oder mehreren Völkern zusammen in einen Schwarmkasten gekehrt wurden

Kuntzsch-Zwilling
Alte deutsche Hinterbehandlungsbeute

Langstroth, Lorenzo L. *(1810–1905)*
Amerikanischer Bienenforscher

Larve (Made)
Embryonales Entwicklungsstadium der Honigbiene zwischen Ei und Verpuppung. Insgesamt werden 5 Larvenstadien durchlaufen. Häutungen grenzen die Larvenstadien voneinander ab

Leerwabe
Wabe ohne Brut, Pollen oder Futter

Leerzarge
Zarge ohne Waben

Ligustica
Siehe Italiener-Biene

Lüftungsgitter
Sind bei der Wanderung von Völkern besonders wichtig. Bei mangelnder Belüftung verbrausen die Völker in kurzer Zeit

Mackensen, Otto
Amerikanischer Bienenforscher, Pionier in der instrumentellen Besamung der Bienenkönigin

Magazinbeute
Weltweit das am meisten verbreitete Beutensystem. Die Magazinimkerei weist sich insbesondere durch hohe Flexibilität an Umweltbedingungen sowie durch effiziente Betriebsweisen aus

Maikrankheit
Durchfallerkrankung adulter Bienen im Frühjahr

Mittelwand
Dünne Wachsplatte, auf der das Wabenmuster eingeprägt ist. Es erleichtert den Bienen den Wabenbau, da ein Großteil des Wachses in Form der Mittelwand den Bienen bereits zur Verfügung gestellt wird

Mittelwandstreifen
2 cm breiter Streifen, der am oberen Rähmchenträger angelötet wird. Die Bienen sollen solche Rähmchen zu Drohnenwaben ausbauen

Mobilbau
Imkerei mit beweglichen Rähmchen. Erstmals von Langstroth und Dzierzon Ende des 18. Jahrhunderts in die praktische Imkerei eingeführt

Glossar

Nachschaffungskönigin
Königin, die nach Verlust der Mutterkönigin vom Volk aus der Brut nachgezogen wurde

Nachschaffungszelle
Zelle, in der eine Nachschaffungskönigin aufgezogen wird. Da die Bienen im Gegensatz zu den Schwarmzellen, die eigens für die Königinnenaufzucht angelegt werden, bei der Nachschaffung auf irgendwelche Brut, die gerade im richtigen Alter ist, zurückgreifen müssen, liegen die Nachschaffungszellen meist in der Wabenmitte. Schwarmzellen findet man meist am Wabenrand.

Nasanoffsche Drüse
Drüse auf dem Rücken der Arbeiterin unter dem sechsten Hinterleibsring. Sie ist wichtig bei der Orientierung des Schwarmes. Die Pheromone Geraniol und Citral werden hier abgesondert

Nektar
Sekret in den Blüten von Blütenpflanzen, um Insekten für die Bestäubung anzulocken

Normalmaß
Gängiges Rähmchenmaß im deutschsprachigen Raum

Nosema Erreger (Nosema apis)
Darmparasit der Honigbiene

Oberbehandlungsbeute
Beute, bei der die Waben von oben zugänglich sind

Opalithplättchen
Kleine numerierte Zeichenplättchen zur Markierung von Königinnen

Ovarien
Eierstöcke. Königin sowie Arbeiterinnen haben Ovarien. Bei den Arbeiterinnen ist die Ovarentwicklung jedoch unterdrückt, solange sich eine Königin im Volk befindet

Paarungsdistanz
Maximale Entfernung, die Drohnen und Königinnen zum Drohnensammelplatz zurücklegen

Pflegevolk
Bienenvolk, das für die Königinnenzucht verwendet wird

Pfundrähmchen
Rähmchen, das mit 1 Pfund Honig gefüllt ist und komplett vermarktet wird, ohne den Honig zu schleudern

Pheromone
Duftstoffe, die das soziale Zusammenleben der Insekten steuern. Wichtig ist dabei, daß das Pheromon in einem Organismus freigesetzt wird und eine Reaktion in einem *anderen* Organismus auslöst

Pollen
Blütenstaub. Die männlichen Geschlechtszellen der Blütenpflanzen

Pollenfalle
Vorbau vor dem Flugloch, den die Bienen passieren müssen. Die Bienen müssen dabei durch eine Reuse klettern, wobei die Pollensammlerinnen ihre Pollenhöschen verlieren. Die Höschen fallen in einen Sammelkasten und können vom Imker geerntet werden

Pollenhöschen
Gesammelter Pollen in den Körbchen der Hinterbeine einer Pollensammlerin

Pollentracht
Natürliches Futterangebot mit reichlichem Pollen (z. B. Raps)

Pollenersatz
Milchpulver und Sojamehl werden häufig als Pollenersatzfutter im Höselkasten oder als Eiweißfutterteig verabreicht. Natürlichem Pollen sollte jedoch der Vorzug gegeben werden

Pollenwabe
Wabe, auf der sich hauptsächlich Pollen befindet

Propolis
Siehe Kittharz

Radialschleuder
Honigschleuder, bei der die Waben sternförmig angeordnet sind

Rähmchendraht
Etwa 0,35 mm dicker Draht, mit dem die Rähmchen verspannt werden, bevor die Mittelwand eingelötet wird

Räuberei
Im Spätsommer und zu trachtarmen Zeiten kommt es immer wieder vor, daß einige Völker die Honigvorräte anderer Völker ausrauben. Dies kann zu erheblichen Völkerverlusten führen, wenn man nicht rechtzeitig gegen die Räuberei einschreitet (z. B. Abtransport der Räuber auf einen entlegenen Bienenstand)

Raucher
Der Raucher (oder auch Smoker) ist eines der wichtigsten Geräte in der Imkerei. Die Bienen werden durch den Rauch abgelenkt und attackieren den Imker während seiner Arbeiten am Bienenvolk nicht

Reinigungskrücke
Ein skurriles Gerät zur Reinigung des Bodens von Hinterbehandlungsbeuten

Reinigungsausflug
Während des Reinigungsausflugs im zeitigen Frühjahr entleeren die Winterbienen ihre prall gefüllte Kotblase. Während der Winterphase im Stock koten die Bienen nicht ab

Reizfütterung
Versuch, durch Fütterung von Zuckerlösung oder Honig ein Volk zur Brutproduktion zu stimulieren. Effekt zweifelhaft

Roberts, William
Amerikanischer Bienenforscher, Pionier in der instrumentellen Besamung der Bienenkönigin

Rohwachs
Ungereinigtes Bienenwachs

Ruhr
Darmerkrankung erwachsener Bienen

Sackbrut
Brutkrankheit. Ausgelöst durch Viren

Samenblase
Siehe Spermatheka

Scheibenhonig
Ungeschleuderter Honig, der in Wabenstücken auf den Markt kommt

Scheidenklappe
Hautfalte, die die Vaginalöffnung bei der Königin verschließt

Schied
Gut isolierendes Brett, meist in der Größe eines Rähmchens, mit dem man den Beutenraum einengen kann

Schlüpfkäfig
Wird bei der Königinnenzucht verwendet. Es ist ein Käfig, in dem Königinnen aus den Zellen schlüpfen können. In Schlupfkäfigen können viele Königinnen gleichzeitig in einem Bienenvolk schlüpfen

Schwänzeltanz
Wichtiges Element der Bienentanzsprache zur Übermittlung von Qualität, Richtung und Entfernung eines Futterplatzes

Schwarmfangkasten
Kasten zum Fang eines Schwarmes. Sollte möglichst leicht sein und über ausreichende Lüftungsmöglichkeiten verfügen

Schwarmzellen
Königinnenzellen, die kurz vor dem Schwärmen des Bienenvolks angelegt worden sind. Sie befinden sich meist am Rand der Waben

Schwarzsucht
Viruserkrankung erwachsener Bienen

Selbstwendeschleuder
Waben stehen in dieser Schleuder tangential zur Drehrichtung und werden automatisch, ohne Entnahme der teilweise geschleuderten Waben, gewendet

Smoker
Siehe Raucher

Sommertracht
Blütentracht zur Sommerzeit

Sonnenwachsschmelzer
Gerät zur Gewinnung von neuwertigem Wachs aus Entdeckelung und Drohnenbau. Aus Altwaben kann im Sonnenwachsschmelzer nur schlecht Wachs gewonnen werden

Spättracht
Tracht im Spätsommer, in Süddeutschland meist Waldhonig (Honigtau)

Spermatheka
Organ der Königin, in dem sie das Sperma nach der Paarung lagert

Spermien
Männliche Samenzellen

Sperrbezirk
Gebiet, in das nach veterinärpolizeilicher Anordnung keine Bienenvölker hinein und keine heraus gebracht werden dürfen

Sternschleuder
Siehe Radialschleuder

Stockbiene
Biene im Innendienst (Ammen-, Putz- und Baubiene)

Stockmeißel
Gerät zur Entnahme von Waben aus dem Bienenvolk

Superorganismus
Gruppe von Einzelindividuen, die nach außen hin gemeinsam als ein Organismus erscheinen

Tangentialschleuder
Waben stehen in dieser Schleuder tangential zur Drehrichtung. Jede Wabe muß bei diesem Bautyp von Hand gewendet werden

Tracheenmilbe (Acarapis woodi)
Parasit in den Tracheen erwachsener Bienen

Tracht
Reichhaltiges Nektar- oder Honigtauangebot, das die Bienen erschließen können

Trogbeute
Veraltete Oberbehandlungsbeute

Umlarven
Grundlegende Methode bei der Königinnenzucht. Junge Larven werden in künstliche Weiselbecher transferiert und in Pflegevölkern zu vollwertigen Königinnen herangezogen

Umlarvlöffel
Werkzeug in der Königinnenzucht. Ein feiner Spatel zum Transferieren von jungen Larven in die künstlichen Weiselbecher

Umweiseln
Austausch der alten Königin durch eine neue (entweder durch das Bienenvolk oder durch den Imker)

Glossar

Unterboden
Bodenteil der Beute. Ein hoher Unterboden eignet sich besonders gut, um Futtergeschirre, aber auch Bodeneinlagen aufzubewahren

Varroa-Milbe *(Varroa jacobsoni)*
Gefährlicher Parasit der Brut und erwachsener Bienen

Ventiltrichter
Organ, das den Honigmagen zum Mitteldarm abschließt

Verbrausen
Volk tötet sich selbst in einem Teufelskreis durch Überhitzung. Mangels Lüftung steigt die Temperatur im Volk. Dies veranlaßt die Bienen zu fächeln, um dadurch die Stocktemperatur zu senken. Durch diese Erhöhung des Energieverbrauchs kommt es allerdings zu einem weiteren Temperaturanstieg, da keine Frischluft zugeführt werden kann. Schließlich wird die Temperatur so hoch, daß die Waben schmelzen und das Volk zugrunde geht.

Vereinigen
Zusammenfügen zweier Völker in eine gemeinsame Beute

Wabenschrank
Imker mit Hinterbehandlungsbeuten und Trogbeuten lagern hier ihre Waben

Wabentasche
Eine Wabe wird in einer Wabentasche königinnendicht, d. h. beidseitig mit Absperrgittern, verpackt. Bannwaben, auf denen die Königin gesperrt werden soll, werden in solche Wabentaschen gesetzt

Wabenzange
Zange zur Entnahme von Waben aus Hinterbehandlungsbeuten

Wachsdrüsen
Hinterleibsdrüsen, mit denen die Arbeiterinnen Wachs bilden

Wächterbiene
Bienen im Alter von 10–11 Tagen, die am Flugloch das Bienenvolk bewachen

Waldimkerei
Siehe Zeidlerei

Waldhonig
Honigtauhonig aus der Waldtracht

Waldtracht
Tracht spät im Jahr (von Honigtauerzeugern)

Wanderung
Die Wanderung mit den Bienenvölkern ist ein zentrales Element der kommerziellen Imkerei. Zur Ertragssteigerung muß der Imker ertragreiche Trachten anwandern

Warmbau
Waben hängen parallel zum Flugloch

Weiselbecher
Künstliche Zellen aus Kunststoff oder Bienenwachs, in die die jungen Larven bei der Königinnenzucht transportiert werden

Weisellosigkeit
Verlust der Königin

Weiselunruhe
Unruhe im Bienenvolk bei Weisellosigkeit. Der erfahrene Imker kann dies schon von außen an einem charakteristischen Brausen des Volkes hören

Winterbiene
Arbeiterin in der Wintertraube. Diese Bienen zeichnen sich durch einen wohlentwickelten Eiweißfettkörper aus und haben eine extrem lange Lebensdauer (bis zu 5 Monaten)

Winterfutter
Zucker, der dem Bienenvolk den notwendigen Energievorrat liefert, den Winter zu überdauern. Normalerweise würden die Bienen mit ihrem Honig überwintern. Da der Imker den Bienen den Honig aber wegnimmt, muß er den Bienen statt dessen Zucker füttern

Wintertraube
Die Bienen überdauern den Winter in der Wintertraube. Sie sitzen dichtgepackt in Kugelform, um der Kälte eine möglichst kleine Oberfläche zu bieten

Zandermaß
In Deutschland gebräuchliches Wabenmaß

Zarge
Kasten der Magazinimkerei, in den die Waben eingehängt werden. Durch Unterboden und Deckel wird die Zarge zu einer vollwertigen Beute

Zeichenplättchen
Siehe Opalithplättchen

Zeidlerei
Mittelalterliche Waldimkerei in ausgehöhlten Bäumen

Zuchtrahmen
Rahmen, an dem die Weiselnäpfchen bei der Königinnenzucht befestigt sind

Zuchtstoff
Larven, die nicht älter als 3 Tage alt sind

Zuchtstopfen
Holz- oder Kunststoffstopfen, an dem ein künstliches Weiselnäpfchen befestigt ist

Kontaktadressen

Die Anschriften der nationalen Imkerverbände

Bundesrepublik Deutschland
Deutscher Imkerbund
Geschäftsstelle
Schollengasse 4a
D-5307 Wachtberg 3

Österreich
Österreichischer Imkerbund
Georg-Coch-Platz 3/IV
A-1010 Wien

Schweiz
Geschäftsstelle
Verein Deutschschweizerischer Bienenfreunde
Sauerländer AG
Postfach
CH-5001 Aarau

Die Landesverbände des Deutschen Imkerbundes e.V.

Baden
Landesverband Badischer Imker e.V.
Bahnhofstr. 35
7604 Appenweier

Bayern
Landesverband Bayerischer Imker e.V.
Georg-Strobel-Str. 48
8500 Nürnberg 20

Berlin
Imkerverband Berlin e.V.
Krampnitzer Weg 20a
1000 Berlin 22

Hamburg
Imkerverband Hamburg e.V.
Husumer Str. 31
2000 Hamburg 20

Hannover
Landesverband Hannoverscher Imker e.V.
Johannssenstr. 10
3000 Hannover 1

Hessen
Landesverband Hessischer Imker e.V.
Erlenstr. 9
3575 Kirchhain 1

Nassau
Imkerverband Nassau e.V.
Birkenweg 7
5238 Gehlert/Hachenburg Ww.

Rheinhessen-Pfalz
Imkerverband Rheinhessen-Pfalz e.V.
Lindenstr. 8
6744 Kandel

Rheinland
Imkerverband Rheinland e.V.
Im Bannen 38–54
Postfach 14 46
5440 Mayen 1

Saarland
Landesverband der Imker im Saarland e.V.
Parkstr. 33
6685 Schiffweiler-Saar 2

Schleswig-Holstein
Landesverband Schleswig-Holsteinischer und Hamburger Imker e.V.
Hamburger Str. 109
2360 Bad Segeberg

Weser-Ems
Landesverband der Imker Weser-Ems e.V.
Mars-la-Tour-Str. 13
2900 Oldenburg i.O.

Westfalen
Landesverband Westfälischer und Lippischer Imker e.V.
Langewanneweg 75
4700 Hamm (Westf.)

Württemberg
Landesverband Württembergischer Imker e.V.
Am Reichelenberg 13
7000 Stuttgart 1

Register

A
Abfüllen 93
Ableger 68, 71 f., 73
Ablegerbildung 71
Ablegerkasten 56, 71, 72, 73
Abschäumen 91
Abtrommeln 42
Acarapis woodi 123 f.
Acosphaera apis 116
Aflotoxine 116
afrikanisierte Bienen 62 f.
Ägypter 38 f.
Akarizide 13, 124, 126
Alarmpheromon 28, 31
Allergie 47
Ameisensäure 126
Amerikanische Faulbrut 118 f.
Ammenbienen 23, 24, 66, 107
Amöbenseuche 122
Anbrüter 106
Apis cerana 14, *15*
Apis dorsata 14, *15*
Apis florea 14, *15*
Apis laboriosa 14
Apis mellifera 14, *15*
Apis mellifera carnica 62, 114
Apis mellifera ligustica 61
Apis mellifera mellifera 61, 114
Apis mellifera scutellata 62
Arbeiterin 15 ff., *15*, 24
Arbeiterin, Drüsen 17
Arbeiterin, Duftdrüse 17
Arbeiterin, Futtersaftdrüse 17
Arbeiterin, Gewichtszunahme *25*
Arbeiterin, legende 29, 65, 76
Arbeiterin, Sammelbein 17
Arbeiterin, Stechapparat *19*
Arbeiterin, Wachsdrüsen 17
Arbeiterinnenbrut 64, 65
Arbeiterinnenfutter 101
Arbeitsteilung 27 ff., 29
Artbildung 14
Aspergillus flavus 116
Auslaufkäfig *71*
Auslese 107
Auswinterung 64
Auszugsbeuten 95

B
Bacillus alvei 121
Bacillus larvae 118
Bannwabenverfahren 126
Baurahmen 55, 66
Bauschied 59
bee-blower 89
Befruchtung *21*
Begattung 26 ff.
Begattungskästchen 108, 112
Begattungskästchen, Füllen 108, *109*
Begattungsschlauch *22*, 23
Begattungsvölkchen 108 ff.
Belegstellen 108, 110
Besamung 112
Besamung, instrumentelle 46, 110 ff., *111*
Besamungsapparate 46, 110
Besamungserfolg 110
Besamungsspritze 110, 112
Beute 51
Beute, achteckige *43*
Beute, erweiterbare 43 ff.
Biene, Bau 15 ff.
Biene, Entwicklung 23 ff.
Biene, Paarungsverhalten 26 f.
Bienen, afrikanisierte 62 f.
Bienen, Ernährung 65
Bienen, erwachsene, Erkrankungen 121 ff.
Bienen, Krankheiten 116 ff.
Bienenabstand 44
Bienenfeger *89*
Bienengift 47
Bienenhaltung, Geschichte 37 ff.
Bienenhaltung, moderne Entwicklungen 46
Bienenhaus 42, 56, 75, 82, 97, 120, 128
Bienenhausimker 88, 89
Bienenkasten 51 f.
Bienenkorb, erweiterbarer *43*
Bienenkorb, klassischer *41*, 42
Bienenkorb, Querschnitt *41*
Bienenkrankheiten 48, 65
Bienenlaus 125, *125*
Bienenpflege 64 ff.
Bienenprodukte 86 ff.
Bienenrassen 61 ff.
Bienenstaat, Verständigung 29 ff.
Bienenstich 129
Bienentränke 65
Bienenvölker 50
Bienenwachs 96
Bienenwachskerze 82
Bienenweide 83 ff.
Bienenzucht 46
Blatthonig 86
Blattläuse 86
Blindwaben 55
Blüte *9*
Blütenhonig 86, 87
Blütenpollen 83
Blütenstetigkeit 9

Bodenunterlagen 78
Bogenschnitt 102 f.
Braula coeca *125*
Brut 64, 73
Brut, Erkrankungen 116
Brutbeschränkung 67
Brutlücken 65
Brutmenge 64
Brutnest 55, 64, 73
Brutpflege 64
Brutpflegepheromon 31
Brutraum 43, 44, 51, 56, 59, 66, 67, 73
Brutschrank 106
Brutwaben 73
Buchführung 129
Buckelbrut 21

C
Carnica 62
Carnica-Rasse 34
Cubitalindex 114, *114*
Cubitalindex, Auswertung *115*

D
Dämmschiede 66
Dampfwachspressen 99
Deckellack 121
Deckelwachs 90
Drohn *15*, 21 ff., 24, 29
Drohn, Facettenaugen 21
Drohn, Geschlechtsapparat *22*
Drohn, Geschlechtsorgane 21
Drohn, Spermien 21
Drohnenbau 55, 66
Drohnenbrut 21, 24, 25, 29, 65, 76
drohnenbrütig 21
Drohnenrahmen 66
Drohnensammelplätze 26, 62, 110
Duftdrüse 17

E
Eier 23, 64, 65, 125
Eierstöcke 21, 27
Eilage 65, 108
Einfachpaarung 26
Einfütterung 76
Einweiseln 108
Einwintern 78 f.
Eiweiße 83, 101
Eiweißmangel 86
Eiweißnahrung 83, 94
Eiweißversorgung 88
Entdeckeln 90
Entdeckelungsgabel 49, *49*, 90
Entdeckelungsmaschine 90

Register

Entdeckelungsmesser, elektrisches 90
Enzyme 87
Ernte 89 ff.
Ersatzzargen 65
Essigäther 82
Essigsäure 82
Essigsäurelösung 97
Europäische Faulbrut 121

F
Facettenauge 21
Farbdämpfe 82
Faulbrut 99
Faulbrut, amerikanische 118
Faulbrut, bösartige 118
Faulbrut, europäische 121
Faulbrutsporen 119
Finanzamt 129
Finanzielles 128 ff.
Finisher 106
Flavonoide 95
Flugapparat 18, *19*
Flugbienen 70, 73
Flügel, Schneiden *113*
Flügelschnitt 112
Flugloch 53
Flüssigfutter 65
Flüssigfütterung 77
Freiaufstellung 59
Freizeitimker 50
Fruchtzucker 87
Frühjahr 64 ff.
Frühtracht 66, 83 f.
Fungizide 12, 13, 116
Futter 64
Futteraustausch, sozialer 12, *12*, 32 f.
Futterdose 77, 77
Futtergeschirr 76
Futterkränze 76
Futtersaftdrüsen 17, 23, 24, 28
Futtertasche 77
Fütterung 64
Fütterungen 73
Fütterungsverhalten, soziales 32
Futtervorrat 64
Futterwaben 73

G
Galleria mellonella 96, 97
Gärung 93
Gelée royale 95 f., 101
Gemüllunterlage 78
Geschlechtsapparat 22
Gesetze 128 ff.
Gewährstreifen 93
Gießbock 100
Gift 50
Giftblase 19, 50
Glukoseoxidase 87
Griechen 38 f.
Gußform 100

H
Haftung 129
Handschuhe 48
Heideblüte 88
Heidehonig 88, 90
Heideimker 43
Herbizide 12, 13
Herbst 75 ff.
Himalaya-Riesenhonigbiene 14
Hinterbehandlungsbeute 44, 51 ff., 52, 82
Hinterbeine 18
Hochzeitsflug 26
Hoden 23
Höhlenzeichnung *37*, 38
Honig 62, 65, 86 ff., 87, 89
Honig, Lagerung 93
Honigbiene, Atmungssystem 16
Honigbiene, Bau *16*
Honigbiene, Biologie 14 ff.
Honigbiene, Flugapparat *19*
Honigbiene, Kopf *16*
Honigbiene, östliche 14
Honigbiene, Verbreitung *14*
Honigbiene, westliche 14
Honigentnahme 56
Honigernte 47, 86, 88, 89
Honigertrag 66, 67
Honigjagd 39
Honigjäger 38, 39
Honigleistung 88
Honigmagen 15
Honigproduktion 86
Honigräuber 41, 74 f.
Honigraum 43, 44, 51, 56, 59, 67, 89
Honigschleuder 44, 59, 90
Honigsieb 91
Honigtau 83, 87
Honigverkauf 129
Honigwaben 59, 81, 89
Honigwaben, Entdeckelung *90*
Honigwaben, Transportkisten *54*
Honigzargen 56, 59, 89
Hürdenrähmchen 106
Hybriden 62

I
Imago 24
Imkeranzug 48
Imkern, Nebenerwerb 129 ff.
Imkerverein 47
Imkerversicherung 129
Insektenvernichtungsmittel 13
Insektizide 10, 12, 13
Inselbelegstellen 110
integrierter Pflanzenschutz 11
Invertase 87
Invertierung 76
Inzucht 26
Italiener-Biene 61

J
Jahresfarbe 112

Jungvölker, Pflege 73 f.

K
Kahlfliegen 73
Kalilauge 82
Kalkbrut 116
Kalkbrut, Schadbild *117*
Kalkbruterreger, Vermehrungsprinzip *117*
Kaltbau 53, *53*, 56
Kandieren 87, 93
Kandierungsstreifen 93
Kärntner-Biene 114
Kasten 101
Kellerhaft 73
Kirchhainer Begattungskästchen 108
Kittharz 94 f.
Klären 99
Kleidung 48 f.
Klotzbeute 41 ff.
Koevolution 8
Kohlehydrate 83, 86
Kohlensäuregas 112
Kollophonium 95
Königin 15, 21, 24, 65
Königin, ältere 67
Königin, drohnenbrütige 65
Königin, Eiablage 21
Königin, Eierstöcke 21
Königin, Eischläuche 21
Königin, Entwicklung 24
Königin, Geschlechtsapparat *20*
Königin, Gewichtszunahme *25*
Königin, junge 67
Königin, Markierung *113*
Königin, neue 101
Königin, Paarung 27
Königin, Stachelapparat *20*
Königinnen 29, 62, 107 f.
Königinnen, gekäfigte 112
Königinnen, unbegattete 108, 110
Königinnenabsperrgitter 51, 59
Königinnenduftstoffe 101
Königinnenfuttersaft 101
Königinnensubstanz 31
Königinnenzellen 67, 106
Königinnenzellen, künstliche 102
Königinnenzucht 101 ff., 102
Königinnenzüchter 106, 107
Korbbeute, griechische *44*
Körbchen 18
Korbimkerei 41 ff., 43, 46
Krankheiten 71
Kreter 38 f.
Kunstschwarm 72 f., 108
Kunstschwarmverfahren 120, 121
Kunststoffbeuten 56, 59

L
Lagerbeuten 56
Lagerraum 93
Landbelegstellen 110
Landrasse 114
Landrasse, schwarze 61

Langstroth-Magazin 45, 57
Langstrothmaß 59
Larve 23, 24
Leerwaben 73, 81
Leerzargen 56
Licht, polarisiertes 30
Luftumwälzung 33

M
Magazin 56 ff.
Magazinimker 65, 106
Magazinimkerei 43, 46, 65, 82, 89, 129
Maikrankheit 123
Malpighamoeba mellificae 122
Mehrfachpaarung 26
Mellifera 62
Merkmalskörung 114
Milbenvernichtungsmittel 13, 124
Mittelwand 60, 60, 67, 73
Mittelwand, Herstellung 100, 100
Mittelwände 66
Mittelwandstreifen 90
Mörderbienen 62
Muttervölker 110

N
Nachbarschaftsstreit 48
Nachbarschaftsstreitigkeiten 47
Nachschaffungskönigin 102
Naßschmelzverfahren 99
Natronlauge 82, 118, 120
Naturschutz 13
Nebenerwerbsimker 50
Nektar 9, 83
Nektarangebot 88
Nektarquelle 65
Nestklima, Regulierung 33
Nesttemperatur 33
Normalmaß 60
Nosema 121 f.
Nosema apis 121
Nosemasporen 81
Nosematose 122

O
Oberbehandlungsbeuten 56
Obsternte 10
Orientierungsflug 28
östliche Honigbiene 14

P
Paarung 26, 112
Paarungen, kontrollierte 108
Paarungsbiologie 46
Paarungsverhalten 26 f.
Pasteurisierung 93
Pfadfinder 28
Pflanzenschutz 12 f.
Pflanzenschutz, integrierter 11
Pflanzenschutzmittel 129
Pflegevolk 105 ff., 107
Pfundrähmchen 90
Pheromone 31

Pilzvernichtungsmittel 12
Pollen 9, 94 f.
Pollen, Aroma 94
Pollenangebot 74, 88
Pollenernte 94
Pollenersatzmittel 65
Pollenfallen 94
Pollen-Honig-Teige 94
Pollenmangel 65, 88
Pollenquelle 65
Pollensalbe 94
Pollenspender 88
Pollenversorgung 48, 65, 66
Pollenvorrat 64, 88
Pollenwaben 65, 81, 94
Pollen-Zucker-Teige 65
Prokopovitsch-Beute 45
Propolis 94
Puppe 23, 24
Puppengespinst 24
Puppenphase 23

R
Radialschleuder 91, 92
Rähmchen 60, 66, 82, 95
Rähmchen, bewegliches 44 ff.
Rähmchendraht 60
Rähmchenmaße 59
Rahmenbude 45
Raps 88
Rassenhybriden 63, 114
Rassenkreuzungen 62
Räuberbienen 74, 75
Räuberei 74
Räubereigitter 75
Räubereikäfig 74
Rauchapparat 49, 49
Reaktionen, allergische 94, 95
Reinigungsflug 64
Reinigungskrücke 54, 55
Reinpaarung 110
Reinzuchtgebiet 114
Reizfütterung 65, 73
Rendite 131 f.
Riesenhonigbiene 14
Rohrzucker 87
Ruhr 123
Rundmade 23, 24
Rundtanz 31, 74

S
Saatansatz 88
Sackbrut 121
Salmiaklösung 82
Sammelschwarm 72
Sammlerinnen 28, 29, 64, 66
Sauerbrut 121
Säuregehalt 87
Schädlinge 64
Schädlingsbekämpfung 11, 12
Scheibenhonig 90
Scheinableger 70
Schiede 56
Schildläuse 11

Schimmelpilzbefall 94
Schleier 49
Schleudern 91 ff.
Schleuderraum 89, 128
Schlupfkäfig 106
Schröpfen 67
Schutzanzug 34
Schutzkleidung 48
Schwänzeltanz 29, 30, 75
Schwarm 34 f., 66 ff.
Schwarm, Fangen 70 f.
Schwärmen 34
Schwarmfangkasten 70
Schwarmfangsäcke 70
Schwarmkasten 73, 108
Schwarmneigung 106
Schwarmtrieb 67
Schwarmverhinderung 67, 68, 70
Schwarmvorbeugung 67
Schwarmzellen 66, 67, 68
Schwarzsucht 122 f.
Schwefelspan 97, 120
Selbstwendeschleuder 91
Selektion 61, 62
Semiochemikalien 31, 32
Sicheltanz 31
Siebkasten 72, 73
Siebkorb 91
Smoker 49, 49
Sommer 71 ff.
Sommertracht 84
Sonnenblume 88
Sonnenwachsschmelzer 97, 98, 99
sozialer Futteraustausch 12, 12
Spätsommer 75 ff.
Spättracht 85
Sperma 23
Spermatheka 21
Spermathekenkanal 21
Spermazählung 26
Sperrgebiet 120
Spinndrüsen 24
Spurenelemente 87
Stachel 50
Standort 47 f., 128 f.
Starter 106
Stechborste 34
Stechlust 62
Steinbrut 116 ff.
Steinbrut, Erreger 118
Sterzelpheromon 31
Steuern 128 ff.
Stich 50
Stockkarte 130 f.
Stockmeißel 49, 49
Stockreinigung 28
Streckmade 23, 24
Streichholzprobe 118, 118
Streptococcus pluton 121
Stuhlgang 64
Stülper 41
Suchbienen 74
Superorganismus 35 f.

T

Tangentialschleuder 91, *92*
Tanzsprache 29 ff.
Tanzwinkel *31*
Temperaturverteilung *32*
Tonröhre 38, *38*, *39*
Totenfall 65
Tracheenmilbe 123 f., 124
Tracheenmilbe, Weibchen *124*
Traube 70
Traubenzucker 87
Trogbeuten 56

U

Überwinterung 78, 79, 80
Überwinterungsplätze 48, 79
Überwinterungsverluste 88
Umlarven 102, *103*, 105
Umlarven, sachgerechtes *105*
Umlarvlöffel 103, 105, *105*
Umwelt 8 ff.
Unkrautvernichtungsmittel 12
Unterboden 56, 59

V

Varroa jacobsoni 124
Varroa jacobsoni, Weibchen *125*
Varroatose 124 ff.
Vatervölker 110
Verbrausen 78
Verdrängungszucht 61
Verhakungsmechanismus *18*
Verpuppung 23
Verständigung, chemische 31 f.
Verteidigungsverhalten 33 ff.

Vitamine 87, 101
Volksgeruch 72, 108
Vorpuppe 24
Vorspiel 28
Vorzeit 37 f.

W

Wabenbau 66
Wabenbock *55*, 56
Wabenbruch 91, 95
Wabenknecht *55*
Wabenräume 56
Wabenschrank 56
Wabenzange *54*, 55
Wachs 81, 96 ff.
Wachsarbeiten 82
Wachsausbeute 99
Wachsdeckel 90
Wachsdrüsen 17, 28
Wachsgewinnung 99
Wachskuchen 99
Wachsmotte 81, 96, 97
Wachsschmelze 97 f.
Wächterbiene 28, 29, 33, 74
Waldhonig 77, 86, 87
Waldimker 39
Waldimkerei 39
Waldtracht 88
Wandergebiete 88
Wandergitter 88
Wandern 88 f.
Wanderplätze 88
Wanderung 88
Warmbau 53, *53*, 56
Wassergehalt 89, 93

Wehrstachel 19
Weiselbecher, künstliche 103 f.
Weiselfuttersaft 95
Weisellosigkeit 75, 105
Weiselnäpfchen, künstliche *104*
Weiselzellen 24, 101
Werkzeug 49
westliche Honigbiene 14
Winter 79 ff.
Winterbienen 64, 65, 66, 75
Winterfutter 76 f., 79, 80, 81
Winterruhe 79
Wintertraube 79, *80*, 81
Wirtschaftsbienen 61 f.

Z

Zander-Magazin *58*
Zandermaß 60
Zargen 56
Zeidelgericht 41
Zeidler 39, *40*
Zeidlerei 39 ff., 41, 46
Zementierbiene 94
Zucht 61, 62, 107, 114
Zuchtauslese 112 ff.
Zuchtrahmen 103, *103*, 104, 106
Zuchtserie 102
Zuchtstoff 102
Zuchtstoffwabe 102
Zuchtstopfen 104
Zuchtvolk 102
Zuckerlösung 76
Zuckerteig 72, 76
Zusatzkäfige 72
Zwerghonigbiene 14